Praxisbuch für Freiberufler

Svenja Hofert

Praxisbuch für Freiberufler

Alles, was Sie wissen müssen, um erfolgreich zu sein

berufsstrategie

Eichborn

Die Autorin
Svenja Hofert ist Inhaberin des Büros für Karriere & Entwicklung in Hamburg und Köln und arbeitet seit Jahren erfolgreich als Autorin. Bei Eichborn sind u. a. bereits erschienen: *Praxisbuch Existenzgründung* (2007), *Existenzgründung im Team* (2006), *Bewerben ohne Bewerbung* (2005). Im Internet ist sie zu erreichen unter: *www.karriereundentwicklung.de*, *www.gruenderreports.de* und *www.svenja-hofert.de*

Umschlaggestaltung: Christina Hucke
Lektorat: Christina Seitz
Satz: Oliver Schmitt
Druck und Bindung: Fuldaer Verlagsanstalt, Fulda
ISBN 978-3-8218-5923-1

Verlagsverzeichnis schickt gern:
Eichborn Verlag, Kaiserstraße 66, D-60329 Frankfurt am Main
www.eichborn.de

Inhalt

Vorwort

Liebe Leserin und lieber Leser,

immer wieder merke ich, dass manche Institutionen nicht *Sie* meinen, wenn sie von Gründung und unternehmerischem Erfolg sprechen. Sie sind zwar immerhin eine Million – aber für Politik und Wirtschaft offenbar kaum existent. Vielleicht, weil Sie selten Mitarbeiter haben und in der Regel keine Millionen verdienen. Vielleicht, weil Sie manchmal so angestelltennah arbeiten, dass andere Sie nicht als Unternehmer ernst nehmen. Für Sie gibt es keine passenden Seminare, keine vereinfachten Business-Pläne, nur wenig gute und allgemeingültige Tipps ...

Das möchte ich mit diesem Buch ändern. Mir geht es dabei um praktischen Rat, um eine pragmatische Begleitung für Freiberufler. Sicher spielt dabei auch die so wichtige Abgrenzung Freiberufler–Gewerbetreibender eine Rolle. Aber dies ist nur ein Kapitel von vielen. Diese Abgrenzung ist lediglich steuerlich relevant. So gibt es zahlreiche steuerlich »Gewerbetreibende«, die wie Freiberufler arbeiten. Auch für sie ist dieses Buch bestimmt. Sie erhalten alles Wissen, das Sie brauchen, von der Idee bis zu Steuertipps.

Ich bin als Beraterin und Coach selbst Freiberuflerin mit mehr als acht Jahren Berufserfahrung. Ich habe Höhen und Tiefen erlebt und weiß aus eigener Erfahrung, wo die typischen Fallstricke lauern. Etwa, dass nach zirka drei Jahren der organisatorische Anteil der Arbeit so hoch wird, dass die Arbeit weniger Spaß macht, und gleichzeitig die Gewinne sinken ... wenn Sie nicht gegensteuern.

Mein Anliegen ist es nicht, ein reines Gründerbuch anzubieten, sondern eines, das Sie dauerhaft coacht und immer wieder aus dem Bücherregal geholt werden kann, wenn Sie sich fragen: »Wie war das noch mal?« Ich möchte zudem auch Denkanstöße geben, wobei mir vier Bereiche ganz besonders am Herzen liegen: sinnvolle (!) Honorargestaltung, Selbstmarketing und Marketing, die für einen optimalen Gewinn so wichtige Kooperation mit anderen und das gesunde, spannende, Spaß machende Wachstum. Meine Botschaft: Bleiben Sie nicht stehen! Dann werden Sie dauerhaft erfolgreich sein! Viel Erfolg und Spaß beim Lesen wünscht

Ihre
Svenja Hofert

1 Vorbereitung

Wappnen Sie sich mit dem wichtigsten Know-how, bevor Sie freiberuflich tätig werden. Dieses Kapitel hilft Ihnen, anhand eines Fahrplans für Freiberufler einen Überblick über die notwendigen Schritte und Handlungen zu gewinnen und beantwortet in Kürze die dringendsten Fragen von »Neu-Freiberuflern«.

1.1 Fahrplan für Freiberufler

Vor Aufnahme der Tätigkeit

Status klären	Sind Sie Freiberufler oder nicht? Mehr dazu im Kapitel: Freiberufler sein
Investitionen auflisten	Investitionen fein säuberlich auflisten (eine Investition ist alles, was Sie zunächst einmalig anschaffen, z. B. Computer, Büroeinrichtung, Auto).
Weiteren Kapitalbedarf berechnen	Welche laufenden Kosten haben Sie für Büromiete, Telefonkosten etc.? Es ist unrealistisch, mit null Euro zu starten. Auch Freiberuflergründungen verschlingen am Anfang Geld. Neben den Einmalkosten geht es auch um Ihren eigenen Unterhalt.
Kleinunternehmerregelung ja oder nein	Bei weniger als 17.500 Euro Umsatz im Jahr können Sie darauf verzichten, Umsatz- oder Mehrwertsteuer zu erheben. Vorsicht, das lohnt sich oft nicht. Mehr dazu im Kapitel: Steuern
Mögliche Umsatzsteuerbefreiung klären	Vor allem, wenn es sich um eine Unterrichtstätigkeit handelt oder um eine therapeutische Arbeit. Mehr dazu im Kapitel: Steuern
Klären, ob Inanspruchnahme einer Pauschalbesteuerung sich lohnt	Manche Berufsgruppen, z. B. Journalisten oder Fotografen, können ohne Nachweis bestimmte Prozentsätze als Vorsteuer abziehen und müssen nicht alles einzeln nachweisen. Mehr dazu im Kapitel: Steuern
Positionierung klären	Wo ordnen Sie sich mit Ihrer Tätigkeit ein, was machen Sie besonders, anders, besser? Mehr dazu im Kapitel: Idee und Positionierung
Logo und Corporate Design entwickeln lassen	Empfiehlt sich für alle Freiberufler mit direkten Auftraggebern oder Privatkunden, Mandanten, Patienten. Für Logo, Visitenkarte, Briefpapier, Internetseite ca. 2.000 bis 5.000 Euro einkalkulieren. Freie Mitarbeiter brauchen dies im ersten Schritt nicht unbedingt. Mehr dazu im Kapitel: Idee und Positionierung
Bei Teams: Rechtsform klären	Sie sind schneller eine GbR, als Sie schauen können, allein das Zusammenarbeiten genügt. Lieber vorher über die Rechtsform nachdenken. Mehr dazu im Kapitel: Kooperationen
Steuerberater suchen	Zumindest für die jährliche Einkommensteuererklärung empfehlenswert. Für monatliche Umsatzsteuervoranmeldungen hilft Ihnen der Berater z. B. schon für 50 Euro im Monat. Mehr dazu im Kapitel: Business-Plan

Business-Plan erstellen	Wenn Sie den Gründungszuschuss des Arbeitsamts beantragen, müssen Sie es, andernfalls ist es sehr empfehlenswert. Mehr dazu im Kapitel: Business-Plan
Anmeldung beim Finanzamt	Formular »Anmeldung einer selbstständigen Tätigkeit oder eines Gewerbebetriebs« ausfüllen und abgeben (erhältlich beim Finanzamt und unter *www.bundesfinanzamt.de*) Mehr dazu im Kapitel: Steuern

Mittendrin

Umsatzsteuervoranmeldungen	Rechtzeitig vor dem 10. eines Folgemonats (also z. B. dem 10. Mai für den April, bei Dauerfristverlängerung für den März) Umsatzsteuervoranmeldungen bei *www.elster.de* abgeben oder aber Unterlagen zum Steuerberater bringen. Mehr dazu im Kapitel: Steuern
Akquisition vorantreiben	Am Anfang ist das zu 100 oder 80 Prozent Ihr »Job«, später immer noch zu 20 Prozent Ihrer Arbeitszeit. Mehr dazu im Kapitel: Marketing
Rechnungswesen	Pünktliche Rechnungen und sofortige freundliche Erinnerungen senken das Ausfallrisiko und erhöhen Ihre Liquidität. Mehr dazu in den Kapiteln: Steuern und Wenn das Geld nicht reicht
Erfolgscontrolling	Wie erfolgreich sind Werbemaßnahmen? Was bringt Ihnen am meisten Geld ein? Worauf sollten Sie sich deshalb konzentrieren? Das sind dauernde Aufgaben. Hinweise dazu finden Sie im Kapitel: Marketing

Einmal jährlich

Ziele festlegen	Was wollen Sie im nächsten Jahr erreichen, wo liegen Ihre Schwerpunkte? Mindestens einmal im Jahr sollten Sie darüber nachdenken.
Marketing- und Business-Plan	Worauf wollen Sie sich konzentrieren, was neu entwickeln? Das sollten Sie jedes Jahr neu bedenken und für das jeweils neue Jahr planen. Mehr dazu in den Kapiteln: Gründungszuschuss, Kredite und Marketing
Unternehmenscheck	Mit Steuer- und/oder Unternehmensberater über Entwicklungen sprechen und auf die Zahlen schauen.

1.2 Die häufigsten Fragen von Freiberuflern

Oft sind es ganz einfache Dinge, die Freiberufler zuerst interessieren. Deshalb habe ich eine Liste mit den Fragen erstellt, die mir am häufigsten begegnen. Zum Schnell-mal-Informieren.

Definition

- **Bin ich Freiberufler?**
  Dazu sollten Sie das entsprechende Kapitel lesen. Sie sind höchstwahrscheinlich Freiberufler, wenn Sie eine höhere (Aus-)Bildung haben und »Kopfarbeit« leisten.

- **Bin ich als Freiberufler auch Unternehmer?**
  Unbedingt. Sie müssen denken und handeln wie ein großes Unternehmen – immer an Ihre Effizienz und Ihren Gewinn denken. Dabei dürfen Sie allerdings auch selbst noch inhaltlich tätig sein. Ihre gewerbetreibenden Kollegen sind irgendwann oft nur noch Manager.

- **Was ist ein freier Mitarbeiter?**
  Das ist ein Freiberufler – oder auch ein Gewerbetreibender –, der für Unternehmen oder Agenturen arbeitet und dabei nicht direkt vom Kunden beauftragt wird. Er steht meist zwischen den Stühlen, ist kein echter Unternehmer und auch kein Angestellter.

- **Darf ich selbst Mitarbeiter haben?**
  Natürlich, wenn Sie nicht in der Künstlersozialkasse (KSK) sind, so viele Sie wollen. Und wenn Sie KSK-Mitglied sind: einen Vollzeitbeschäftigten und Minijobber dürfen Sie einstellen. Eine kleine Einschränkung gibt es jedoch: Sie dürfen nicht beliebig viele Mitarbeiter haben, die Ihre geistige Leistung überflüssig machen. Als Freiberufler müssen Sie immer auch noch selbst tätig sein. Andernfalls bekommt Ihr Geschäft einen gewerblichen Charakter.

- **Kann ich nebenberuflich als Freiberufler tätig werden?**
  Wenn Ihr Arbeitgeber das erlaubt und Sie ihm keine Konkurrenz machen: ja. Sie müssen sich aber selbstverständlich erst einmal beim Finanzamt anmelden. Und dass Sie für Ihre Einnahmen Steuern zahlen müssen, versteht sich sicher von selbst, nicht wahr?

- **Bin ich als Freiberufler Kleinunternehmer?**
  Nicht direkt. Sie können als Freiberufler allerdings die Kleinunternehmerregelung beanspruchen. Diese befreit Sie davon, die Umsatzsteuer erheben zu müssen. Ob Sie diese Befreiung, die freiwillig ist, sofern Sie mehr als 3.000 Euro im Jahr verdienen, wirklich in Anspruch nehmen wollen, das sollten Sie wirklich gut überlegen. Lesen Sie dazu unbedingt Seite 64!

- **Wann bin ich scheinselbstständig?**
  Wenn Sie genau wie ein Angestellter arbeiten und zum Beispiel weisungsbefugt sind. Scheinselbstständige sind zum Schein selbstständig. Das bedeutet: Eigentlich sind Sie angestellt; Ihr Auftraggeber ist ein Arbeitgeber und muss Sozialversicherungsbeiträge für Sie zahlen.

- **Wann bin ich »arbeitnehmerähnlich«?**
  Wenn Sie wie ein Arbeitnehmer arbeiten, aber keine Weisungen entgegennehmen müssen. Sie sind dann automatisch rentenversicherungspflichtig und müssen in die gesetzliche Rentenversicherung einzahlen.

- **Darf ich mich mit anderen zusammentun?**
  Ja, in Form einer Gesellschaft bürgerlichen Rechts oder einer Partnergesellschaft. Beide erhalten Ihren freiberuflichen Status.

- **Darf ich in Elternzeit gehen, wenn ich Freiberufler bin?**
  Natürlich. Wenn Sie allerdings Elterngeld beziehen möchten, dürfen Sie während dieser Phase nicht länger als 15 Stunden selbstständig arbeiten.

Formalien

- **Wann darf ich einen Auftrag annehmen?**
  Das dürfen Sie schon, bevor Sie richtig tätig werden, Sie müssen Ihre Einnahmen aber versteuern. Die Anmeldung beim Finanzamt kann etwas zeitverzögert erfolgen.

- **Kann ich Einnahmen aus einer angestellten Tätigkeit und der freien Arbeit haben?**
  Ja, kein Problem. Beides muss aber versteuert werden. Das eine sind Einnahmen aus abhängiger Beschäftigung und das andere Einnahmen aus selbstständiger Tätigkeit.

- **Wo muss ich mich anmelden?**
  Beim Finanzamt. Dort gibt es ein »Formular zur Anmeldung einer freiberuflichen Tätigkeit oder eines Gewerbebetriebs«. Hier tragen Sie Ihren geschätzten Umsatz und Ihren Gewinn ein und entscheiden sich für oder gegen die Kleinunternehmerregelung. Ich empfehle Ihnen dringend, das zusammen mit Ihrem Steuer- oder Unternehmensberater zu tun.

- **Was hat es mit der Umsatzsteuervoranmeldung auf sich?**
  Als vorsteuerabzugsberechtigter Freiberufler dürfen Sie eingenommene Umsatzsteuer mit ausgegebener Umsatzsteuer verrechnen. Am Anfang Ihrer Tätigkeit will das Finanzamt dazu monatlich jeweils zum 10. eine Umsatzsteuervoranmeldung sehen. Diese müssen Sie über *www.elster.de* eingeben, es sei denn, ein Steuerberater nimmt Ihnen das ab.

- **Welche Steuern zahle ich?**
  Einkommensteuer und Umsatzsteuer. Als echter Freiberufler zahlen Sie keine Gewerbesteuer.

- **Muss ich Steuern ans Finanzamt vorauszahlen?**
  Am Anfang meist nicht. Nach der ersten richtigen Jahreseinkommensteuererklärung werden Sie geschätzt. Von da an geht es los mit monatlichen oder quartalsweisen, eventuell auch halbjährlichen Vorauszahlungen.

- **Brauche ich einen Gewerbeschein?**
  Auch wenn manche Steuerberater das sagen: Nein, Sie brauchen als Freiberufler keinen Gewerbeschein, auch nicht »vorsorglich«.

- **Ich habe versehentlich die Kleinunternehmerregelung beansprucht. Kann ich das rückgängig machen?**
  Ja. Sie sind nur umgekehrt gebunden: Wenn Sie zur Vorsteuer optieren, tun Sie dies mindestens fünf Jahre lang.

- **Muss die Steuernummer auf die Rechnung?**
  Ja. Alternativ dazu können Sie auch die Umsatzsteueridentnummer nennen, die Sie beim Bundeszentralamt für Steuern erhalten oder direkt mit Ihrem Antrag auf »Anmeldung einer freiberuflichen Tätigkeit« beantragen können.

- **Was kostet ein Steuerberater?**
  Für die monatliche Buchhaltung ab ca. 30 Euro/Monat, die Einkommensteuererklärung kostet extra, je nach Umsatz ca. 300 bis 1.000 Euro.

- **Muss ich mich mit meinem Ehepartner zusammen veranlagen lassen?**
  Nein, Ihr Steuerberater sollte ausrechnen, ob sich das lohnt. Sie können sich als Ehepaar getrennt veranlagen lassen.

Aufbau

- **Wie lange dauert die Aufbauzeit?**
  Gerade Freiberufler brauchen in der Regel länger. Rechnen Sie mit bis zu drei Jahren, bevor Sie sich wirklich etabliert haben. Freie Mitarbeiter, etwa im IT-Bereich, können allerdings schon von Anfang an voll ausgelastet sein. Sie müssen sich allerdings immer wieder neu um Anschlussjobs bemühen.

- **Was sind Erfolgsrezepte?**
  Als »echter« Freiberufler brauchen Sie eine gewisse Extrovertiertheit, das Vermögen, auf Menschen und Kunden zuzugehen und diese z.B. auch »kalt« anzusprechen. Das kann man aber auch lernen. Wenn man Buchhaltungswissen mitbringt, ist das meiner Erfahrung nach schön, aber viel wichtiger ist es, das Thema Kundengewinnung aktiv anpacken zu können und zu wollen.

- **Kann es jeder schaffen?**
  Meiner Ansicht nach bestimmt bei Freiberuflern vor allem der Wille zum Durchhalten den Erfolg. Wer hartnäckig ist, der schafft es früher oder später.

Geld

- **Was muss ich für Werbung ausgeben?**
  Rechnen Sie mit 1.000 bis 5.000 Euro für Ihre Grundausstattung aus Logo, Geschäftspapier und Internet.

- **Was muss ich für die Steuer zurücklegen?**
  Die Faustregel lautet: ein Drittel Ihres Gewinns. Bei 25.000 Euro Gewinn sind es aber weit weniger (etwa 2.700 Euro/Jahr), wenn Sie mehr als 100.000 Euro verdienen, werden es schnell mehr …

- **Wie viel muss ich verdienen, um davon leben zu können?**
  Wenn Sie nur für sich sorgen, reichen 20.000 bis 30.000 Euro Gewinn völlig aus. Um eine Familie allein davon zu ernähren, sollte es schon ein bisschen mehr sein.

- **Wie viel kann man als Solo-Unternehmer überhaupt verdienen?**
  Als Einzelkämpfer sind 40.000 bis 50.000 Euro Gewinn schon sehr gut. Nur sehr wenige schaffen es ohne Mitarbeiter über 100.000 Euro. Dies ist beispielsweise im IT-Bereich leicht möglich. Dort liegt das durchschnittliche Jahreseinkommen bei etwa 96.000 Euro.

- **Soll ich in die KSK eintreten?**
  Rechnen Sie sich das bitte sehr gut durch (hilfreich sind die Seiten 223 f.). Faustregel: Bis etwa 30.000 Euro ist die KSK wunderbar. Darüber können hohe Zahlungen alle ärgern, die nicht gern in die gesetzliche Rentenversicherung zahlen. Da Sie nicht ohne Weiteres wieder rauskommen (KSK-Mitglieder sind pflichtversichert), heißt es: vor einem solchen Schritt gut informieren.

2 Freiberufler sein

Freiberufler zu sein, ist schick und irgendwie »cooler« als gewerbetreibend. Es hat aber auch sonst einige Vorteile, etwa in steuerlicher Hinsicht. So zahlen Sie keine Gewerbesteuern. Wer mit welcher Tätigkeit Freiberufler ist und wer eher als Gewerbetreibender eingestuft wird, wo der Unterschied zwischen einem Freiberufler und einem Freelancer liegt, was Freiberufler verdienen und wie Sie Ihre Freiberuflichkeit gestalten können, erfahren Sie in diesem Kapitel.

2.1 Freiberufler als Lebensform

Frei sein ist zuallererst auch ein Lebensgefühl. Freiberufler zu sein hat ein bisschen damit zu tun. Ein Freiberufler arbeitet unabhängig, entscheidet selbst, macht sich nicht zum Sklaven seiner Mitarbeiter. Er entscheidet heute, selbstständig zu arbeiten, und tut es morgen – ohne großartige Investitionen und ohne eine Firma zu gründen. Das Wort »Freiberufler« löst schöne Assoziationen aus. Freiberufler zu sein ist auch schick, angesagt. Es hört sich für fremde Ohren besser an, hat ein cooleres Image als der unternehmerische Bruder, das Gewerbe, dieses Sammelbecken von Kaufleuten, Handwerkern und anderen Nicht-Freiberuflern.

Nicht verkammerte Freiberufler werden in Österreich als »neue Selbstständige« bezeichnet. Das ist ein interessanter Begriff, der auch für Deutschland passend wäre. Klar ist, dass der Bereich der Freien aus Kultur- und Medienberufen rasant wächst. Solche Freiberufler sind, auch wenn sie aus Steuersicht mitunter gar keine Freiberufler sind, eine neue Erscheinung. Und eine sehr moderne zudem.

Es gilt als trendy, frei zu arbeiten und sich das Geld aus verschiedenen Quellen zu erschließen, seine Zeit selbst einzuteilen und unabhängig zu sein. Nicht zuletzt ermöglicht diese Lebensform auch eine ganz neue Art der Work-Life-Balance. So sind mir in meiner Beratungspraxis eine Menge Fotodesigner, Texter und andere Kreative begegnet, die es toll fanden, nur so viel arbeiten zu müssen, wie sie zum Leben brauchen. Diesen Freiberuflern reichen 20.000 bis 30.000 Euro Gewinn zum Leben aus. Die gewonnene Lebensqualität ist ihnen viel wichtiger als der schnöde Mammon. Zeit für Reisen zu haben. Nach Hause gehen zu können, wann immer sie Lust haben. Im Vergleich zum tristen Angestelltendasein ist dies für viele wie ein Befreiungsschlag.

So können freiberufliche Eltern ihre Arbeit ideal mit der Kindererziehung verknüpfen. Da arbeitet der Papa, der Fotograf ist, am Vormittag und passt nachmittags aufs Kleine auf. Und die Mama, die Journalistin, hütet das Kiddie morgens, um dann nachmittags ihrem Job nachzugehen.

Steuerlich ist das Freiberuflertum meist von Vorteil. Wenn Sie denn ein echter Freiberufler sind, einer nach Einkommensteuerrecht, § 18, Abs. 1. Echte Freiberufler sind z.B. Musiker, Ärzte, Trainer, Journalisten. Sind Sie es nicht, etwa als Astrologe oder Kosmetikerin, so bleibt zwar das Gefühl, der Schick des Solo-Unternehmers und Einzelüberlebenskämpfers – steuerlich gelten Sie aber als Gewerbebetrieb. Das hört sich laut und unromantisch an, macht sich aber letztendlich nur in einem Mehr an Steuern (Gewerbesteuer), der Zwangsmitgliedschaft in der Industrie- und Handelskammer und etwas komplexeren Buchführungsvorschriften bemerkbar.

Oft ist die Trennlinie unklar, entscheiden nur Gutachten oder einzelfallbezogene Deutungen über den Freiberuflerstatus.

2.2 Status: Freiberufler oder Gewerbetreibender?

Zunächst einmal ist »Freiberufler« ein steuer- und berufsrechtlicher Begriff. Freiberufler sind die Angehörigen der freien Berufe, die in einem Katalog explizit genannt sind.

Allerdings gibt es auch diesen Berufen ähnliche Berufe (Ähnlichkeitsberufe) sowie Tätigkeitsberufe. In der folgenden Auflistung können Sie sich einen Überblick verschaffen:

Freiberuflergruppen

	Katalogberufe	Katalogähnliche Berufe	Tätigkeitsberufe
Kennzeichen	Im Einkommensteuergesetz § 18 genannt.	Entsprechen den dort genannten Berufen weitestgehend. Erfordern eine höhere Ausbildung.	Wissenschaftliche, künstlerische, schriftstellerische, unterrichtende oder erzieherische Tätigkeiten.
	Heilberufe: Ärzte, Zahnärzte, Tierärzte, Heilpraktiker, Krankengymnasten, Hebammen, Heilmasseure, Diplom-Psychologen. *Rechts-, steuer- und wirtschaftsberatende Berufe* Rechtsanwälte, Patentanwälte, Notare, Wirtschaftsprüfer, Steuerberater, Steuerbevollmächtigte, beratende Volks- und Betriebswirte, vereidigte Buchprüfer. *Naturwissenschaftliche und technische Berufe* Vermessungsingenieure, Handelschemiker, Architekten, Lotsen, Sachverständige. *Kulturberufe* Journalisten, Bildberichterstatter, Dolmetscher, Übersetzer, Wissenschaftler, Künstler, Schriftsteller, Lehrer, Erzieher.	Als freiberuflich haben die Finanzgerichte z. B. folgende Berufe eingestuft: Aerobiclehrer, Bauleiter, Ergotherapeut, Bildhauer, Designer, Dirigent, EDV- und SAP-Berater (neuere Urteile), Fahrlehrer, Fotodesigner, Fotograf, Grafiker (sofern künstlerisch), Kameramann, Layouter, Masseur, Marktforscher, Modedesigner, Musiker, Physiotherapeut, Psychologe (nach Heilpraktikerausbildung), Reitlehrer, Rentenberater, Schauspieler (Model für Werbung oft gewerblich), Trainer, Visagist, Werbetexter, Zauberer.	*Wissenschaftlich* Forschung, Gutachten, Lehrtätigkeiten. *Künstlerisch* Bildende Künstler, Showstars, Entertainer, Regisseure. *Schriftstellerisch* Autoren, Publizisten, Online-Journalisten, Rätselautoren, Lektoren (falls kein Fullservice wie Druckabwicklung dazukommt), Softwareautor. *Erzieherisch* Auch Betreiber eines Kinderheims, sofern die Didaktik und Pädagogik im Vordergrund stehen. *Unterrichtend* Kommunikationstrainer, Reitlehrer, eventuell auch Inhaber einer Schule.

Die Übersicht gibt nur einen Ausschnitt wieder und ist nicht vollständig. Hinzu kommt, dass sich die Rechtssprechung laufend ändert. Wer für die Anerkennung seines Status als Freiberufler mit einem guten Rechtsanwalt kämpft, hat oft gute Aussichten, wenn die Argumentation stimmt. In letzter Zeit wird oft eher zugunsten einer freiberuflichen Tätigkeit entschieden, etwa im IT-Bereich, wo es besonders viele Grenzfälle gibt.

Die folgenden Kriterien hat das Bundesverfassungsgericht festgelegt, sie sind für die Einstufung maßgeblich:

- der persönliche Einsatz bei der Berufsausübung
- der Charakter des jeweiligen Berufs
- die Stellung und Bedeutung des Berufs im Sozialgefüge
- die Qualität und Länge der erforderlichen Berufsausbildung

Die steuerliche Behandlung der Freiberufler ist in § 18 des Einkommensteuergesetzes (EStG) festgelegt, während für Gewerbetreibende der § 15 gilt. Hier sind einige Berufe genannt, etwa der beratende Volks- und Betriebswirt oder der Übersetzer. Ein Zusatz, der die Mitarbeiter betrifft, ist interessant: »Ein Angehöriger eines freien Berufs im Sinne der Sätze 1 und 2 ist auch dann freiberuflich tätig, wenn er sich der Mithilfe fachlich vorgebildeter Arbeitskräfte bedient; Voraussetzung ist, dass er aufgrund eigener Fachkenntnisse leitend und eigenverantwortlich tätig wird.« Dies bedeutet, dass Sie als Freiberufler entgegen manch landläufiger Meinung sehr wohl Mitarbeiter in unbegrenzter Zahl haben dürfen, aber inhaltlich immer selbst tätig bleiben müssen. Die Möglichkeit des Zusammenschlusses mit anderen freiberuflichen Partnern in einer Partnergesellschaft oder GbR ist dabei immer gegeben.

Anhand des folgenden Katalogs können Sie selbst herausfinden, ob Sie eher Freiberufler (F) oder Gewerbetreibender (G) sind:

Freiberufler oder Gewerbetreibender?

Sie haben einen akademischen Abschluss oder eine höhere Bildung.	F
Der schöpferische und kreative Anteil in Ihrer Arbeit ist sehr hoch.	F
Sie haben hochwertige Zusatzausbildungen, die Sie für Ihren Job brauchen.	F
In Ihrem Unternehmen arbeiten nur Sie inhaltlich, alles andere sind Aushilfen und »Zuarbeiter«.	F
Ihr Geld verdienen Sie mit Wissen und Erfahrung auf einem hohen Niveau.	F
Sie verkaufen etwas.	G
Sie vermitteln etwas.	G

Sie stellen etwas her.	G
Sie beraten.	F
Sie coachen.	F
Sie lehren.	F
Sie unterrichten.	F
Ihre Kunden haben ein besonderes Vertrauensverhältnis zu Ihnen.	F
Bei Ihnen stehen die Dienstleistung und der persönliche Einsatz im Vordergrund.	F
Ihr Unternehmen wächst vor allem aufgrund des Kapitaleinsatzes.	G
Es geht um Produktion.	G
Sie erhalten ein Honorar.	F
Sie haben das Wissen auf der Stufe eines in den Katalogberufen aufgeführten Akademikers.	F

In der folgenden Tabelle sind noch einmal die Berufe mit ihrem jeweiligen Status – Freiberufler oder Gewerbetreibender – aufgeführt:

	Freiberufler	Gewerbetreibender
Aerobiclehrer	x	
Altenpfleger	x	
Anlageberater		x
Apotheker		x
Arbeitstherapeut	x	
Architekt	x	
Architekturmodellbauer		x
Arzt	x	
Ärztepropagandist		x
Arztvertreter		x
Assistent, medizinisch-diagnostischer	x	
Assistent, medizinisch-technischer	x	
Atem-, Sprech- und Stimmlehrer	x	
Aufsichtsratsmitglied	x	
Auktionator		x
Aushilfsmusiker	x	
Autor, Schriftsteller	x	
Bademeister, medizinischer	x	
Ballettmeister	x	
Baubetreuer		x
Bauingenieur	x	
Bauleiter		x
Bausachverständiger	x	
Bauschätzer	x	
Baustatiker	x	
Behindertenpädagoge	x	
Beleuchtungskörperhersteller, künstlerisch	x	

Beruf	Freiberufler	Gewerbetreibender
Bergführer	x	x
Berufsbetreuer		x
Beschäftigungstherapeut	x	
Betriebswirt, beratender	x	
Bildberichterstatter	x	
Bildhauer	x	
Biologe	x	
Blutgruppengutachter	x	
Briefmarkenrestaurator		x
Buchführungshelfer		x
Buchmacher		x
Buchprüfer, vereidigter	x	
Büttenredner		x
Chemiker, klinischer	x	
Choreograf	x	
Conférencier	x	
Dentist	x	
Designer	x	
Diätassistent	x	
Diplom-Informatiker	x	
Diplom-Mathematiker	x	
Diplom-Psychologe	x	
Dirigent	x	
Diskjockey	x	
Dolmetscher	x	
Dozent	x	
EDV-Berater	x	x
EDV-Projektleiter		x
Ehrenamt	x	
Elektroanlagenplaner, -techniker		x
Erbensucher, Genealoge		x
Erfinder	x	
Ergotherapeut	x	
Ernährungsberater	x	
Erwachsenenbildner	x	
Erzieher	x	
Fahrlehrer	x	
Fakir		x
Familienhelfer		x
Fernsehansager	x	
Filmhersteller	x	
Film- und Videojournalist	x	
Finanzanalyst		x
Finanzberater		x
Fitnessstudio-Betreiber		x
Fleischbeschauer		x
Fotodesigner	x	
Fotograf, Gemäldefotograf	x	x
Fotoreporter	x	
Frachtenprüfer	x	
Frauenbeauftragte	x	
Fremdenführer		x
Führungskräfteberater		x
Fußballspielerberater		x
Fußballtrainer	x	
Fußpfleger, medizinischer	x	
Gartenarchitekt	x	
Gebärdensprachdolmetscher	x	
Gebäuderestaurator	x	
Geophysiker	x	
Geschäftsführer (ohne Anstellung)		x

Ghostwriter	x	
Grafiker	x	
Gutachter	x	
Gymnastiklehrer, -trainer	x	
Handaufleger		x
Handelschemiker	x	
Handelsvertreter		x
Hausverwalter (je nach Größe)	x	x
Hebamme	x	
Heil-Eurythmist		x
Heilpraktiker	x	
Hellseher		x
Historiker	x	
Hochbautechniker	x	
Hochschullehrer (als Prozessbevollmächtigter)	x	
Homöopath	x	
Hydrologe, Dipl.-Ing.	x	
Hypnose-Therapeut		x
Informatiker	x	
Informationsdienst-Herausgeber		x
Ingenieur	x	
Inkassobüro		x
Innenarchitekt	x	
Internat		x
Interviewer	x	
Inventuraufnehmer, -büro		x
Journalist	x	
Kameramann	x	
Kartograf	x	
Kfz-Sachverständiger (soweit kein Ingenieur)		x
Kinderheimbetreiber	x	x
Klavierstimmer		x
Kompasskompensierer	x	
Komponist	x	
Konkursverwalter	x	
Konstrukteur, Bauzeichner		x
Kosmetikerin		x
Krankengymnast	x	
Krankenhausberater		x
Krankenpflegehelfer		x
Krankenpfleger, -schwester	x	
Kreditberater		x
Küchenplaner	x	
Kulturpädagoge	x	
Kunstagent, -manager		x
Kunstdozent	x	
Kunstgewerbe, -handwerker	x	x
Künstler	x	
Kunstsachverständiger	x	
Kunsttherapeut	x	
Kurpackerin		x
Landschaftsarchitekt	x	
Layouter	x	
Lehrer, Unterrichtender	x	
Lektor	x	
Lexikograf	x	
Logopäde	x	
Lohnsteuerhilfe (Ortsstellenleiter)		x
Lotse	x	
Magier	x	
Maler, Kunstmaler	x	
Managementberater		x
Marionettenspieler	x	

	Freiberufler	Gewerbetreibender
Marketingberater	x	
Marktforscher	x	
Markscheider	x	
Maschinenbau-Techniker		x
Masseur	x	
Mathematiker	x	
Medienpädagoge	x	
Medikamentenerprobung	x	
Meinungsforscher	x	
Meteorologe	x	
Modellbauer		x
Moderator	x	
Modeschöpfer	x	
Motopäde	x	
Museumspädagoge	x	
Musicaldarsteller	x	
Musiker	x	
Musiklehrer	x	
Musiktherapeut		x
Naturheilkundearzt	x	
Netzplantechniker	x	
Notar	x	
Okularist	x	
Ökotrophologe		x
Online-Journalist	x	
Organist	x	
Orgelbauer		x
Orthopist	x	
Pädagoge	x	
Parapsychologe		x
Patentanwalt	x	
Patentberichterstatter	x	x
Personalberater		x
Personalsachbearbeiter		x
Pfleger	x	
Pharma-Kosmetologe		x
Physiker	x	
Physiotherapeut	x	
Pilot		x
Planungsberater (Bau)		x
Podologe (med. Fußpflege)	x	
Politologe	x	
PR-Berater		x
Programmierer von Lernsoftware	x	
Prüfungstätigkeit		
Psychologe	x	x
Psychotherapeut	x	
Rätselhersteller	x	
Raumgestalter/Innenarchitekt	x	
Rechtsanwalt	x	
Rechtsbeistand	x	
Recycling-Ingenieur	x	
Redakteur	x	
Regisseur	x	
Reitlehrer		
– falls unterrichtend	x	
– falls Besitzer eines Reithofes mit angestellten Reitlehrern		x
Religionspädagoge	x	
Rentenberater	x	
Restaurator/Diplomrestaurator	x	
Rettungsassistent	x	

Rezeptabrechner		x
Rezepturentwickler		x
Sachverständiger	x	x
Sänger	x	
Saunabetrieb		x
Schauspieler	x	
Schiffssachverständiger		x
Schornsteinfegermeister	x	
Schriftsteller	x	
Schwesternhelfer		x
Souffleur	x	
Sozialarbeiter	x	
Sozialbetreuer	x	
Soziologe	x	
Spielerberater		x
Sportberater	x	
Sportlehrer, -trainer	x	
Sprachheilpädagoge	x	
Standortberater		x
Steuerberater	x	
Steuerbevollmächtigter	x	
Supervisor	x	
Synchronsprecher	x	
Systemanalytiker (siehe EDV-Berater)		
Tagesmutter	x	
Tänzer	x	
Tanzlehrer	x	
Tanzmusiker	x	
Tanztherapeut	x	
Testamentsvollstrecker	x	
Textilentwerfer	x	
Theaterpädagoge	x	
Tierarzt	x	x
Tonkünstler	x	
Tontechniker		
– falls eher künstlerisch tätig	x	
– falls eher handwerklich tätig		x
Trainer	x	
Trauerredner	x	
Treuhänder	x	
Tutor	x	
Übersetzer	x	
Umweltberater	x	
Umweltgutachter	x	
Unternehmensberater	x	x
Vermessungsingenieur	x	
Vermögensberater		x
Vermögensverwalter	x	
Versicherungsberater		x
Versicherungsmathematiker	x	
Gutachter für Versicherungsschäden	x	
Visagist		x
Volkswirt, beratender	x	
Web-Designer		x
Werbeberater		x
Werbefotograf	x	
Werbeschriftsteller	x	
Werbetexter	x	
Wirtschaftsprüfer	x	
Wissenschaftler	x	
Yogalehrer	x	
Zahnarzt	x	
Zauberkünstler	x	
Zollberater		x

Vom echten Freiberufler zum Freelancer

Der steuerbevorzugte Status des Freiberuflers existiert so nur in Deutschland und Österreich. In anderen Ländern umschreibt der Begriff des Freelancers den Selbstständigen-Typ, den wir uns als Freiberufler vorstellen: einen in der Regel allein oder nur in einem kleinen Team tätigen Solo-Unternehmer. Dabei ist der Freelancer oft noch enger gefasst und vorwiegend in modernen Branchen wie der IT und den Medien zu Hause. Niemand würde etwa einen Arzt oder Steuerberater als Freelancer bezeichnen. Freelancer assoziiert auch das »Akademische« der Tätigkeit weit weniger stark. Richtig kompatibel sind beide Begriffe damit nicht.

Oft wird auch der Kleinunternehmer mit dem Freiberufler gleichgesetzt, zu Unrecht. Ein Kleinunternehmer kann Freiberufler oder Gewerbetreibender sein. Seine Umsätze liegen unter 17.500 Euro im Jahr, wodurch er sich von der Umsatzsteuer befreien lassen kann. Diese sogenannte »Kleinunternehmerregelung« hat mit dem Steuerstatus der Freiberuflichkeit nichts zu tun. Sie anzunehmen, ist für alle, die eine Vollzeit-Selbstständigkeit anstreben, oft nicht empfehlenswert. Details dazu im Kapitel »Steuern«.

Auch die Honorarkraft kann sowohl freiberuflich als auch gewerblich tätig sein. Der Begriff »Honorarkraft« beschreibt lediglich, dass Sie eine Tätigkeit ausführen, für die Sie ein Honorar bekommen. Meist haben Sie dazu einen Rahmenvertrag abgeschlossen, in dem zum Beispiel die Einsatzzeiten und die Honorarhöhe geregelt sind. Oft steht in einem solchen Vertrag auch, dass Sie verpflichtet sind, Ihr Honorar selbst zu versteuern und sich beim gesetzlichen Rentenversicherungsträger zu melden.

Was ist was?

Freiberufler	Ein Freiberufler ist ein Selbstständiger, der in § 18 des Einkommensteuergesetzes näher definiert wird. Meist hat ein Freiberufler eine höhere Berufsausbildung, arbeitet allein oder mit wenigen Mitarbeitern und nutzt in erster Linie sein Wissen.
E-Lancer	Ein Gewerbetreibender oder Freiberufler im Internet- oder IT-Bereich.
Freelancer	Ein Solo-Unternehmer, gleich ob er freiberuflich oder gewerblich tätig ist.
Freier Mitarbeiter	Jemand, der für Agenturen oder Unternehmensberatungen oder Verlage arbeitet und nicht in direktem Kundenauftrag. Er ist meist enger in die Organisation eingebunden.
Frei-fester Mitarbeiter	Ein arbeitnehmerähnlich beschäftigter Mitarbeiter, dem meist ein festes Stunden- oder Honorarvolumen zugesichert wird.
Honorarkraft	Arbeitet mit einem Rahmenvertrag als freier Mitarbeiter.
Subunternehmer	Meist ein gewerbetreibender freier Mitarbeiter, Zuarbeiter.

Zwischen den Stühlen

Sehr viele Freiberufler sitzen zwischen den Stühlen, an der Grenze zwischen Gewerbe und Freiberuflichkeit. Dies betrifft etwa die weit mehr als 100.000 Unternehmensberater und die teilweise zu diesem Bereich gezählten Freelancer im IT-Bereich (Consultants, Projektleiter). Auch PR- und Marketingberater sind nicht eindeutig einem Bereich zuzuordnen. Aus steuerrechtlichen Gründen ist aber die Freiberuflichkeit für die meisten in diesen Bereichen tätigen Selbstständigen sinnvoll und erstrebenswert. Insofern empfiehlt es sich in jedem Fall, mit einem Steuerberater über Gestaltungsmöglichkeiten nachzudenken. Sie können vom Finanzamt auch eine verbindliche Einstufung fordern. Ein falsches »Wort« könnte dabei allerdings zu einer unerwünschten Einordnung in den gewerblichen Bereich führen. So würde die Kulturberatung höchstwahrscheinlich als Gewerbe eingestuft werden. Der »freie Kunsthistoriker«, der sich in keinem Katalog findet, wird von den Finanzämtern meiner Erfahrung nach jedoch oft sofort als akademisch erkannt und entsprechend als Freiberuf akzeptiert. Und das, obwohl Kulturberater und freie Kunsthistoriker dasselbe tun, z. B. Museen dahingehend zu beraten, wie sie ihre Ressourcen besser nutzen und in der Öffentlichkeit besser wahrgenommen werden.

Womit der Kunsthistoriker in die Nähe des Unternehmensberaters rückt, der wiederum auch nicht eindeutig freiberuflich oder gewerblich tätig ist. Im Internet finden sich häufig sehr selbstsichere Aussagen, der Unternehmensberater sei *immer* gewerblich. Auch Beratungsstellen geben diese Auskunft oft. Diese ist nichtsdestotrotz falsch und wird durch gegenseitiges Abschreiben auch nicht richtiger. Unternehmensberater haben als beratende Volks- und Betriebswirte kein Problem, als Freiberufler anerkannt zu werden. Schwierig wird es, wenn der Kunsthistoriker Unternehmensberatung anbietet. Unmöglich aber nicht: Im Zweifel muss er nach neuester Rechtssprechung die Kenntnisse eines Betriebswirts nachweisen – und zwar nur in einem betriebswirtschaftlichen Bereich, etwa dem Marketing oder dem Personalbereich. Dies gelingt am besten durch den Nachweis praktischer Berufserfahrung, je länger, desto besser. Dr. Benno Grunewald (*www.dr-grunewald.de*), der wohl renommierteste Experte auf dem weiten Feld der Grenzfälle, spricht von acht bis zehn Jahren. Längst ist es schließlich nicht mehr so, dass nur noch Betriebs- und Volkswirte in wirtschaftsnahen Bereichen eingesetzt werden. Dass man mit den einschlägig Diplomierten auf einer Ebene steht, gilt es dem Finanzamt zu beweisen, sollte es daran zweifeln.

Diese Argumentation stützt ein Urteil des Finanzgerichts Baden-Württemberg aus dem Jahr 2004. Es stellt fest, dass ein Unternehmensberater auch nach den Grundsätzen des Bundesfinanzhofs (BFH) als Freiberufler anerkannt wird, wenn er die Kenntnisse eines an einer Fachschule ausgebildeten »staatlich geprüften Betriebswirts« darlegen kann. »Die Qualifizierung der Betätigung eines beratenden Betriebswirts als Ausübung eines freien Berufs setzt voraus, dass der Steuerpflichtige sich betriebswirtschaftliche Fachkenntnisse mindestens in einer Breite und Tiefe angeeignet hat, wie sie im Rahmen der Ausbildung und Prüfung zum ›staatlich geprüften Betriebswirt‹ vermittelt bzw. verlangt werden.« Dies dürfte Berufserfahrenen, die im Management gearbeitet haben, leichtfallen. Im Zweifel schauen Sie sich den Lehrplan an und prüfen sie dies für sich selbst.

Noch wichtiger entgegen früherer Interpretationen: Das Fehlen von Kenntnissen in einem Hauptbereich der Betriebswirtschaft führt noch nicht zur Ablehnung der Freiberuflichkeit. Schließlich muss auch ein Betriebswirt nicht in allen Fächern fit sein. Wer in der Personalbranche tätig ist, bewegt sich auch auf dünnem Eis, selbst wenn Personalmanagement ein Teil der Betriebswirtschaft ist. Denn klassische Personalberater, die Stellen ausfindig machen und besetzen, sind auch klassisch gewerbetreibend. Wer hingegen Unternehmen hinsichtlich ihrer Personalstrategie berät, kann durchaus Freiberufler sein. Gemeinhin als gewerblich eingeordnet werden schon per Begriffswahl Bewerbungs- und Outplacementberater. Da zumindest letztere Tätigkeit sehr nahe am Training ist, wenn Vermittlung *kein* Bestandteil des Outplacements ist, besteht hier sicherlich Spielraum. Im Zweifel nennen Sie sich Coach oder Trainer – der Trainer ist in den katalogähnlichen Berufen genannt, der Coach wird als »freier Lehrer« und analog als Freiberufler angesehen.

Noch schwieriger als bei den Unternehmensberatern gestaltet sich die Einstufung bei PR- und Marketingberatern. Auf den ersten Blick sind diese Berufsgruppen erst einmal gewerblich, auf den zweiten nicht. Hier unterscheidet sich übrigens die Einschätzung der Finanzämter von der der Künstlersozialkasse (KSK) – noch. Für die KSK sind PR-Berater in jedem Fall Künstler.

Möchten Sie keine Gewerbesteuer zahlen, lohnt es sich auch hier, darüber nachzudenken, wie sich für die Freiberuflichkeit argumentieren lässt. Dabei spielen die Tätigkeiten die zentrale Rolle. Das Texten von Pressemeldungen ist eindeutig freiberuflich. Die Unternehmensberatung im Bereich Marketing und/oder PR wäre es nach neueren Urteilen mit geschickter Argumentation auch. Lediglich der Anteil operativer Tätigkeiten – z.B. Versenden von Meldungen, Hinterhertelefonieren, Organisation von Pressekonferenzen – wäre es nach derzeitigem Stand nicht. Hier sollten Sie z.B. darüber nachdenken, ob Sie solche Tätigkeiten nicht einem Kooperationspartner überlassen ... Zu vermuten ist, dass sich aber auch in diesem Bereich noch etwas verändern wird, denn gerade die PR- und Marketingberatungen sind sehr oft nach außen freiberufliche Lebensformen, geprägt von Einzelkämpfern. Ähnlich ist die Situation für Werbeagenturen. Steht der künstlerische Charakter im Vordergrund, spricht einiges für den Freiberufler. Allerdings gibt es Signal- und Reizwörter wie »Agentur«, die vom Finanzamt sofort als gewerblich assoziiert werden. Vermeiden Sie diesen Begriff besser, wenn Sie als Freiberufler anerkannt werden wollen.

An der Grenze befindet sich auch der IT-Bereich, der den Finanzgerichten in der Vergangenheit viel Kopfzerbrechen bereitet hat. Lange galt die Unterscheidung zwischen systemnaher Beratung bzw. Programmierung und Anwendungsberatung bzw. Anwendungsprogrammierung als Trennlinie. Systemnähe galt den Gerichten als Indiz für eine Tätigkeit als Ingenieur. Die immer noch selbst in aktuellen Ratgebern zitierte Trennung ist inzwischen veraltet. Bereits 2004 hat der BFH die Differenzierung zwischen Anwender- und Systemsoftware aufgegeben und qualifiziert auch die Beratung als freiberuflich.

Wenn Sie sich als Freiberufler beim Finanzamt anmelden und bei der Anmeldung keine gewerblichen Signale setzen (Tipp: akademische Titel als Berufsbezeichnung wählen, wenn Sie keinem Katalogberuf nachgehen), wird es dies mit hoher Wahrscheinlichkeit erst einmal so akzeptieren. Ein Risiko bleibt trotzdem, denn die ersten Steuerbescheide sind in aller Regel vorläufig und verstehen sich vorbehaltlich einer Prüfung. Erfolgt sie und attestiert man Ihnen die Gewerblichkeit, werden Sie für sieben Jahre im Nachhinein Gewerbesteuerbescheide erhalten und müssen kräftig nachzahlen. Alternativ empfiehlt sich der Gang durch die Gerichtsinstanzen, um ein Exempel zu setzen – erst recht, wenn Sie, ein Gutachter und ein kompetenter Anwalt Ihre Tätigkeit als freiberuflich bewerten.

Typische Grenzfälle

	Wann frei?	Wann gewerblich?
Unternehmensberater	Betriebs- oder Volkswirt, anderes Studium und/oder mehr als acht bis zehn Jahren Berufspraxis	Kein Studium, keine einschlägige Berufserfahrung
IT-Consultant/ Programmierer	Inzwischen fast immer	Sofern kein Handel (Vertrieb) von Produkten oder z. B. Webhosting dazukommt
PR-/Marketingberater	Üblicherweise eher gewerblich, nicht jedoch, wenn die Tätigkeit vom Künstlerischen/Schreiben oder der reinen Unternehmensberatung geprägt ist	Wenn Fullservice geleistet wird, inklusive Organisation von Events, Nachfassanrufe etc. Konkrete operative Umsetzung beim Marketing
Werbeagentur	Üblicherweise gewerblich, es sei denn, die Tätigkeit ist schwerpunktmäßig die eines Designers oder Werbetexters. Begriff »Agentur« vermeiden!	Bei Fullservice aus operativer und strategischer Dienstleistung sowie Kundenberatung. Bei mehreren Angestellten mit unterschiedlichen fachlichen Schwerpunkten

Vorsicht, Teams!

Für Teams ist die Unterscheidung von Freiberuflichkeit und Gewerbe oft noch wichtiger, da sie meist höhere Gewinne erzielen und damit auch mehr Gewerbesteuer zu erwarten haben, wenn sie gewerblich sind. Gleichzeitig ist die Gefahr noch größer. So reicht es, wenn ein Mitglied aus der GbR oder Partnergesellschaft

– diese beiden Gesellschaften kommen für Freiberufler in Frage – zum Teil eine gewerbliche Tätigkeit ausübt, auch ohne dies zu wissen. Dies kann beispielsweise der Betrieb eines kleinen Verlags oder der Vertrieb im Internet bei eBay sein. Hier sollten Sie ganz genau hinsehen und auf jeden Fall einen Gesellschaftervertrag aufsetzen, der den Geschäftszweck definiert. Trennen Sie Ihre gewerblichen Tätigkeiten zudem von den freiberuflichen, indem Sie Ausgaben und Einnahmen getrennt aufführen, eventuell sogar zwei verschiedene Konten einrichten. Mehr Informationen dazu finden Sie im Kapitel »Kooperationen«.

2.3 Was Freiberufler verdienen

Freiberufler müssen wenig verdienen? Stimmt nicht. Oft übertrifft ihr Gewinn den eines kleinen Gewerbetreibenden bei Weitem. Die aktuellste Statistik des Statistischen Bundesamts dazu ist schon etwas alt – aber trotzdem Mut machend für all jene, die glauben, viel Gewinn sei nicht drin! Wie viel Gewinn Sie machen, ist letztendlich auch von Ihrer unternehmerischen Haltung abhängig: Kalkulieren Sie Ihre Honorare also gut durch und lesen Sie unbedingt das entsprechende Kapitel 4.

In der untenstehenden Tabelle können Sie sich einen Überblick verschaffen:

Selbstständige in freien Berufen

	Anzahl Freiberufler 2005	Anzahl Freiberufler 2004	Einkünfte (pro Jahr)
Freie Heilberufe	**290.305**	**281.075**	**81.538 Euro**
– Ärzte	126.252	125.317	103.858 Euro
– Zahnärzte	56.113	55.883	111.033 Euro
– Apotheker	20.905	21.146	
– Tierärzte	11.035	10.713	38.835 Euro
– Sonstige	76.000	68.000	34.957 Euro
Freie rechts-, wirtschafts- u. steuerberatende Berufe	**244.560**	**232.700**	**66.176 Euro**
– Rechtsanwälte	94.400	91.576	70.358 Euro
– Steuerberater/-bevollmächtigte	52.120	51.173	79.395 Euro
– Unternehmensberater	25.600	24.800	49.410 Euro
– Wirtschafts-/Vereid. Buchprüfer	10.403	10.259	80.819 Euro
– Patentanwälte	2.427	2.276	123.653 Euro

	Anzahl Freiberufler 2005	Anzahl Freiberufler 2004	Einkünfte (pro Jahr)
– Nur-Notare	1.610	1.616	247.651 Euro
– Sonstige Wirtschaftsprüfer	58.000	51.000	47.847 Euro
Freie technische u. naturwissenschaftliche Berufe	**156.458**	**147.467**	**45.271 Euro**
– Architekten	54.530	53.935	45.114 Euro
– Ingenieure/Beratende Ingenieure	55.128	52.332	46.045 Euro
– Sachverständige	14.800	14.200	40.014 Euro
– Sonstige	32.000	27.000	36.711 Euro
Freie Kulturberufe	**215.000**	**198.000**	**20.733 Euro**
Insgesamt	**906.000**	**857.000**	**59.931 Euro**

Tabelle nach: *www.oeckl.de* und *www.freie-berufe.de*

2.4 An der Grenze zum Angestellten

Viele Freiberufler steigen als sogenannter freier Mitarbeiter ein und arbeiten an der Schnittstelle zum Angestelltendasein. Oft ist die freie Mitarbeit dadurch geprägt, dass Sie nicht direkt für einen Kunden tätig sind, sondern über eine Agentur oder Beratungsfirma Aufträge indirekter Natur erhalten. Sie arbeiten somit für die Kunden Ihrer Kunden. In gewerblichen Branchen nennt man diese Konstruktion häufiger »Subunternehmer«. Häufig arbeiten Sie vor Ort im gleichen Büro wie die Angestellten und üben die gleichen Tätigkeiten aus, einem Angestellten ähnlich.

Dann ist das Freiberuflersein oft weniger schick. In manchen Branchen wird es gar als »Makel« empfunden. Freie Mitarbeiter sind etwa im Journalismus eine Art Angestellte zweiter Klasse. Je enger die Bindung an das Unternehmen, den Verlag, die Agentur, desto eher wird dies auf beiden Seiten so empfunden. Eine absolute Ausnahme stellt die IT-Branche dar, wo die freien Arbeitsverhältnisse ständig wachsen und die Bindung an die Unternehmen während eines sogenannten Projekts sehr hoch ist und kaum von der eines Angestellten unterscheidbar ist. Im IT-Bereich werden Spezialisten überwiegend über Vermittlerfirmen an große Unternehmen geschickt. Abrechnungspartner für die Unternehmen sind diese Agenturen, die dafür rund 20 Prozent der Auftragssumme erhalten. Bei den Freiberuflern bleibt trotzdem mit 50 bis 120 Euro die Stunde noch genug Geld »hängen«. Im IT-Bereich arbeiten Großunternehmen oft zur eigenen Absicherung des Ausfallrisikos lieber mit Vermittlern, die bei Krankheit des einen Freelancers gleich einen anderen schicken können. Ganz anders sieht das in kreativen Berufen aus, wo mancher Journalist oder Grafikdesigner über einen Tagessatz von 200 Euro froh sein muss. Das unternehmerische Risiko ist damit eher unzureichend abgedeckt.

Gleichzeitig sind in beiden Branchen die Möglichkeiten beschränkt, direkt von Firmen Aufträge zu bekommen. So arbeiten große Unternehmen allgemein ungern mit Solo-Unternehmern – können diese in der Regel doch nur einen Teilbereich einer Aufgabe abdecken und könnten krankheitsbedingt ausfallen. Deshalb verlangt der Schritt aus der freien Mitarbeit heraus, wenn er denn gewünscht ist, mitunter die Kooperation oder sogar die Gründung einer Gesellschaft mit beschränkter Haftung.

Der Freiberufler im IT-Bereich arbeitet mit den Angestellten oft im selben Team, hat einen Schreibtisch, sogar eine eigene E-Mail-Adresse beim Unternehmen. Die Freelancer aus diesem Bereich sind oft sehr selbstbewusst und möchten ihre Tätigkeit nicht gegen die eines Festangestellten tauschen. Dies hat mit der guten Honorierung solcher Arbeit zu tun sowie mit der »bedingten Bindung«, die hier als Vorteil angesehen wird und im Medienbereich oft (noch) als Nachteil. Ein IT-Freiberufler arbeitet mehrere Monate, vielleicht zwei Jahre bei einem Unternehmen, ist aber nie so tief drin wie seine angestellten Kollegen. Die typischen Ränkespielchen und internen Reibereien bekommt er nicht so stark mit, was viele sehr angenehm finden. Zudem ist eine größere Abwechslung garantiert, immer neue spannende Herausforderungen warten durch häufige Wechsel der Unternehmen. Hinzu kommt: Der Freiberufler im IT-Bereich ist unter den Kollegen angesehen, wird vielleicht sogar bewundert. Der Freiberufler im Medienbereich muss sich dagegen oft sehr abmühen, überhaupt auf Augenhöhe wahrgenommen zu werden.

Der Blick auf ein und dieselbe Sache kann also ganz unterschiedlich ausfallen. Was in der einen Branche als Ausbeutung empfunden wird, ist in der anderen toller Lifestyle. Dies zeigt schon, wie schwer es ist, allgemeingültige gesetzliche Regelungen zu finden. So belegt der Staat die Einzelkämpferunternehmer, die nur einen Auftraggeber haben, mit der Rentenversicherungspflicht. Dies soll staatliche Fürsorge sein, ist jedoch für einen ITler, der im Jahr 200.000 Euro und mehr Umsatz macht und davon die Masse als Gewinn nach Hause nimmt, die pure Schikane, weshalb auch dieses Buch Tipps und Tricks vorstellt (siehe Kapitel »Versicherungen«), sich von der leidigen »GRV«, also der gesetzlichen Rentenversicherung, befreien zu lassen. Der staatliche Schutz ist für andere Freiberuflergruppen, etwa die freien Mitarbeiter im journalistischen Bereich, eher angebracht – auch wenn ich finde, dass jeder, der selbstständig ist, über seine Altersvorsorge selbst entscheiden sollte. Durch die Versicherung in der Künstlersozialkasse sind die Kosten zwar nicht ganz so bedrohlich, ärgerlich ist die staatliche Zwangsversorgung für manche aber doch: Je höher ihr Einkommen, umso mehr müssen sie zahlen, denn die Höhe der Rentenversicherung bemisst sich am Gewinn.

Freie Mitarbeit wird oft mit freiberuflicher Tätigkeit gleichgesetzt, hat damit aber in Wirklichkeit nichts zu tun. So kann ein freier Mitarbeiter auch gewerblich tätig sein. Um dies zu ermitteln, müssen Sie sich die Art der Tätigkeit genau anschauen und bei Zweifeln mit Ihrem Steuerberater eine Strategie besprechen, die Freiberuflichkeit zu belegen, oder aber die Frage endgültig beim Finanzamt durch eine Anfrage klären. In der IT-Branche etwa sind die Grenzen oft unklar. Die dortigen Tätigkeiten setzen sich allerdings immer häufiger als freiberuflich durch.

Freie Mitarbeit ist meist nicht die »Lösung« für das ganze Freiberuflerleben, sondern oft nur ein Einstieg in eine unabhängige Beschäftigung – der erste Versuch einer Selbstständigkeit, dem nicht selten ein zweiter folgt. Sehr oft wurmt die Abhängigkeit von einem oder wenigen Auftraggebern oder Vermittleragenturen über kurz oder lang. Der Wunsch, die Selbstständigkeit auf ganz eigene Beine zu stellen, wächst dann.

Gerade für Einsteiger, die noch nicht bereit sind, mit voller Kraft an den Markt zu gehen – was immer auch höhere Marketinginvestitionen fordert –, bietet die freie Mitarbeit aber eine Möglichkeit, die Vorteile des Freiberuflerdaseins kennenzulernen. Oft ermöglicht es eine Phase der freien Mitarbeit in einem angestelltennahen Beschäftigungsverhältnis, sich über eigene Stärken und Spezialisierungen klar zu werden oder diese noch besser herauszuarbeiten. Sie entwickeln sich dann in Ihrer freien Tätigkeit innerlich weiter und bereiten sich darauf vor, sich selbst als Produkt »reif« für einen freien Markt zu machen, auf dem die schwierigste unternehmerische Aufgabe auf Sie wartet: sich selbst zu verkaufen und Kunden direkt zu gewinnen.

Die folgende Übersicht zeigt, was die freie Mitarbeit von der freiberuflichen Tätigkeit unterscheidet:

Charakteristika freie Mitarbeit / freiberufliche Tätigkeit

Charakteristikum	Freie Mitarbeit / Subunternehmer	»Volle« freiberufliche Tätigkeit
Einsteiger	x	
Wenig spezifische Erfahrung	x	
Freie Tätigkeit als Übergangsjob	x	
Erst Erfahrungen sammeln	x	
Fühlt sich (noch nicht) als Unternehmer	x	
Mag keine aktive Kundengewinnung	x	
Berufserfahren		x
Spezifische Erfahrung		x
Selbstständigkeit als Dauerexistenz		x
Wünscht hohes Einkommen		x
Schnell Geld verdienen nach Gründung	x	
Langsamer Aufbau möglich		x

Arbeitnehmerähnlich und scheinselbstständig

Fast jeder dritte Selbstständige ist in Wirklichkeit ein Fast-Arbeitnehmer. Viele Freiberufler – und dies betrifft ausschließlich die freien Mitarbeiter unter ihnen – arbeiten damit an der Grenze zwischen Unternehmertum und Angestelltendasein. Oft befinden sich diese Freiberufler von ihren Aufgaben, ihrem Selbstverständnis und auch der Wahrnehmung der »Auftraggeber« und Kollegen näher an einer festen Tätigkeit. Dies gilt vor allem für die Medien- und kreativen Berufe. Und oft fühlen sie sich nicht als Unternehmer. Das gilt für alle, auch für die ITler.

Freie Mitarbeit ist nun nicht automatisch arbeitnehmerähnlich oder scheinselbstständig. Sie kann es aber sein. Verdächtig ist, wenn Sie nur für ein Unternehmen arbeiten, Weisungen erhalten, ihr Honorar nicht selbst bestimmen, zu bestimmten Zeiten Dienst schieben müssen oder Anwesenheitspflicht im Büro zu Hause haben (immer dienstags bis donnerstags 9 bis 17 Uhr …)

Im Extremfall sind sie vollkommen in die Organisation des Arbeitgebers eingebunden. Dann sind Sie entweder arbeitnehmerähnlich beschäftigt oder scheinselbstständig oder beides. Wenn Sie arbeiternehmerähnlich oder scheinselbstständig sind, sollten Sie es bei diesem Zustand nicht dauerhaft belassen. Sie sollten Ihre Rechte kennenlernen und Lösungen entwickeln, wie Sie aus dem Abhängigkeitsverhältnis austreten können, um entweder eine echte Festanstellung zu erreichen oder aber ein richtiges Unternehmertum aufzubauen.

Typisch ist diese Existenzform zwischen den Stühlen für Journalisten von Print, Rundfunk und Fernsehen sowie für Designer. Hier ist der unternehmerisch tätige Freiberufler sogar in der Minderzahl. Diese Freiberufler sprechen Urlaube ab, müssen Praktikanten unterweisen, ohne Honorar dafür zu bekommen, oder schieben Wochenenddienst, wenn die Festangestellten dazu keine Lust haben.

Arbeitnehmerähnlich oder scheinselbstständig?

	Arbeitnehmerähnlich	Scheinselbstständig
Nur ein Auftraggeber, der mehr als fünf Sechstel des Einkommens ausmacht	x	(Zahl der Auftraggeber unerheblich, es geht um die Tätigkeit)
Weisungsgebunden und eingebunden in Organisation		x
Rentenversicherungspflichtig	x	x
Sozialversicherungspflichtig (Arbeitslosenversicherung etc.)		x (Arbeitgeber muss nachzahlen)
Nachweis über Clearingstelle Deutsche Rentenversicherungsanstalt Bund	x	x

Arbeitnehmerähnlich, aber nicht gleichgestellt

Doch wo ist nun der Unterschied? Wenn Sie arbeitnehmerähnlich sind, bedeutet dies, dass Sie nicht in eine betriebliche Organisation eingebunden sind und auch keine Weisungen empfangen. Sie sind »nur« wirtschaftlich von einem bestimmten Auftraggeber abhängig. Das trifft etwa auf freie Mitarbeiter von Sendeanstalten wie NDR und WDR zu, die in der Regel mehr als fünf Sechstel ihrer Einkünfte über einen Auftraggeber beziehen. Auch der typische IT-Projektarbeiter ist arbeitnehmerähnlich.

Dazu sagt das Bundesarbeitsgericht (BAG):

> »Wirtschaftliche Abhängigkeit ist regelmäßig gegeben, wenn der Betroffene auf die Verwertung seiner Arbeitskraft und die Einkünfte aus der Dienstleistung zur Sicherung seiner Existenzgrundlage angewiesen ist (...) Insbesondere bei der Tätigkeit für nur einen Auftraggeber kann das der Fall sein. (...) Der Beschäftigte muss außerdem seiner gesamten sozialen Stellung nach einem Arbeitnehmer vergleichbar schutzbedürftig sein (...) Das ist gegeben, wenn das Maß der Abhängigkeit nach der Verkehrsanschauung einen solchen Grad erreicht, wie er im Allgemeinen nur in einem Arbeitsverhältnis vorkommt und die geleisteten Dienste nach ihrer soziologischen Typik mit denen eines Arbeitnehmers vergleichbar sind.«

Als arbeitnehmerähnlicher Freiberufler haben erst einmal nur Sie Nachteile. Wer als Unternehmer keinen versicherungspflichtigen Arbeitnehmer beschäftigt und »auf Dauer und im Wesentlichen nur für einen Auftraggeber tätig« ist, ist beitragspflichtig in der Rentenversicherung, wie ein Unternehmer normalerweise mit dem vollen Beitrag von 19,9 Prozent des Gewinns. Künstler und Publizisten, die über die Künstlersozialkasse versichert sind, müssen lediglich den halben Beitrag zahlen.

Doch Achtung, Verwirrung lauert durch unterschiedliche Blickwinkel auf dieselbe Sache. Der Grenzwert von fünf Sechsteln gilt für die Rentenversicherung. Im Arbeitsrecht reicht schon ein Drittel aus, um Sie als arbeitnehmerähnlich zu stempeln. Und hier ist das dann wieder von Vorteil für Sie: Für Sie bedeutet das nämlich, dass Sie die gleichen Rechte wie ein Arbeitnehmer haben, z.B. auch einen Anspruch auf Urlaub, 24 Tage im Jahr.

Seit August 2006 kommt noch das Allgemeine Gleichbehandlungsgesetz AGG dazu, das sich auf die Seite der Arbeitnehmerähnlichen stellt: Das AGG verbietet Auftraggebern, die bei Arbeitnehmerähnlichen ja Arbeitgeber sind, bei personellen Entscheidungen nach dem Geschlecht, der Rasse oder ethnischen Herkunft, der Religion oder Weltanschauung, einer Behinderung, des Alters oder der sexuellen Identität zu unterscheiden. Kurzum: Bekommt ein junger Kollege das große Projekt und nicht Sie als altgedienter Quasi-Mitarbeiter, können Sie womöglich dagegen klagen – und Recht bekommen, wie die angestellten Kollegen auch.

Scheinselbstständige Arbeitsverhältnisse

Während Arbeitnehmerähnliche immer noch »ein bisschen« Selbstständige sind, sind Sie in einem scheinselbstständigen Arbeitsverhältnis einem Arbeitnehmer völlig gleichgestellt. Scheinselbstständig sagt, dass Sie nur zum Schein selbstständig sind und in Wahrheit einer angestellten Tätigkeit nachgehen. Das ist, wenn es hart auf hart kommt, für Sie eine Trumpfkarte.

Denn: Es schafft zahlreiche rechtliche Möglichkeiten. Für Sie gelten neben dem Urlaubsanspruch, den auch die arbeitnehmerähnlichen Kollegen haben, auch der Kündigungsschutz, der Mutterschutz und die Entgeltfortzahlung. Zudem haben Sie als Scheinselbstständiger, der klagt, Anspruch auf Arbeitslosengeld I. Interessant: Dabei sind nicht Sie selbst scheinselbstständig, sondern Ihr Arbeitsverhältnis ist es. Das bedeutet, dass Sie zehn unternehmerische Jobs haben können, aber einen scheinselbstständigen.

Einen Kriterienkatalog für Scheinselbstständige gibt es seit langem nicht mehr, allerdings Indizien, die für eine Einzelfallbetrachtung durch die Deutsche Rentenversicherungsanstalt Bund herangezogen werden:

- Sie beschäftigen keine versicherungspflichtigen Arbeitnehmer
- Sie sind hauptsächlich und dauerhaft nur für einen Auftraggeber tätig
- Ihrer Tätigkeit fehlt das unternehmerische Handeln
- Ihre Tätigkeit ist an die Weisungen eines »Auftraggebers« gebunden und in dessen Arbeitsorganisation eingegliedert (eigener Arbeitsplatz etc.)
- Ihre Tätigkeit entspricht der Tätigkeit, die er zuvor im Rahmen eines Beschäftigungsverhältnisses ausgeübt hatte
- Arbeiten, die Ihrer Tätigkeit entsprechen, werden auch regelmäßig durch beschäftigte Arbeitnehmer verrichtet

Die Scheinselbstständigkeit feststellen kann die Deutsche Rentenversicherungsanstalt Bund mit ihrer Clearingstelle. Den Auftrag können Sie selbst geben oder Ihr Arbeitgeber. Dieser wird bei echter Scheinselbstständigkeit aber sicher kein Interesse daran haben, denn er muss die Konsequenzen tragen:

- Ihr Arbeitgeber muss künftig Sozialversicherungsabgaben für Sie entrichten.
- Er muss die gesamten Sozialversicherungsabgaben bis zu vier Jahre rückwirkend nachzahlen (Rentenversicherung, Krankenversicherung, Arbeitslosenversicherung).
- Er muss dabei auch Ihren Arbeitnehmeranteil übernehmen. Dieser kann allerdings mit dem Gehalt verrechnet werden, jedoch nur für die letzten drei Monate.
- Er muss Sie wieder einstellen, falls eine etwaige Kündigung nicht zulässig war, oder Ihnen eine entsprechende Abfindung zahlen.

Ihr Vorteil ist auch der mit der Feststellung der Scheinselbstständigkeit einhergehende Anspruch auf Arbeitslosengeld I. Die Anwartschaftszeit ist schon dann erfüllt, wenn Sie mindestens zwölf Monate in einem beitragspflichtigen Beschäftigungsverhältnis gestanden haben – selbst wenn die Arbeitnehmereigenschaft erst im Nachhinein festgestellt wird. Dabei muss der Auftraggeber, der sich als Arbeitgeber entpuppt, sowohl die Arbeitgeber- als auch die Arbeitnehmeranteile übernehmen.

Für Mitglieder der Künstlersozialkasse gilt eine Sonderregelung. Diese prüft den Status, wenn Künstler oder Publizistinnen in die KSK aufgenommen werden wollen. Wer Mitglied wird, gilt automatisch als nicht scheinselbstständig. Diese Entscheidung der KSK ist bindend. Deshalb verlangen einige Auftraggeber, vor allem im Medienbereich, den Nachweis der Mitgliedschaft in der KSK. Wollen Sie die Scheinselbstständigkeit nachweisen, etwa weil der einzige Auftraggeber Sie vor die Tür gesetzt hat und Sie Arbeitslosengeld einklagen wollen, ist damit noch nichts verloren. Ihr Arbeitsverhältnis kann sich im Laufe der Zeit geändert haben. Nun ist es an Ihnen, der KSK nachzuweisen, dass die Tätigkeit scheinselbstständig war. Damit werden Sie aber aus der KSK ausgeschlossen. Schalten Sie in solchen Fällen immer einen Anwalt ein.

Die Unterlagen zur Statusfeststellung erhalten Interessenten im Internet unter: *www.deutsche-rentenversicherung-bund.de* > *Formulare und Publikationen* > *Formulare* > *Versicherung* > *Statusfeststellung* oder telefonisch unter 030/8651.

Einen Haken gibt es allerdings: Wird auch umsatzsteuerlich die Unternehmereigenschaft verneint, waren Sie auch nicht zum Ausweis von Umsatzsteuer berechtigt. Folglich war und ist der Vorsteuerabzug unzulässig und die abgezogene Vorsteuer muss zurückgezahlt werden.

In der Regel werden Sie aber eher vermeiden wollen, als scheinselbstständig zu gelten. Dies ist wichtig zum Beispiel auch für die Darstellung in Ihrem Businessplan, den Sie für den Antrag auf Gründungszuschuss erstellen müssen. Achten Sie auf Folgendes:

- professioneller Außenauftritt (Briefpapier, Internetauftritt etc.)
- zusätzliche potenzielle Auftraggeber suchen und dies dokumentieren
- ein eigenes Büro einrichten
- eine regelmäßige Buchhaltung
- Mitarbeiter einstellen
- prüfen, ob Handelsvertreterstatus in Frage kommt (immer gewerblich), da Handelsvertreter nicht scheinselbstständig sein können.
- unter Umständen die Gründung einer GmbH erwägen, da diese niemals »scheinselbständig« sein kann

Nebenberuflich freiberuflich

Für Ihren Status ist es völlig unerheblich, ob Sie Ihre Tätigkeit im Haupt- oder Nebenjob ausüben. Entscheidend ist, ob die Tätigkeit freiberuflich oder gewerblich ist. Sie müssen die Tätigkeit aber natürlich auch beim Finanzamt anmelden und z. B. entscheiden, ob Sie vorsteuerabzugsberechtigt sein oder als Kleinunternehmer darauf verzichten möchten. Davon hängt es ab, ob Sie monatliche Umsatzsteuervoranmeldungen machen müssen, nicht von der Tatsache, ob Sie haupt- oder nebenberuflich tätig sind.

Eltern als Freiberufler

Elterngeld gibt es auch für Freiberuflerinnen und Freiberufler – das ist ein schöner Fortschritt. Sonst hat der Gesetzgeber aber leider nicht allzu sehr an die besondere Situation von Unternehmerinnen gedacht. Deshalb sind Selbstständige viel schlechter gestellt als Angestellte. Das Mutterschutzgesetz gilt für sie z. B. nicht.

Und noch ein Bonbon können Selbstständige nicht genießen: Während Angestellte sechs Wochen vor und acht Wochen nach der Entbindung nicht arbeiten dürfen und dabei weiterhin ihr Gehalt beziehen, können oder müssen Sie als Unternehmerin weiterschuften. Wenn Sie das Geld brauchen und sich keine Pause gönnen, bedeutet das unter Umständen, bis zum Tag der Entbindung voll im Einsatz zu sein. Wenn Sie also einmal eine junge Mutter mit einem Notebook im Krankenhausbett sitzen sehen: Höchstwahrscheinlich ist es eine Freiberuflerin. Freie Mitarbeiter, die nicht im eigenen Büro, sondern vor Ort bei ihrem Arbeitgeber arbeiten, sind ebenfalls nicht besonders geschützt. Dem Status nach sind sie schließlich selbstständig.

Sind Sie freiwillig versichert oder pflichtversichert über die Künstlersozialkasse? Dann haben Sie vielleicht Glück und genießen zwar keinen Mutterschutz vom Arbeitgeber, können aber Mutterschutzgeld beziehen. Jedenfalls – wenn Sie einen Vertrag mit Krankentagegeld abgeschlossen haben. Denn die gesetzlichen Krankenkassen behandeln – anders als die privaten Kassen – die Geburt wie eine Krankheit. Voraussetzung für den Bezug des Geldes ist, dass Sie am 42. Tag vor der voraussichtlichen Entbindung eine solche Versicherung abgeschlossen haben – knapp sechs Wochen vor der Entbindung. Also schnell bei der Krankenkasse anrufen und gegebenenfalls den Vertrag mit Ihrer Krankenversicherung ändern.

Ob es sich dauerhaft lohnt, mit Krankentagegeld versichert zu sein, ist ein Rechenexempel. Die Leistung kann die Krankenversicherung um mehr als zwei Prozentpunkte verteuern. Sie versichert Sie vor allem gegen schwerere Krankheiten, denn der Schutz gilt in der Regel erst ab dem 43. Tag der Krankheit. Je früher Sie Tagegeld beziehen, desto teurer wird die Versicherung: Die Zahlungen erhöhen sich also noch mal kräftig, wenn Sie Tagegeld ab dem 22. oder gar ab dem 8. Tag wünschen.

Werden Sie krank (mit Attest) oder bekommen Sie ein Kind, erhalten Sie Krankentagegeld als Mutterschutzgeld. Eine Bestätigung Ihres Arztes über den voraussichtlichen Geburtstermin reicht aus. Das Krankengeld beträgt 70 Prozent des letzten durchschnittlichen Jahreseinkommens. Bei Mitgliedern der Künstlersozialkasse dient dabei das bei der KSK gemeldete geschätzte Jahreseinkommen als Berechnungsgrundlage für die Krankenkassenbeiträge und damit auch das Mutterschutzgeld. Dieses Mutterschaftsgeld ist steuerfrei und geht nicht in die Steuerprogression ein. Dies bedeutet, dass sich die Einkommensteuer, die Sie zahlen müssen, durch den Bezug von Mutterschaftsgeld nicht erhöht. Solange Sie Mutterschaftsgeld erhalten, bekommen Sie allerdings kein Elterngeld.

Frauen, die privat krankenversichert sind, erhalten kein Mutterschaftsgeld von ihrer Krankenversicherung – auch nicht, wenn sie eine Krankentagegeldversicherung abgeschlossen haben. Sie bekommen stattdessen allerdings Elterngeld vom ersten Tag nach der Geburt, ebenso wie gesetzlich Versicherte ohne Krankentagegeldanspruch.

Elterngeld können Sie wie Ihre angestellten Kollegen erhalten. Ihr Anspruch berechnet sich dabei aus dem Gewinn minus Steuern und Pflichtbeiträge in den Sozialversicherungen (also z.B. gesetzliche Rentenversicherung). Der Gewinn muss mit einer Einnahmenüberschussrechnung erstellt sein. Wenn Sie noch keine Steuererklärung gemacht haben, reicht ein Nachweis des Steuerberaters. Sie erhalten maximal 1.800 Euro im Monat oder 67 Prozent Ihres Einkommens (gemeint ist der Gewinn). Auch hier gibt es die »Vätermonate«: Ihr Partner kann ebenfalls zwei Monate aussteigen und dafür Geld beziehen – gleich, ob er oder sie selbstständig ist wie Sie oder angestellt.

Vorsicht ist allerdings geboten: Wenn Sie ein Jahr aussteigen, müssen Sie am Ende die Kunden höchstwahrscheinlich wieder neu gewinnen … Unbedingt zumindest teilweise weiterarbeiten, auch wenn jeder Euro, den Sie verdienen, auf das Elterngeld angerechnet wird!

2.5 Freiberufler in Österreich

In Österreich gibt es ebenfalls Freiberufler – die Listen der Berufe sind nahezu identisch. Freie Berufe sind hier von Arbeitgebern unabhängige, nichtgewerbliche Berufe, vorwiegend im Dienstleistungsbereich. Akademische freie Berufe sind unter anderem Ärzte, Zahnärzte, Apotheker, Architekten, Ingenieure, Rechtsanwälte, Steuerberater und Wirtschaftsprüfer; sonstige freie Berufe sind wie in Deutschland bildende Künstler, Musiker, Artisten, Heilpraktiker, Schriftsteller, Übersetzer, Dolmetscher, Privatlehrer usw. Die freien Berufe sind meist in Kammern oder Verbänden zur Wahrung ihrer Interessen organisiert. Auch Schriftsteller, Journalisten, Musiker und Künstler sind im Sinne des Einkommensteuergesetzes freiberuflich tätig, wie im Übrigen auch die Unternehmensberater. Diese sind in Österreich, anders als in Deutschland, allerdings immer der Gewerbeordnung unterlegen.

In Deutschland ist der wesentliche Vorteil der Freiberuflichkeit die geringere steuerliche Belastung, da für sie keine Gewerbesteuerpflicht besteht. Diese Gewerbesteuerpflicht existiert in Österreich nicht; Gewerbetreibende und Freiberufler zahlen die gleichen Steuern. Auch sonst gibt es wenige Unterschiede zwischen den Freiberuflern und Gewerbetreibenden, selbst im Vergleich zu den Angestellten. So zahlen alle Bürger in eine Pflichtversicherung in der Kranken-, Unfall- und Pensionsversicherung ein.

Ein gravierender Unterschied besteht allerdings: So haben alle arbeitnehmerähnlichen Freiberufler in Österreich die gleichen Vorteile wie in Deutschland die Mitglieder der Künstlersozialkasse. Ein Problem mit Scheinselbstständigkeit gibt es nicht. Bei den arbeitnehmerähnlichen Freiberuflern zahlt der Auftraggeber einen Teil der Beiträge, die zweite Gruppe muss die Beiträge komplett selbst zahlen. Die Entscheidung, wer zu welcher Gruppe gehört, ist allerdings schwierig. Werden die Arbeitsmittel vom Auftraggeber zur Verfügung gestellt? Wenn ja: arbeitnehmerähnlich. Arbeitsort, Arbeitszeit, Arbeitsablauf können frei gewählt werden? Ja: dann sind Sie Unternehmer. Zur Berechnung des Sozialversicherungsbeitrags wird der Steuerbescheid herangezogen.

Vor allem die österreichischen Grünen engagieren sich für die Ein-Personen-Unternehmen (EPU) und fordern eine bessere soziale Absicherung für sie – etwa eine Arbeitslosenversicherung wie in Deutschland und ein Wochengeld für selbstständige Mütter.

Seit 2007 dürfen in Österreich auch Freiberufler wie Gewerbetreibende »nicht entnommene Gewinne« mit dem halben Steuersatz versteuern. Die Begünstigung für »nicht entnommene Gewinne« kann allerdings nur dann in Anspruch genommen werden, wenn der Gewinn aufgrund einer doppelten Buchführung (Bilanzierung) erfolgt. Diese ist aufwendiger als die einfache Buchführung und auch mit höheren Kosten bei der Steuerberatung verbunden.

2.6 Freiberufler in der Schweiz

Die Schweiz erhebt ebenfalls keine Gewerbesteuer. Ein Indikator für freie Berufe ist danach vor allem der Personenbezug: Der Beruf wird persönlich und eigenverantwortlich ausgeübt. Die ausübende Person ist nicht beliebig ersetzbar, sondern bildet einen wesentlichen Bestandteil der Dienstleistung. Oftmals besteht ein Vertrauensverhältnis seitens des Kunden, der Kundin zur Person, die die Leistung erbringt. Die Vornahme der beruflichen Handlungen setzt eine große Selbstständigkeit voraus. Die Aspekte der persönlichen und eigenverantwortlichen Berufsausübung haben zur Folge, dass Personen in freien Berufen sind. Die ausübende Person hat eine hohe berufliche Qualifikation, d.h. in der Regel eine Qualifikation auf Hochschulniveau oder eine gleichwertige Ausbildung. Oft ist die Ausübung eines freien Berufs staatlich reglementiert oder untersteht der Selbstregulierung. Sobald diese bundesweit oder in mindestens einem Schweizer Kanton geregelt ist, wird dieser Beruf im vorliegenden Bericht als »reglementiert« bezeichnet.

Freiberufler in der Schweiz müssen (!) in die Rentenversicherung und Arbeitslosenversicherung einzahlen, außerdem müssen sie eine Krankenversicherung nachweisen. Wenn Sie als deutscher Freiberufler in der Schweiz arbeiten, können Sie direkt bei der Rentenversicherung, der Alters- und Hinterlassenversicherung (AHV) vorsprechen und sich einen AHV-Ausweis ausstellen lassen. Der Beitrag für die AHV beträgt derzeit 7,8 Prozent.

Tipp: So gestalten Sie Ihre Freiberuflichkeit

- Wenn Sie keinen Katalogberuf ausüben: Entscheiden Sie, ob Sie einen katalogähnlichen oder einen Tätigkeitsberuf ausüben. In welchen Bereich oder welche Bereiche lässt sich Ihre Tätigkeit einordnen? (vgl. Übersicht auf Seite 21)
- Listen Sie Ihre Tätigkeiten auf. Welche könnten als gewerblich eingestuft werden? Wie könnten Sie diese ausklammern, z. B. durch Kooperationen?
- Versehen Sie Ihre Tätigkeit mit Prozentzahlen. Wie viel Zeit Ihres Gesamtstundenbudgets brauchen Sie für welche Tätigkeit?
- Verbleiben zweifelsfrei gewerbliche Tätigkeiten, die nicht direkt mit Ihrer Haupttätigkeit zu tun haben?
- Besprechen Sie Ihr Ergebnis mit einem Steuerberater. Entscheiden Sie, ob Sie Tätigkeiten ausklammern können und eine getrennte Gewinnermittlung für freiberufliche und gewerbliche Tätigkeit erstellen wollen. Besprechen Sie mit Ihrem Berater, ob Sie eine verbindliche Statusfeststellung durch das Finanzamt »riskieren« oder sich erst einmal so als Freiberufler aufstellen wollen.

3 Idee und Positionierung

Freiberufler üben meist bestimmte Berufe aus – z. B. den des Rechtsanwalts oder Designers. Deshalb glauben sie oft, gar keine Geschäftsidee zu brauchen.

Falsch: Auch Designer – so wie alle anderen Freiberufler – brauchen eine (gute) Idee. Diese bezieht sich allerdings weniger auf die Tätigkeit an sich als auf die Abgrenzung vom Wettbewerb und die Frage »Wie mache ich mich einzigartig?« Gerade bei übersättigten Märkten mit einem (zu) großen Angebot gilt: Ihr Erfolg hängt direkt mit einer klaren und eindeutigen Positionierung und Zielgruppenansprache zusammen. Wie Sie das angehen können, erfahren Sie in diesem Kapitel.

3.1 Geschäftsidee und Positionierung finden

Freiberufler bräuchten keine Geschäftsidee, behaupten viele. Sie lassen sich nieder als Arzt, arbeiten als Journalist oder Künstler. So weit, so falsch. Sicher sind freie Berufe in erster Linie einmal keine Ideen, sondern Berufe. Sicher setzen sie eine bestimmte Ausbildung und/oder Erfahrung voraus und leben als Gründungen mit IQ vor allem vom Kopf. Eine Geschäftsidee brauchen Sie trotzdem, wenn Sie als Freiberufler erfolgreich sein wollen und den anderen eine Nasenlänge voraus. Denn: Freiberufler sind aufgrund ihrer Größe immer das »Fachgeschäft«, nie der Supermarkt mit dem Megaangebot. Thematische Konzentration ist dem Bauchladen immer vorzuziehen.

Musiker, jedenfalls jene aus dem Pop- und Schlagerbusiness, haben das im Blut. Sie machen sich selbstständig allein oder mit einer Band, die eigenen Sound macht, der sich beispielsweise irgendwo zwischen Grunge und Rock einordnet. Sie komponieren eigene Melodien und schreiben eigene Texte dazu. Wenn es keine Partymusiker sind, streben Musiker danach, etwas Eigenes, Besonderes zu machen und damit Erfolg zu haben.

Etwas Eigenes, Besonderes und trotzdem Musik, Recht, Text: Das ist die richtige Richtung. Auch wenn Sie Berater, Trainer oder Journalist sind und somit einem freien Beruf nachgehen, sollten Sie eine Idee verfolgen, wie Sie in Ihrem Bereich besser oder anders sein können. Sie müssen Ihre Geschäftsidee so ausgestalten, dass Sie als Selbstständiger möglichst keine direkte Konkurrenz haben und eine so genannte Unique Selling Proposition besitzen. Damit gemeint ist ein einzigartiges Verkaufsargument. Eine USP besitzt der Journalist, der zugleich gelernter Koch ist und für alle Zeitungen und Magazine seiner Branche schreibt. So eine USP besitzt die Trainerin für Blindenrhetorik oder die Übersetzerin und Ärztin, die medizinische Texte vom Englischen ins Deutsche überträgt. Auch das fünfköpfige Maskenbildnerstudio hat gegenüber der einzelnen freiberuflichen Maskenbildnerin einen Vorteil, vor allem wenn es ein besonderes Produkt anbietet.

Freiberufler müssen allerdings nicht lange grübeln, was sie tun: Sie haben in der Regel einen Beruf oder einschlägige Praxiserfahrung. Ihre Kreativität müssen sie nicht damit verschwenden, eine ungewöhnliche Geschäftsidee aufzuspüren, die insgesamt neu ist, also nicht nur innerhalb ihres Berufszweiges. Das ist ein Vorteil im Vergleich zum Gewerbetreibenden. Dessen Idee ist sehr oft leicht kopierbar. Die Boutique kann jeder aufmachen, der Geld in den Laden steckt. Einen Schokoladenfontänenverleihservice kann sich jeder kaufen. Wissen und Erfahrung gehören jedoch dem Freiberufler ganz allein, also Ihnen. Ihren Vorsprung im Kopf kann so leicht niemand aufholen, auch nicht mit Geld.

Als Freiberufler könnten Sie die Geschäftsidee haben, sich als mobile Musiklehrerin mit einem umgebauten Smart-Auto selbstständig zu machen, das durch dörfliche Gegenden zieht. Auf das Finden dieser Geschäftsidee folgt die Positionierung.

Es ist die Entscheidung darüber, wo auf dem Markt für Ihre Dienstleistung sich Ihr eigenes Produkt einordnen soll. Welche Merkmale soll es haben? Auf welche Weise soll es sich von den anderen unterscheiden? Die mobile Musiklehrerin muss festlegen, welche anderen mobilen Musiklehrer es gibt und wie sie sich von diesen in Dienstleistung und Preis unterscheidet. Wenn es keine anderen mobilen Musiklehrer oder -schulen gibt, zieht sie als Vergleichsgruppe andere Musiklehrer heran.

Die Positionierung setzt unbedingt eine gute Kenntnis des Wettbewerbs voraus. Erst wenn Sie wissen, was andere mit einem ähnlichen freien Beruf anbieten und auf welche Weise Sie es anbieten, können Sie Ihre eigene Position auf dem Markt finden. Stellen Sie sich das vor wie auf einem richtigen Markt, auf dem jeder dasselbe Produkt verkauft, z.B. Äpfel. Was unterscheidet Ihre Äpfel von denen der Nachbarn?

Halten Sie in einer Tabelle zunächst einmal fest, wer Ihre Wettbewerberinnen sind und was sie ausmacht. Entscheiden Sie, ob Sie Wettbewerb regional oder überregional sehen. Der regionale Blick bietet sich an, wenn Sie keinen besonders hohen Spezialisierungsgrad haben. Die überregionale Analyse setzt voraus, dass Sie bundesweit tätig sind. Es empfiehlt sich, sich in diesem Fall auch stärker spezialisiert zu positionieren.

Beispiel für eine Wettbewerbsanalyse

Wettbewerber	USP	Erfahrung	Kontakte	Honorar	+ (mein Nachteil)	– (mein Vorteil)
Martha Jug	Renommierte Buchautorin	Mehr als 15 Jahre	Mitglied im bfmb.de	Ab 85 Euro	hoher Bekanntheitsgrad	Nutzt das Internet kaum

Sie wissen, was den Wettbewerb ausmacht? Dann schauen Sie als Nächstes zu Ihren Kunden hin, ganz genau. Was brauchen diese, was es noch nicht gibt? Wo herrscht eine bisher unbefriedigte Nachfrage? Wer klagt über schlechte Dienstleister und warum? Jeder Mangel, den Ihre Kunden bei Ihren Wettbewerbern ausmachen, kann Ihr Vorteil sein. So muss Ihre Idee oft gar nicht mal so besonders sein – mitunter reicht es, Wettbewerber durch besonderen Service zu übertrumpfen.

Legen Sie als Nächstes fest, was Ihren Unterschied oder Ihre Unterschiede ausmachen soll. Oft empfiehlt es sich, verschiedene Merkmale miteinander zu kombinieren, weil eines allein möglicherweise zu schwach wäre. Vorsicht gilt beim Merkmal »Honorar«. Dieses sollte nie deutlich niedriger als der Durchschnitt sein. Es kann aber durchaus anders gestaltet sein. Wenn Sie Ihr Honorar nach dem Einkommen des Kunden bemessen, unterscheiden Sie sich dadurch vom Wettbewerb und nehmen trotzdem nicht weniger, sondern möglicherweise sogar mehr ein.

Ihre Positionierungsmerkmale sind die Fundamente Ihrer Werbung und Ihres Außenauftritts. Wenn Sie sich für Ausbildung und Erfahrung entscheiden, bedeutet dies, dass diese Merkmale sich auch in der Kommunikation widerspiegeln sollten. Beschreiben Sie Ihre Erfahrung, thematisieren Sie die Ausbildung.

Hier eine Übersicht, die die unterschiedlichen Möglichkeiten für Positionierungsmerkmale auflistet und Beispiele gibt, wie Sie sie nutzen können:

Positionierungsmerkmale nutzen

Positionierungsmerkmal	Beispiele	Bemerkung	Wirkungsstärke
Alter	Besonders jung oder alt, der »Jüngste«	Prädestiniert meist für eine bestimmte Zielgruppe. Bleibt natürlich nicht ewig so	**
Ausbildung	Coachausbildung etc.	Wirkt oft zielgruppenbezogen. Die Coachausbildung z. B. ist eher Unternehmenskunden wichtig als Privatleuten	***
Beziehungen	Pflegt beste Beziehungen zu Stars & Sternchen	Ähnlich wie Kontakte	***
Eigene Story	Beraterin für Wiedereinsteigerinnen, die selbst erlebt hat, welche Hürden Unternehmen Müttern gegenüber aufbauen	Eigentlich ein Unterpunkt der Erfahrung, meint aber persönliche Erfahrung. Eine eigene Geschichte macht Sie vor allem gegenüber Privatkunden »sexy«	****

Positionierungsmerkmal	Beispiele	Bemerkung	Wirkungsstärke
Erfahrung	Mehr als sieben Jahre als Geschäftsführer in einem Waldorf-Kindergarten	Oft eine Basisinformation, sehr wichtig aber ist besonders viel Erfahrung oder/und in einem bestimmten Bereich	****
Honorar	400 Euro in der Stunde ...	Besonders teuer zu sein, kann Sie herausheben und besonders machen. Oder: interessante/ungewöhnliche Preisgestaltung	****
Kontakte	Persönlicher Freund von Angela Merkel (oder wem auch immer)	Sehr positiv – wenn es die richtigen Kontakte sind, die dem Auftraggeber z. B. Zugang in bestimmte Bereiche versprechen	****
Kooperation	Z. B. Büro integriert in ein Gesundheitszentrum	Erhöht den Nutzwert für den Kunden, der z. B. Gesundheitsberatung und Akupunktur braucht	***
Methode	Eine eigene Lösungsmethode oder Herangehensweise, am besten als Markenbegriff geschützt	Wenn die Methode nur von wenigen angewandt wird oder von Ihnen erfunden wurde	****
Persönlichkeit	Eine andere Art als der Wettbewerb	Kaum kommunizierbar	**
Service	Z. B. Therapiepraxis mit Öffnungszeiten am Abend, Beratung online	In Kombination mit anderen Positionierungsmerkmalen	**
Spezialthema	Z. B. Werbeberatung für Web 2.0	Funktioniert oft am besten	*****
Titel	Ob Adels- oder Doktortitel	Je nach Branche	**
Qualitätsnachweise	Z. B. Testergebnis, Siegel, Wettbewerbssieg oder -teilnahme		****
Zertifizierung	Ein Siegel von der Gesellschaft für Projektmanagement etc.	Toppt die Ausbildung oder die Erfahrung, wichtig für Unternehmen	***
Zielgruppenansprache	Nur für Frauen, für Manager, Zahnärzte etc.	Wie Spezialthema	*****

Die Positionierung schlägt sich in der Darstellung nach außen und in allen Kommunikationsmaßnahmen nieder. Dabei sollten Sie darauf achten, in Ihrer Positionierung auch wiedererkennbar zu sein, also sollten Sie z.B. immer Belege für Ihre Qualität hervorheben oder Kundenmeinungen bezogen auf den Service unterstreichen.

Auch freie Mitarbeiter können sich positionieren. Der Gestaltungsspielraum ist bei freier Mitarbeit aber üblicherweise kleiner. Meist suchen Agenturen und Auftraggeber eher breit angelegte Kompetenzen, um sie vielfältig einsetzen zu können. Positionierung läuft meist über die inhaltliche Ebene, das Fachgebiet und die Spezialkenntnisse. Merkmale wie »Methode« oder »Eigene Story« eignen sich eher für die Ansprache von Direktkunden.

Bei freier Mitarbeit ist zu beachten, dass Auftraggeber Sie automatisch als Konkurrenz sehen, wenn Sie zu offensiv in die Öffentlichkeit treten und als Unternehmer sichtbar werden. Dessen Kunde könnte ja genauso gut Sie direkt beauftragen, etwa mit der Konzeption einer PR-Kampagne für ein neues Produkt. Dies führt häufig dazu, dass Ihre Auftraggeber Sie gerne klein halten und allzu unternehmerisches Auftreten gar nicht gerne sehen. Das sollte Sie allerdings nicht davon abhalten, sich gut zu verkaufen und Aufträge zu gewinnen – aber eben mit diplomatischem Geschick und Blick auf den Auftraggeber. Abwerben etwa ist keine sehr feine Sache: Immerhin hat Ihr Auftraggeber seinen Kunden selbst gewonnen und eigenes Geld und Zeit in die Akquise gesteckt, das Sie sich durch den indirekten Auftrag in freier Mitarbeit sparen konnten ...

3.2 Positionierung praktisch

Je klarer Sie sich vom Markt abgrenzen, desto erfolgreicher werden Sie sein. Vom Thema Positionierung ist es nur ein kleiner Schritt zu EKS (Engpasskonzentrierte Strategie), einer Erfolgsstrategie, die davon ausgeht, dass jedes Unternehmen, gerade auch jeder Freiberufler, sich auf seine Stärken konzentrieren sollte. Nur eine solche Nischenpositionierung schafft die Voraussetzung für langfristigen Erfolg.

Die engpasskonzentrierte Verhaltens- und Führungsstrategie wurde von dem Strategieexperten Wolfgang Mewes bereits in den frühen Siebzigerjahren entwickelt, gewann aber erst in den letzten Jahren an Bedeutung. Mewes hatte durch Beobachtung von Erfolgskonzepten vier Eckpfeiler identifiziert:

- Eckpfeiler Stärkenkonzentration: Konzentrieren Sie sich auf Stärken, verzetteln Sie sich nicht, indem Sie versuchen, Schwächen auszubügeln.
- Eckpfeiler Kräftebündelung: Bündeln Sie Ihre Kräfte mit Blick auf eine klar und eng umrissene Zielgruppe. Ihre Dienstleistung darf nicht für jeden sein.

- Eckpfeiler Nische: Besetzen Sie eine Nische. Sie sollten nie genau das machen, was bereits von anderen angeboten wird.
- Eckpfeiler Problemlöser sein: Entwickeln Sie sich zum besten Problemlöser für Ihre Zielgruppe. Das bedeutet auch, dass Tiefen-Know-how wertvoll ist. Versuchen Sie also lieber, immer besser zu werden, als immer mehr anzubieten!

Um Ihre freiberufliche Tätigkeit auf Basis der EKS-Strategie zu positionieren und zu entwickeln, gehen Sie durch verschiedene Phasen, die zeitlich aufeinanderfolgen.

1. Kernkompetenzen kennenlernen

Ermitteln Sie zunächst Ihre absoluten Kernkompetenzen. Bedenken Sie, dass es sich um kommunizierbare Kernkompetenzen handeln muss. Das fällt den meisten Freiberuflern extrem schwer. Es setzt voraus, dass Sie sich selbst mit den Augen Ihrer Zielgruppe ansehen.

Die Kompetenzen müssen Sie von anderen in Ihrer Berufsgruppe unterscheiden, es dürfen keine Selbstverständlichkeiten sein. Am leichtesten sind die fachlich-inhaltlichen Kompetenzen zu finden – schwierig indes wird es, wenn diese innerhalb Ihrer Berufsgruppe auf ähnlichem Niveau sein sollten. So sollte man davon ausgehen, dass alle für Freiberufler tätigen Steuerberater in etwa dasselbe Wissen haben. Nicht jeder dagegen dürfte ein Leitbild leben, das die persönliche Beratung in den Vordergrund stellt und nicht die »Steuerverwaltung«. Das könnte sich zeigen an monatlichen Klientenbesprechungen, z.B. über Telefonkonferenz, oder einer immer offenen »Hotline«.

Schauen Sie sich dazu noch einmal die Positionierungstabelle auf Seite 48 an, Sie gibt Ihnen Anhaltspunkte, womit Sie sich abgrenzen können.

Dass ein Trainer kommunikativ ist, versteht sich von selbst. Dass er eine neue und bisher unentdeckte Methode in den USA kennengelernt hat, dagegen nicht.

Aufgabe Schreiben Sie Ihre Kernkompetenzen auf Kärtchen und heften Sie sie an eine Posterwand. Bringen Sie die Kernkompetenzen in eine Rangordnung. Nehmen Sie Karten ab, die nicht wirklich zur Kernkompetenz gehören, bis nur eine einzige Karte übrig bleibt. Analysieren Sie diese hinsichtlich verschiedener Fragen:

- Lässt sich auf dieser Kernkompetenz ein Unternehmen aufbauen?
- Was hat der Auftraggeber bzw. der Kunde davon? Welchen Nutzen bringt es ihm?
- Lässt es sich mit Worten kommunizieren oder zeigen?
- Ist dies etwas, was andere nicht haben?

2. Geschäftsfeld eingrenzen

Eine Nische erleichtert den Vertrieb Ihrer Dienstleistung enorm und sorgt mittel- und langfristig fast automatisch für höhere Gewinne. Auf welche Zielgruppe oder welche inhaltliche Thematik könnten Sie sich spezialisieren? Schauen Sie sich dazu vor allem auch den Wettbewerb an: Was ist das Geschäfts- bzw. Aufgabenfeld, das den meisten Erfolg verspricht, weil es keine nennenswerte Konkurrenz gibt? Übrigens: Auch wenn Ihr Wissensvorsprung gegenüber Wettbewerbern klein ist, sollte Sie das nicht abschrecken: Sie müssen ja erst einmal anfangen, sich zu spezialisieren – andere haben das nicht anders gemacht.

Aufgabe Analysieren Sie Geschäfts- und Aufgabenfelder, indem Sie sich die dort bereits aktiven »Player« anschauen, etwa Vertriebstrainer in der Automobilbranche oder IT-Berater für CRM-Systeme. Je kleiner die Segmente sind, die Sie betrachten, desto eher werden Sie auf Ideen kommen. Manchmal liegt die Lösung auch in einer Kombination mit Punkt 3 – also der Frage nach der Zielgruppe.

3. Zielgruppe eingrenzen

Wer ist Ihre Zielgruppe? Erst wenn Sie das sicher wissen, können Sie Ihre freiberufliche Dienstleistung verkaufen. Und sagen Sie jetzt bitte nicht »KMU« (kleine und mittlere Unternehmen). Das sagt jeder Gründer, dessen Zielgruppe nicht die Privatpersonen sind. Diese Einteilung ist noch viel zu breit und unkonkret.

Fragen Sie sich:

- Sprechen Sie Firmen an oder Endkunden?

Wenn Firmen:

- Um welche Branchen handelt es sich?
- Um welche Segmente innerhalb dieser Branchen?
- Welche Abteilung ist Ansprechpartner für Ihr Angebot?
- Welche Funktion hat Ihr persönlicher Ansprechpartner?

Wenn Endverbraucher:

- Was zeichnet diese aus?
- Wie alt sind sie?
- Für was interessieren sie sich?
- Was lesen sie?

Alle:

- Wo trifft sich Ihre Zielgruppe?
- Wie sieht ihr Tagesablauf aus? Welche Orte besucht sie im Laufe des Tages, des Wochenendes etc.?
- Was liest Ihre Zielgruppe?
- Welche Internetseiten besucht Ihre Zielgruppe?
- Was liebt Ihre Zielgruppe?
- Was mag Ihre Zielgruppe nicht, worauf reagiert sie allergisch?

Selbstverständlich können Sie sowohl Firmen als auch Endverbraucher avisieren – Sie haben in dem Moment allerdings zwei Zielgruppen, die Sie meist ganz unterschiedlich ansprechen müssen. Sehr oft ist dies der Fall im Bereich Coaching oder in der Beratung. Wichtig ist, sich darüber klar zu werden, wen Sie in welchem Maß ansprechen und gewinnen wollen. Dazu gehört auch, dass Ihnen bewusst ist, wie viel Anteil welcher Bereich am Umsatz haben soll. Ihre Zielgruppenanalyse hat Konsequenzen für Ihren Außenauftritt. Ist die private Zielgruppe für Sie als Coach nur ein »Ferner liefen«, brauchen Sie womöglich nur eine Handvoll Informationen auf der Website: Was bieten Sie in welchem Rahmen und zu welchen Kosten für Privatpersonen? Macht die Zielgruppe der Privatpersonen dagegen 50 oder mehr Prozent aus, müssen Sie diese direkter und offensiver angehen, etwa mit einer eigenen Webpräsenz im Internet oder über dortige Diskussionsforen.

Wenn Sie es nicht wirklich wissen können, fragen Sie in der Zielgruppe nach, die Sie anpeilen. Fragen Sie so viel und so offen Sie können. »Brauchen Sie so etwas?« »Was wünschen Sie sich?« »Was ist Ihr brennendes Problem?« Das brennende Problem kommt oft nicht gleich auf den Tisch. Durch Gespräche mit der Zielgruppe kommen Sie ihm aber irgendwann auf die Spur. Das brennende Problem kann das Thema »Wie finde ich wirklich gute Coachs?« sein, wenn Sie sich die Zielgruppe der Entscheider im Personalbereich anschauen. Ihre Idee könnte es also sein, ein Verfahren für die Vorauswahl zu entwickeln. Das brennende Problem hilft Ihnen somit ganz konkret bei der Produktentwicklung! Wie lassen sich durch immer neue Innovationen die Bedürfnisse der Zielgruppe erfüllen? Wenn Sie ein Verfahren zur Vorauswahl von Coachs etablieren, so könnten Sie eine Zertifizierung für dieses Verfahren, Workshops in Vorbereitung, Kurztests etc. entwickeln. Sie können das Verfahren zudem hinsichtlich unterschiedlicher Zielsetzungen variieren und immer neue Tools daraus extrahieren.

Aufgabe Welche konkreten Produkte können Sie aus Ihrer Dienstleistung ableiten?

4. Allein sind Sie stark, zu mehreren noch stärker

– denn mit verschiedenen Kernkompetenzen sprechen Sie eine breitere Zielgruppe an.

Gewinnen Sie strategische Partner, mit denen Sie Ihr Geschäftsfeld ergänzen können. Fragen Sie ganz konkret: Mit welchen Kooperationen können Sie die Probleme Ihrer Kunden umfassend lösen?

Aufgabe	Überlegen Sie, wer für Sie ein strategischer Partner sein kann. Beispiel: Der Steuerberater kooperiert mit dem Anwalt.

Positionierungsanalyse

Sie haben durch Nachdenken und Übungen nun eine Menge Vorarbeit geleistet. Nun sollten Sie versuchen, Ihre Denk- und Arbeitsergebnisse zu systematisieren und auf den Punkt zu bringen. Tragen Sie in die folgende Liste Ihre persönlichen Gedanken und Angaben ein:

1	Meine absoluten unternehmerischen Stärken, auf die ich mich konzentrieren will und die kein anderer so besitzt:	
2	Meine Nische, die so speziell ist, dass ich nicht viel oder besser gar keine direkte Konkurrenz habe:	
3	Meine Zielgruppe, die so klar definiert ist, dass ich sagen kann, auf welche Veranstaltungen sie geht, welche Messen sie besucht und welche Zeitungen sie liest:	
4	Das Problem meiner Zielgruppe, das sich vielleicht auch daraus ergibt, dass meine Wettbewerber dem keine Beachtung schenken:	
5	Strategische Partner, die ich brauche, um meine Dienstleistung breiter anzubieten und sie besser bekannt zu machen: (Strategische Partner für Texter können z. B. Designer sein)	

Sehen Sie sich noch einmal die Tabelle auf Seite 48 an. Die untenstehende Liste gibt noch einmal die Begriffe wieder, die Sie dort kennengelernt haben. Kreuzen Sie nun an, welche Positionierungsmerkmale auf Sie zutreffen bzw. sich in Ihrem individuellen Fall anbieten. Versehen Sie aus Ihrer Sicht starke Merkmale mit einem ++, schwächere mit +.

Positionierungsmerkmal

Alter		Methode	
Ausbildung		Persönlichkeit	
Beziehungen		Service	
Eigene Story		Spezialthema	
Erfahrung		Titel	
Honorar		Qualitätsnachweise	
Kontakte		Zertifizierung	
Kooperation		Zielgruppenansprache	

Im nächsten Schritt fragen Sie sich, ob sich aus Ihrem Positionierungs- ein Alleinstellungsmerkmal ableiten lässt. Welches der Merkmale ist stark genug, um Sie nach außen eindeutig von anderen in Ihrem beruflichen Umfeld zu unterscheiden? Formulieren Sie dieses und überprüfen Sie es. Ist es stark genug? Unterscheidet es Sie ausreichend? Verstehen andere es sofort? Drückt es für Ihre Kunden einen Nutzen aus? Ist es so formuliert, dass Ihre Kunden es verstehen und es einen guten Klang hat?

Mein Alleinstellungsmerkmal ist:

____

____

____

____

____

3.3 Stärkenkonzentration versus Bauchladen

Auf mehreren Beinen steht sich besser als auf einem. Aus diesem Grund starten viele freiberufliche Gründer erst mal mit einem Bauchladen. Solange dieser nicht mehr als drei Dienstleistungen umfasst, ist das in Ordnung. Mehr bedeutet allerdings ein sicheres Verzetteln. Zudem könnte es gut sein, dass die Außenwelt Sie nicht mehr ernst nimmt. Ich jedenfalls würde niemals einen Designer engagieren, der texten kann, Unternehmensberatung anbietet, Lebenshilfe und zugleich Webhosting. Das wäre mir überaus verdächtig, und der Gedanke »Wer alles kann, kann nichts richtig« liegt nahe. Trotzdem ist gegen ein solides Dreibein nichts zu sagen, vor allem wenn die Tätigkeiten nicht sehr weit auseinander liegen. So arbeiten viele Journalisten auch als Trainer, Musiker auch als Lehrer usw. Das passt durchaus. Am Anfang ist es auch okay, wenn die Themen noch vielfältig sind, der Journalist-Trainer etwa von der PowerPoint-Schulung bis zum Seniorentraining fast alles anbietet, was sein Auftraggeber nachfragt ... Viele Gründer brauchen das, um sich selbst zu spüren und zu den eigenen Stärken zu finden. In manchen Bereichen, wo die freie Tätigkeit oft am Anfang eines Berufslebens steht, etwa im Journalismus, könnten viele nicht gleich mit einer Spezialisierung starten. Sie wüssten gar nicht mit welcher, weil das Wissen breit und nirgendwo besonders tief ist.

Der Bauchladen widerspricht der EKS-Strategie scheinbar, ist aber letztendlich oft nur ein notwendiges Vehikel, um zu einem späteren Zeitpunkt zur Stärkenkonzentration zu gelangen. So mag es sein, dass Sie am Anfang Ihrer freien Tätigkeit weder Erfahrung noch Bewusstsein haben, welches eigentlich Ihre Kernkompetenzen sind und was genau denn Ihre Zielgruppe ist und will.

Um Geld zu verdienen, nehmen Sie dann erst einmal an, was sich Ihnen bietet. Das ist pragmatisch und eine gute Lösung, wenn es zunächst um finanzielle Absicherung und das Sammeln von Erfahrungen geht. Erst wenn Sie den Fuß in die Tür bekommen haben, können Sie es sich leisten, Ihren »Bauchladen« zu sortieren und Geschäftsbereiche zu schließen, die für Sie nicht lukrativ sind und auch keinen positiven Einfluss auf den Bereich haben, der sich für Sie als »Cash Cow« (also Bereich mit dem höchsten Gewinn bei geringstem Zeitaufwand) herausgestellt hat. Dies ständig zu beobachten ist allerdings Ihre unternehmerische Pflicht. Erstellen Sie von Jahr zu Jahr Business-Pläne nach dem Muster des in diesem Buch auf der Seite 79 ff. vorgestellten Plans. So beobachten Sie die eigene Geschäftstätigkeit ständig und sorgen gleichzeitig aktiv für eine Weiterentwicklung. Dies indes sollten Sie auf jeden Fall tun. Die Alternative wäre, das Fähnchen jeweils nach dem Wind zu hängen. Doch das führt fast zwangsläufig zu ungeliebten Aufträgen, schlechten Honoraren und einer insgesamt wackligen Existenz. Planen Sie also – damit bauen Sie vor.

4 Honorare

Das Honorar – eines der wichtigsten Themen für Freiberufler – stelle ich auch deshalb weit an den Anfang, weil es so wichtig ist, sich *vor* der Gründung darüber Gedanken zu machen, unmittelbar nachdem Sie die Idee haben.

Bin ich zu teuer oder zu billig? Oder: Kann ich überhaupt selbst bestimmen, wie viel ich von meinen Kunden nehme? Das angemessene Honorar zu ermitteln, ist eine der schwierigsten Aufgaben für Freiberufler, sofern sie Honorare (einigermaßen) frei bestimmen und nicht wie beispielsweise Architekten an eine Vergütungsordnung gebunden sind. In diesem Kapitel lernen Sie, Ihren Stunden- und Tagessatz zu kalkulieren und angemessene Honorare für sich selbst festzulegen. Eine Tabelle liefert einen Überblick über übliche Honorare für Freiberufler.

4.1 Kalkulatorischer Stundensatz

»100 Euro pro Stunde« bedeutet für einen Freiberufler nicht, 8 Stunden mal 100 Euro mal 365 Tage Geld zu verdienen, sondern vielleicht nur 2 Stunden mal 100 Euro mal 100 Tage (20.000 Euro). Kein Freiberufler kann ohne Unterbrechung und Pausen arbeiten und jede einzelne Stunde fakturieren. Realistische Honorare berücksichtigen diesen Fakt und Ihre Kosten und darüber hinaus auch die Tatsache, dass ein Freiberufler viele Stunden Vorarbeit leisten muss, um in einer einzigen Stunde Geld zu verdienen.

Was das für den Stundensatz bedeutet, besagt der kalkulatorische Stundensatz. Er ermittelt, wie viel Honorar Sie für eine fakturierte Stunde mindestens nehmen müssen. Und wenn dieser Preis am Markt nicht zu rechtfertigen ist, bedeutet dies: Die Freiberuflertätigkeit in dieser Form lohnt sich nicht. Sie müssen Vorzeichen ändern. Den kalkulatorischen Stundensatz ermitteln Sie, indem Sie erst einmal zusammenrechnen, welche Kosten Sie haben, privat und beruflich. Danach ermitteln Sie Ihre vermutliche Steuerzahlung und dann die Tage, an denen Sie wirklich effektiv schaffen können (produktive Tage). Teilen Sie die Summe der Kosten durch die produktiven Tage. Sie sind nun beim kalkulatorischen Tagessatz. Nun legen Sie fest, wie viele Stunden am Tag Sie arbeiten. Sie teilen den Tagessatz durch diese Stunden. Los geht's.

Private Ausgaben

Nehmen Sie ein Blatt Papier, und listen Sie alle Ausgaben auf, die Sie normalerweise haben. Berücksichtigen Sie auch jene Ausgaben, die Ihnen gering erscheinen (etwa für Putzmittel) oder die Ihnen nicht sofort in den Sinn kommen (wie vielleicht die GEZ-Gebühren). Zu den privaten Kosten zählen übrigens auch die Kosten für die Kranken- und Rentenversicherung oder für die Altersvorsorge.

Führen Sie eine Zeit lang über alle Ausgaben Buch. Ein angemessener Zeitraum sind drei Monate, weil sich in diesen drei Monaten Zahlungen wiederholen. Vergessen Sie dabei aber auch einmal jährlich anfallende Kosten nicht, zum Beispiel Zeitungsabonnements oder Versicherungsprämien, falls Sie eine jährliche Zahlweise vereinbart haben. Alternativ können Sie auch die Kontoauszüge der letzten Monate durchsehen.

Folgende Tabelle bietet Ihnen einen Anhaltspunkt dafür, welche Kosten Sie berücksichtigen müssen. Es können je nach Ihren persönlichen Lebensumständen weitere Kosten hinzukommen, etwa für Scheidung, Alimente oder die Pflege der Eltern. Tragen Sie diese Kosten in das leere Feld ein und erweitern Sie die Tabelle nach Bedarf.

Private Ausgaben	Betrag/Jahr
Haus	
Miete	
Strom	
Heizung und Wasser	
Müllabfuhr	
Reparaturen	
GEZ und Kabelanschluss	
Telefon	
Internet	
Auto	
Benzin	
Kfz-Versicherung	
Voll-/Teilkasko	
Reparaturen	
Reinigung und Pflege	
Lebensführung	
Lebensmittel	
Restaurantbesuche	
Haushalt	
Kinder	
Kindergarten	
Tagesmutter, Babysitter	
Schulbücher	

Private Ausgaben	Betrag/Jahr
Versicherungen	
Haftpflichtversicherung	
Unfallversicherung	
Krankenversicherung	
Krankenzusatzversicherung	
Rücklage für Krankheit	
Altersvorsorge	
Gesetzliche Rentenversicherung	
Rentenfonds	
Sparverträge	
Kapitallebensversicherung	
Sonstiges	
Spenden	
Geschenke	
Putzhilfe	
Sport	
Urlaub	
...	
= Gesamtbetrag	

Zählen Sie Ihre privaten Ausgaben zusammen. Was kommt als Summe unter dem Strich heraus? So viel müssten Sie mindestens einnehmen, um private Kosten zu decken. Dieses Geld müssen Sie auf jeden Fall verdienen, damit Sie überhaupt leben können wie bisher. Was Sie einnehmen, ist aber nicht das, was Sie auch als Gewinn erhalten.

Betrieblich bedingte Ausgaben

Nehmen Sie ein zweites Blatt zur Hand. Notieren Sie hierauf, was Sie betrieblich bedingt ausgeben müssen. Berücksichtigen Sie beispielsweise die Kosten für Papier und Druckerpatronen, Kopien oder Briefmarken und natürlich, falls dies anfällt, Büromiete, Strom, Telefon, Fax, Internet, Auto, betrieblich bedingte Versicherungen, Mitgliedsbeiträge in Berufsverbänden oder Kammern.

Private Ausgaben	Betrag/Jahr
Büro	
Miete	
Strom	
Heizung und Wasser	
Müllabfuhr	
Reparaturen	
GEZ und Kabelanschluss	
Telefon	
Internet	
Mitarbeiter	
Lohn/Gehalt	
Honorare für freie Mitarbeiter	
Aufträge	
Sozialversicherungsabgaben	
Auto	
Benzin	
Kfz-Versicherung	
Voll-/Teilkasko	
Reparaturen	
Waschen und Pflege	
Leasingrate	
Essen	

Private Ausgaben	Betrag/Jahr
Nahrungsmittel	
Restaurantbesuche	
Einladungen	
Versicherungen	
Berufshaftpflicht	
Berufsunfähigkeitsversicherung	
Marketing	
Werbung und Anzeigen	
Presse und Öffentlichkeitsarbeit	
Sonstiges	
Reparaturen	
Geschenke	
Berufsverbände und Kammern	
Mitgliedschaften	
Zinsen	
Kredite	
Beratung	
Unternehmensberatung	
Rechtsberatung	
= Gesamtbetrag	

Rechnen Sie nun die beruflichen Ausgaben zusammen. Beispiel: Sie kommen privat und beruflich auf insgesamt 20.000 Euro. Dieses Geld muss mindestens in Ihre Kassen kommen, auch wenn Sie nachher einiges absetzen können. Erst einmal muss es da sein. Ausgaben sind hier also gleich (Mindest-)Einnahmen.

Berücksichtigen Sie nun die Einkommensteuer, die Sie für diesen Betrag zahlen müssten. Beispiel: Sie geben im Jahr 20.000 Euro aus. Als Familienernährer mit einem Kind müssten Sie im Jahr 2007 bei 20.000 Euro Gewinn gar keine Steuern zahlen, es ergäbe sich für Sie sogar ein Minus von rund 800 Euro. Als Single in Steuerklasse I fielen für Sie bei ebenfalls 20.000 Euro dagegen 3.242 Euro an Steuern an.

Berechnen können Sie dies mit einem Programm des Bundesfinanzministeriums (*www.abgabenrechner.de*) und addieren Sie das Ergebnis zur Gesamtsumme der privaten und beruflichen Ausgaben. Insgesamt ergibt sich für einen Single so ein privater Gesamtbedarf von 23.242 Euro.

Produktive Tage berechnen

Selbst wenn das Geschäft wunderbar läuft: Sie können nicht fünf Tage in der Woche voll produktiv sein wie ein Angestellter. Sie brauchen Tage für die Akquisition von Kunden, Tage für Ihr Marketing und Tage für die Buchhaltung. Sie benötigen Urlaub und sind leider auch mal krank. Um auf Ihre produktiven Tage zu kommen, ziehen Sie von 365 Tagen im Jahr ab:

- die Sonn- und Feiertage (circa 124 Tage),
- Urlaub (circa 20 Tage),
- Krankentage (circa 14 Tage),
- Tage für Akquise und Marketing (ein Tag pro Woche, also circa 52 Tage),
- Tage für Buchhaltung (ein weiterer Tag pro Woche, insgesamt also 52 Tage).

Im Beispiel summieren sich die unproduktiven Tage auf 262. Das heißt, es bleiben 102 produktive Tage. Teilen Sie nun 23.242 Euro durch 102 Tage. Es ergibt sich ein Tagessatz von 227,86 Euro. So viel müssen Sie mindestens verdienen, wenn Sie per Tagessatz abrechnen, etwa als Texter oder Unternehmensberater. Teilen Sie die Summe durch die Zahl der Stunden, die Sie an den 102 Tagen fakturieren können, um auf den Stundensatz zu kommen. Bei zwei Stunden müssen Sie also 113,43 Euro verlangen. Netto. Das ist nicht übertrieben, denn in der Tat lassen sich viel mehr Stunden kaum regelmäßig verkaufen. Und in manchen Geschäftsmodellen auch nicht verkraften ... Etwas anderes ist z.B. private Therapie. Hier wären mehrere Stunden realistischer, z.B. vier am Tag. Der Stundensatz läge dann bei 56,96 Euro. Marktüblich sind etwa 60 bis 75 Euro. Die Sache ist also knapp kalkuliert und ohne eigene Gewinnspanne!

Was tun mit diesem Wert? Er sagt Ihnen, was Sie unbedingt und mindestens brauchen. Schönfärberei macht hier wenig Sinn. Unter diesem Satz zu arbeiten ist ein Verlustgeschäft! Wenn die Rechnung am Ende besser für Sie aussieht, weil Sie mehr Stunden- oder Tagessätze verkaufen, ist dies besser als umgekehrt. Also nehmen Sie lieber ein Middle- bis Worst-Case-Szenario!

Gehen Sie zum nächsten Schritt und überprüfen Sie, wie weit entfernt er ist vom Wettbewerb und der subjektiven Wahrnehmung der Zielgruppe, der Sie Ihre Dienstleistung verkaufen. Erst dann bestimmen Sie Ihr Honorar.

4.2 Preisfindung anhand von Zielgruppe und Wettbewerb

Ihre eigenen Honorare finden Sie, indem Sie Ihre eigenen Kosten kalkulieren, den Wettbewerb beobachten sowie Ihre Zielgruppe und deren Bereitschaft, bestimmte Preise zu zahlen oder nicht. Fragen Sie sich also: Wer kauft Ihre Dienstleistung? Wie viel Geld haben Ihre Kunden zur Verfügung? Welche Preise empfinden sie als angemessen? Meist müssen Sie dies erfragen oder testen. Wobei Fragen oft den Haken haben, dass gerade Privatkunden immer ankreuzen, Sie wollten etwas billig, im Zweifel aber doch mehr ausgeben …

Einfacher ist der Vergleich mit dem Wettbewerb. Der hat bereits probiert, welchen Preis die Zielgruppe akzeptiert, und Exempel statuiert. Sie brauchen nur zu recherchieren. Was fordern Ihre Wettbewerber für eine vergleichbare Dienstleistung? Welches Honorar liegt am unteren und welches am oberen Ende? Welche Zusatzargumente rechtfertigen einen besonders hohen Preis? Und umgekehrt: Warum verlangt ein Wettbewerber einen auffällig niedrigen Preis? Fehlen Kenntnisse oder Erfahrungen? Handelt sich um einen Berufseinsteiger? Oder hat sich da jemand augenscheinlich verkalkuliert? Besonders interessant für Sie sind aber weniger die extremen Ausschläge nach oben oder unten. Meist ist es am wichtigsten zu wissen, auf welchem Preisniveau sich die breite Mitte befindet. Da sollten Sie sich hinbegeben, wenn Sie nicht sehr gute andere Gründe haben.

Honorarniveau

Teuer, mittel oder billig? Die Spanne bei Freiberuflern, die Ihre Honorare selbst festlegen, ist groß. Manche Coachs verlangen 200 Euro, andere arbeiten für 50 Euro. Es finden sich Webdesigner, die für 25 Euro pro Stunde hervorragende Leistungen erbringen, und solche, die unter 75 Euro keinen Finger rühren. Der eine Eheberater nimmt 75 Euro für eine Zeitstunde, der andere 125 Euro für 45 Minuten.

Die Spanne bei identischen Angeboten ist gerade im Dienstleistungssektor groß – aber nicht immer sind die teuersten Anbieter auch die besten. Genauso wie die billigsten nicht die schlechtesten seien müssen. Im Auge des Kunden allerdings schon. Es gibt verschiedene Untersuchungen und die Erfahrung, die belegen, dass diejenigen, deren Honorare in der Mitte liegen, erfolgreicher sind als das Extrem. Mitte heißt: Wenn es in Ihrem Beruf ein unteres und ein oberes Ende gibt, so ordnen Sie sich im Zweifel in der Mitte ein. Und kommen Sie nicht auf die Idee, am Anfang billiger sein zu wollen, um sich auf diese Weise den Eintritt zu erkaufen. Wer keine 80 Euro für Beratung ausgibt, zahlt auch keine 100. Das Preiswertsein dankt Ihnen niemand, und erhöhen können Sie die Honorare später kaum noch. Die Kunden, die den alten, günstigen Preis kennen, werden weiterhin darauf bestehen.

Das heißt: nie am unteren Ende. Eventuell aber am oberen. Wenn Sie sehr viel höhere Honorare für Ihre Dienstleistung verlangen, müssen Sie das Bessersein auch unterstreichen, z. B. durch

- exklusives Ambiente,
- exklusive Praxisadresse,
- teure Geschäftsausstattung (Visitenkarte und sonstige Werbemittel),
- superprofessionellen Internetauftritt,
- standesgemäßen Firmenwagen (mindestens Mittelklasse),
- freundliches und serviceorientiertes Personal,
- professionelle und souveräne persönliche Ausstrahlung,
- perfektes Auftreten und edle Kleidung,
- umfangreiche Berufserfahrung, besonders in Führungspositionen,
- überzeugende Referenzliste mit namhaften Kunden.

Firmen fällt es leichter, Geld zu zahlen, als Privatpersonen oder anderen Freiberuflern. Durch einen individuellen Zuschnitt der Leistungen auf verschiedene Kundengruppen können Sie eine unterschiedliche Zahlungsbereitschaft besser ausnutzen. Das Gewinnoptimum, also der Betrag, den Sie bei maximaler Auslastung erzielen können, liegt aufgrund der variierenden Preisbereitschaft in verschiedenen Märkten auf unterschiedlichem Niveau.

Bei vielen Dienstleistungsangeboten sind die Honorare kaum über Flyer oder das Internet zu recherchieren, da Honorare nicht offen genannt werden. Führen Sie in diesem Fall eine Inkognito-Recherche durch, rufen Sie unter anderem Namen und einem Vorwand bei der Konkurrenz an und fragen Sie nach.

4.3 Honorar und Umsatzsteuer

Ganz klar, auch wenn die Umsatzsteuerbefreiung noch so bequem ist: In den meisten Fällen ist sie nicht sinnvoll. Es empfiehlt sich, Umsatzsteuer zu erheben, selbst wenn Sie sich durch die Kleinunternehmerregelung davon befreien könnten. Sofern Sie über 3.000 Euro Umsatz im Jahr machen, müssen Sie dies aber nicht in Anspruch nehmen.

Unsinnig ist ein Verzicht, wenn Sie für Ihre Gründung Investitionen tätigen müssen, denn auf Neuanschaffungen bezahlen Sie in der Regel Mehrwertsteuer, die Sie mit der eingenommenen Umsatzsteuer verrechnen können.

Starten Sie dagegen mit Ihrem alten Computer und müssen außer einem Paket Papier nichts kaufen, kann die Kleinunternehmerregelung sich rechnen. Sie können Ihre Preise niedriger ansetzen als die Konkurrenz. Denken Sie dabei allerdings an Ihre langfristige unternehmerische Perspektive. Sie können nicht plötzlich die Preise um 19 Prozent anheben, wenn Sie dann doch mehrwertsteuerpflichtig werden.

Besser ist es dann, von vornherein so zu rechnen, als wäre die Umsatzsteuer bereits im Honorar inbegriffen. In diesem Fall haben Sie sogar einen kleinen Gewinn gegenüber den Wettbewerbern, die die Vorsteuer abziehen müssen. Wenn Sie keine Umsatzsteuer abführen, sind Sie auch von der Umsatzsteuererklärung befreit, die Existenzgründer inzwischen monatlich bei *www.elster.de* einreichen müssen, die aber völlig unkompliziert ist. Es sind vier Zahlen, die korrigierbar sind – das sollte Sie nicht schrecken.

Ihre Zielgruppe spielt ebenfalls eine maßgebliche Rolle bei dieser Entscheidung: Wer für Unternehmen arbeitet, kann es sich in bestimmten Branchen – etwa als Unternehmensberater – unter Marketinggesichtspunkten kaum leisten, durch den bekennenden Verzicht auf Umsatzsteuer darauf aufmerksam zu machen, dass er Kleinverdiener ist. Hinzu kommt, dass genannte Honorare auf Unternehmensseite immer Nettopreise sind. Das Unternehmen rechnet mit der Mehrwertsteuer, ohne dass Sie explizit darauf hinweisen. Verlangen Sie 75 Euro Stundensatz, so gelten diese für eine Firma stets automatisch als 75 Euro plus 19 Prozent (oder plus 7 Prozent, falls der ermäßigte Satz angewendet werden kann). Bei einem Privatkunden ist das nicht so. Er wird erwarten, dass in den 75 Euro bereits alles enthalten ist.

Mit oder ohne Umsatzsteuer?

Was spricht dafür ...?	Mit Umsatzsteuer (Regelbesteuerung)	Ohne Umsatzsteuer (Kleinunternehmer)
Kunden sind Privatleute		x
Kunden sind Freiberufler oder Unternehmen		x
Kunden sind öffentliche Einrichtungen		x
Sie haben hohe Anschaffungen	x	
Sie erwarten schon bald deutlich mehr als 17.500 Euro Umsatz	x	
Sie wollen klein bleiben, haben nur Privatkunden oder institutionelle Kunden und so gut wie keine Kosten		x

4.4 Honorar-Übersicht

Die folgenden Honorare basieren auf dem Stand 2007. Beachten Sie dabei, dass es sich um Empfehlungen oder Erfahrungswerte handelt. Bestimmte Berufsgruppen arbeiten nicht mit Tages- oder Stundensätzen, sondern erhalten überwiegend Zeilen- oder Seitenpreise (zum Beispiel Journalisten). Auch wenn Sie zu so einer Berufsgruppe gehören, sollten Sie versuchen, Ihre Honorare auf Tagessätze umzurechnen. So können Sie sich einen besseren Überblick über das Geld verschaffen, das unbedingt in die Kasse muss. Ansonsten gilt: Kleinere Aufträge sollten Sie mit einem Halbtagessatz abrechnen, der neben dem eigentlichen Aufwand auch Vorbereitung, Recherchen oder Reisekosten deckt.

Honorar vorgegeben

Oft bestimmt Ihr Auftraggeber, was es gibt. Das müssen Sie akzeptieren, wenn Sie keine Alternative sehen. Werden Sie aber besser nie für jemand tätig, der einen Tagessatz unter 200 Euro bietet. Das lohnt sich bei keinem Geschäftsmodell.

Gerade bei Journalisten, Grafikern, Übersetzern oder Dozenten, die für Bildungsträger arbeiten, gibt es indes wenig Spielraum. Hier führt der Weg oft über die Masse. Wer acht Stunden am Tag, fünf Tage die Woche 25 Euro erhält, kann damit mit Ach und Krach seinen Lebensunterhalt finanzieren. Für die Psyche ist so ein Dauerstress sicher nicht gut, und die Vorbereitungszeit erhöht die Belastung. Hinzu kommt, dass manche Anbieter teilweise nur 18 Euro und weniger bezahlen. Bei acht Stunden kommen da 144 Euro raus. An sich gehörte so ein Ausbeuterhonorar verboten. Man kann nur hoffen, dass sich der Markt hier selbst reguliert und die Bildungsanbieter keine Dozenten mehr finden – was sich jetzt bereits abzeichnet.

Auch bei manchen Heilberufen, etwa bei Hebammen, sind karge Honorarsätze durch die Krankenkassen vorgegeben. Da hilft mitunter nur die Flucht in die Tätigkeit für Privatpatienten oder das Anbieten alternativer Angebote für Selbstzahler.

Honorarsätze nach Berufen

Beruf	Honorar-Stundensatz	Honorar-Tagessatz	Informationsquelle
Coach	60 bis 200 Euro	bis 3.000 Euro	eigene Recherchen, *www.duct.de*
Grafikdesigner	zwischen 45 und 70 Euro, Trennung von Leistungshonorar und Nutzungshonorar möglich	–	*www.agd.de* (Allianz Grafik-Designer)
Dozent	15 bis 35 Euro bei der Arbeit für Bildungsträger (1 Stunde entspricht 45 Minuten)	800 Euro als Juniortrainer, bis 1.200 Euro als Trainer, ab 1.200 bis 2.400 Euro als Seniortrainer	eigene Recherchen
Fotograf	160 bis 400 Euro für einen Kurztermin bis 2 Stunden	500 bis 1.500 Euro	*www.mediafon.net* und eigene Recherchen
Hebammen	ab 27,50 Euro	–	Hebammenhilfe-Gebührenverordnung (HebGV)
Lektor	27 bis 42 Euro	–	*www.vfll.de* (Verband der freien Lektorinnen und Lektoren)
IT-Berater	60 bis 150 Euro, je nach Schwerpunkt und Erfahrung	–	*www.gulp.de*
Journalist	50 Euro	310 Euro	*www.dju.verdi.de* (Deutsche Journalisten Union), *www.journalismus.com*
Moderator (Radio)	üblich sind circa 100 Euro, jedoch werden teilweise auch 30 Euro und weniger gezahlt	–	*www.freienseiten.de*
Moderator (TV)	ab 300 Euro	–	*www.freienseiten.de*

Beruf	Honorar-Stundensatz	Honorar-Tagessatz	Informationsquelle
PR-Beratung	ab 66 Euro	–	*www.dprg.de* (Deutsche Public Relations Gesellschaft), *www.prva.at* (Österreich)
PR-Texter	ab 77 Euro	–	*www.dprg.de*, *www.prva.at* (Österreich)
Programmierer	ab 60 Euro	–	*www.gulp.de*
Schriftsteller	für Taschenbücher ab 5 Prozent pro verkauftes Buch, Hardcover ab 6 Prozent (jeweils vom Nettoladenpreis), Staffelung nach Auflage üblich	–	eigene Recherchen
Texter	–	480 bis 960 Euro	*www.werbetexter.com*
Webdesigner	25 bis 70 Euro je nach Erfahrung und Qualifikation		*www.gulp.de*
Übersetzer	Buch: 11 bis 20 Euro pro Normseite, eventuell plus 1 Prozent vom Nettoladenpreis. Andere Bereiche: Je nach Sprache ab 80 Cent/Zeile (60 Anschläge)	–	*www.mediafon.net*, *www.literaturuebersetzer.de*, sonstige Recherchen
Unternehmensberater	ab ca. 75 Euro bis 150 Euro	ab ca. 300 Euro bis 1.500 Euro	eigene Recherchen

5 Gründungszuschuss, Kredite & Co.

Ganz unbeschwert gründen, weil der Rücken dank finanzieller Unterstützung frei ist: Es gibt ein wirklich komfortables Vehikel in die freiberufliche und gewerbliche Selbstständigkeit: den Gründungszuschuss der Bundesagentur für Arbeit. In diesem Kapitel erfahren Sie, wie Sie ihn beantragen, wie hilfreich ein Business-Plan für Sie sein kann und wie Sie auf andere Weise Ihren Gründungsbedarf finanziell abdecken können.

5.1 Der Gründungszuschuss

Der Gründungszuschuss wird von der Bundesagentur für Arbeit gezahlt, sofern Sie Anspruch auf Arbeitslosengeld I haben. Dieser Anspruch entsteht immer dann, wenn Sie mindestens zwölf Monate sozialversicherungspflichtig angestellt waren oder sich Ihre Arbeitslosigkeit an den Bezug des Elterngelds anschließt.

So ist der Gründungszuschuss eine Muss-Geldleistung. Das heißt: Die Arbeitsagentur darf den Antrag auf Förderung nicht ablehnen, sofern die Voraussetzungen erfüllt sind. Das bedeutet: Sie müssen ein Unternehmenskonzept (Business-Plan) und eine fachkundige Stellungnahme vorlegen. Beides hört sich aufwendiger an, als es ist. Der Business-Plan muss bei Weitem nicht den Anforderungen eines Businessplans für Banken genügen, oft reichen drei bis zehn Seiten. Und die fachkundige Stellungnahme ist nichts anderes als ein Formular, das ein Unternehmensberater, Steuerberater oder eine für Ihre Berufssparte oder für Freiberufler allgemein zuständige Stelle ausfüllt. Die Industrie- und Handelskammer, die auf den Formularen ebenfalls angegeben ist, wird Ihnen jedoch vermutlich die Tür weisen – sie ist nur für Gewerbetreibende zuständig.

Gründungszuschuss wird vorübergehend gezahlt: Neun Monate gibt es Arbeitslosengeld und einen Zuschuss, mit dem Sie die Sozialabgaben in Höhe von 300 Euro bestreiten. Falls Ihr Berater bei der Arbeitsagentur dies befürwortet, können Sie weitere sechs Monate lang 300 Euro erhalten, insgesamt fördert der Staat also 15 Monate. Bitte machen Sie sich bewusst, dass dieser Zeitraum für eine freiberufliche Gründung zu kurz ist. Meine Erfahrung bestätigt die alte Unternehmerregel, dass das, was im dritten Jahr ist, auch bleibt, immer wieder. Dies gilt für Freiberufler noch mehr als für Gewerbetreibende. Freiberufler müssen dabei oft mit einer längeren Aufbauphase rechnen, in der sie wenig oder sehr unregelmäßig Geld verdienen.

Ohne Rücklagen ist also auch der Gründungszuschuss oft nur ein Tropfen auf den heißen Stein. Das sollten Sie bedenken, bevor Sie sich ins kalte oder warme Wasser stürzen – und die Bereitschaft des Partners zur vorübergehenden finanziellen Unterstützung abfragen oder Rücklagen einplanen.

Berechnung des Arbeitslosengeldes

Wer in den zwei Jahren vor der Arbeitslosigkeit 360 Tage Beträge gezahlt hat oder etwa in der Wehrdienst- oder Elterngeldzeit pflichtversichert war, erhält Arbeitslosengeld. Der erste Teil des Gründungszuschusses in den ersten neun Monaten besteht aus dem Arbeitslosengeld, das entweder 60 Prozent (Singles und Eheleute ohne Kinder) oder 67 Prozent (Alleinerziehende und Paare mit Kindern) des letzten Einkommens beträgt – solange Sie die Bemessungsgrenze nicht überschritten haben. Die Höchstgrenze zur Bemessung von Arbeitslosengeld beträgt 2007 in den neuen Bundesländern 4.300,81 Euro und in den alten 5.145,81 Euro brutto. Die Höchstsumme pro Monat beträgt 2.117,40 Euro. Dazu kommen 300 Euro in den ersten neun Monaten und eventuell weitere 300 Euro vom 10. bis zum 15. Monat (insgesamt 1.800 Euro). Im besten Fall erhalten Sie somit 23.556,60 Euro vom Staat.

Das sind keine Reichtümer: Bedenken Sie, dass Sie Ihre soziale Absicherung künftig eigenverantwortlich planen müssen. Der Gründungszuschuss ist kein Geld für Investitionen, sondern hilft Ihnen, den Lebensunterhalt zu bestreiten und Sie sozial abzusichern.

Wie viel Arbeitslosengeld Sie als Antragsteller genau erhalten, entnehmen Sie einer Tabelle, die Sie bei der Arbeitsagentur bekommen und dort auch in der jeweils aktuellen Version im Internet herunterladen können. Hier finden Sie die wöchentlichen Arbeitslosengelder nach Steuerklassen. Beachten Sie, dass sich die Werte mindestens einmal jährlich ändern. Eine aktuelle Übersicht finden Sie auf der Internetseite der Bundesagentur für Arbeit *www.arbeitsagentur.de*.

Arbeitslosengeld nach Elternzeit

Und wenn Sie vor der Gründung in Elternzeit waren? Oft können Sie auch dann den Gründungszuschuss beantragen. Der Anspruch auf Arbeitslosengeld ist erfüllt, wenn innerhalb der letzten zwei Jahre mindestens zwölf Monate Versicherungspflicht zur Arbeitslosenversicherung bestand.

Dies ist immer dann gewährleistet, wenn Sie vor der Elternzeit voll berufstätig waren oder eine bestehende Arbeitslosigkeit unterbrochen haben. Die Zeiten für die Erziehung eines Kindes bis zur Vollendung des dritten Lebensjahres sind nämlich immer dann versicherungspflichtig, wenn vorher eine versicherungspflichtige Zeit oder ein Bezug von Arbeitslosengeld unterbrochen wurde. Das bedeutet: Haben Sie vorher als Angestellter Sozialversicherungsbeiträge bezahlt und dann im Status eines Pflichtversicherten in der Kranken- und Rentenversicherung pausiert, sieht es recht gut für Sie aus. Auch dann, wenn mehrere Kinder hintereinander geboren worden sind. Verbraucht ist Ihr Anspruch aber, wenn Sie zuvor nach alter Regel zwölf Monate und nach neuer Regel neun Monate lang Arbeitslosengeld bezogen haben.

Fahrplan Gründungszuschuss

Der Gründungszuschuss wird in neun Raten gezahlt. Vom ersten Antrag bis zur ersten Überweisung dauert es im günstigsten Fall zwei Wochen, manchmal einen Monat oder länger. Sollten Sie für Ihre Geschäftsidee weiteres Kapital benötigen, so müssen Sie dieses in der Regel vor dem Gründungszuschuss beantragen.

So beantragen Sie den Gründungszuschuss:

- Prüfen Sie in aller Ruhe die Chancen und Risiken Ihrer Geschäftsidee.
- Sprechen Sie frühzeitig mit Ihrem Fallmanager über Ihre Pläne. Halten Sie während Ihrer Planungsphase Kontakt. Erwarten Sie allerdings nicht zu viel Rat: Erfahrung und Ausbildung der Arbeitsagentur-Angestellten ist ebenso unterschiedlich wie deren Motivation.
- Überprüfen Sie Empfehlungen und Aussagen, und nehmen Sie nicht jede Aussage für bare Münze. Die Informationen der BA-Berater stimmen nicht immer.
- Berechnen Sie Ihren Kapitalbedarf. Überprüfen Sie Möglichkeiten, betriebliche Fördermittel zu beantragen, etwa Startgeld von der KfW Mittelstandsbank.
- Besuchen Sie ein Existenzgründerseminar; teilweise wird das von den Arbeitsagenturen sogar verlangt. Gut wäre ein Seminar, das sich an Freiberufler richtet, am besten gleich aus Ihrer Berufsgruppe. Leider gibt es davon eher wenige. So sitzen Sie mitunter mit Gründern aus einer anderen Welt – der des Gewerbebetriebs – zusammen, die auch ganz andere Bedürfnisse haben.
- Erstellen Sie einen Business-Plan. Dieser muss nicht so umfangreich ausfallen wie ein Business-Plan für die Beantragung von öffentlichen Fördermitteln. Eine übersichtliche Drei-Jahres-Planung reicht in den meisten Fällen aus.
- Lassen Sie Ihren Antrag von einer fachkundigen Stelle prüfen.
- Beantragen Sie mit der fachkundigen Stellungnahme Ihren Gründungszuschuss bei der Arbeitsagentur. Nutzen Sie die Zeit bis zur Bewilligung durch vorbereitende Arbeiten.

Und so sieht der Antrag auf Gründungszuschuss aus (mit Ausfüllhilfen):

Antrag auf Gewährung eines Gründerzuschusses zur Aufnahme einer selbständigen Tätigkeit

Zutreffendes bitte ankreuzen ☒ oder ausfüllen

1. Ich werde am ____ eine selbständige, hauptberufliche Tätigkeit
   als ____________________
   in ____________________
   aufnehmen und beantrage hierfür einen Gründungszuschuss.

2. Aussagefähige Beschreibung des Existenzgründungsvorhabens zur Erläuterung der Geschäftsidee (bitte Beiblatt verwenden):
   ____
   ____

2.1. Ich bin in eine persönliche Abhängigkeit eines Auftraggebers, insbesondere durch örtliche, zeitliche, inhaltliche oder fachliche Weisungen eingebunden. ☐ ja ☐ nein

2.2. Ich bin in die Organisation eines Auftraggebers, insbesondere durch die Zusammenarbeit mit Mitarbeitern des Auftraggebers oder durch die Arbeit mit Arbeitsmitteln des Auftraggebers eingebunden. ☐ ja ☐ nein

2.3. Unternehmerrisiko:
Eigenes Unternehmerrisiko (z.B: eigene Mitarbeiter, eigene Geschäftsräume, eigenes Betriebskapital)? ☐ ja ☐ nein

Eigenes Auftreten am Markt? ☐ ja ☐ nein

Angemessene Verteilung von Chancen und Risiken (z.B. eine örtliche, zeitliche oder inhaltliche unternehmerische Freiheit, eigener Kundenstamm, freie Preisgestaltung)? ☐ ja ☐ nein

3. Für meine selbständige Tätigkeit wende ich künftig ca ______ Wochenstunden auf.

4. Ich übe noch eine andere bzw. weitere Beschäftigung(en) aus. ☐ ja ☐ nein

   Wenn ja,
   dafür wende ich ca. _____ Wochenstunden auf.

5. Ich habe bereits in der Vergangenheit Überbrückungsgeld, einen Existenzgründungszuschuss oder einen Gründungszuschuss zur Förderung der Aufnahme einer selbständigen Tätigkeit erhalten. ☐ ja ☐ nein

   Wenn ja,
   letzter Bezug ____________________ bei der Agentur für Arbeit in ____________________

6. Die Leistungen bitte ich an ____________________ (Name) ____________________ (Kontonummer)

   bei ____________________ (Geldinstitut) ____________________ (Bankleitzahl) zu überweisen.

Auf keinen Fall sollten Sie Ihren Leistungsanspruch unmittelbar vor der Bewilligung des Überbrückungsgelds durch Nebenverdienste mindern, die über dem derzeit geltenden Freibetrag von 165 Euro liegen. Wenn sich Ihr Arbeitslosengeld vor Bezug des Gündungszuschusses auch nur einen Monat lang durch einen Nebenverdienst um 200 Euro mindert, führt dies zu einem niedrigeren Gründungszuschuss!

Rentenversicherung

Der Bezug von Gründungszuschuss und Einstiegsgeld macht Sie nicht automatisch rentenversicherungspflichtig. Je nach Branche könnten Sie trotzdem zur Zahlung in die gesetzliche Kasse verpflichtet werden. Freie Lehrer beispielsweise sind stets rentenversicherungspflichtig, ebenso wie freiberufliche Hebammen, Künstler und Publizisten sowie alle, die nur für einen Auftraggeber tätig sind.

Sie können sich für bis zu drei Jahre von der Einzahlung in die Rentenkasse befreien lassen, sind damit aber sozusagen »amtlich« registriert. Oder: Sie planen fest damit, nach spätestens drei Jahren mindestens einen Mitarbeiter einzustellen, der mehr als 400 Euro verdient.

Krankenversicherung

Als Selbstständiger sind Sie stets freiwillig versichert, sofern Sie kein Mitglied in der Künstlersozialkasse sind. Freiwillig bedeutet: Wenn Sie wollen, können Sie auch in die private Versicherung wechseln. Als Bezieher von Gründungszuschuss könnten Sie theoretisch ganz auf eine Kranken- und Pflegeversicherung verzichten und anfallende Rechnungen bei Krankheit oder Verletzungen aus eigener Tasche zahlen.

Als Gründer werden Sie vermutlich erst einmal wenig verdienen und von der Krankenkasse nicht gleich nahe beim Höchstsatz eingestuft werden. Diese bezieht allerdings Ihren Gründungszuschuss in die Berechnung mit ein. Liegt dieser unter 1.840 Euro, so erhalten Sie den niedrigsten Satz (rund 280 Euro je nach Kasse). Liegt er darüber, bezahlen Sie wahrscheinlich schon deutlich mehr als 300 Euro im Monat. Um Ihr Einkommen einschätzen zu können, möchte die Krankenkasse auch wissen, was Sie für Einnahmen planen, und rechnet davon ausgehend Ihren Satz aus. Nennen Sie hier den Gewinn vor privaten Abgaben und Steuern, nicht den Umsatz!

Im Team

Teamgründungen sind erfolgreicher, sagen Studien. Eine Teamgründung ist auch mit Gründungszuschuss möglich. Sie dürfen allerdings nur zu zweit sein. Jeder von Ihnen muss 50 Prozent am Unternehmen haben, alternativ haben Sie mehr als 50 Prozent und ein zweiter Gründer, der keinen Gründungszuschuss beantragt, weniger.

Wenn auch bei Ihrem Partner Voraussetzungen für die Förderung vorliegen, kann er ebenfalls Gelder beantragen. Es muss sich zudem um ein Geschäftsmodell handeln, bei dem jeder einen selbstständigen Bereich übernimmt: Beispiele: Ein Texter und ein Grafiker machen sich gemeinsam selbstständig. Jeder Partner muss auf seinem Gebiet uneingeschränkt selbstständig und darf nicht weisungsbefugt sein.

Antrag auf Gründungszuschuss

Gehen Sie Schritt für Schritt vor, wenn Sie den Antrag auf den Existenzgründungszuschuss stellen:

- Planen Sie den Termin, zu dem Sie starten wollen. Denken Sie daran, dass Sie für den Antrag noch mindestens drei volle Monate Anspruch auf Arbeitslosengeld haben müssen.
- Beschaffen Sie sich den Antrag auf Gründungszuschuss bei Ihrer Arbeitsagentur. Das muss unbedingt vor der Gründung geschehen, da andernfalls kein Anspruch auf Förderung besteht.
- Erstellen Sie einen Business-Plan bzw. ein Unternehmenskonzept, am besten gemeinsam mit einem Unternehmensberater.
- Melden Sie sich als Freiberufler beim Finanzamt an. Dazu gibt es beim Finanzamt und unter *www.bundesfinanzministerium.de* ein Formular, das sich »Anmeldung einer selbstständigen Tätigkeit oder eines Gewerbebetriebs« nennt.

So füllen Sie den »Antrag auf Gewährung eines Gründungszuschusses« (S. 73) aus:

- Verweisen Sie bei der verlangten Kurzbeschreibung auf das beiliegende Konzept (Business-Plan).
- Beantworten Sie alle Fragen, die auf die Selbstständigkeit Ihrer Tätigkeit hinauslaufen (Chancen und Risiken etc.) mit »ja«. Das sind drei »Jas«. Die Fragen 2.1, 2.2, 4. und 5. brauchen ein »Nein«.
- Bei der Frage, wie viel Stunden Sie arbeiten, schreiben Sie mindestens 15, am besten 40 und mehr.

5.2 Einstiegsgeld

Arbeitslosengeld-II (ALG-II)-Empfänger können keinen Gründungszuschuss bekommen. Für Sie gibt es ein Einstiegsgeld. Das ist allerdings die weitaus schlechtere Lösung, denn das Geld dürfen Sie nur zu einem Bruchteil behalten. Gleichzeitig bleiben Sie aber über die ARGE oder die jeweils für ALG II zuständige Stelle in Ihrem Ort bei der Krankenkasse und in der Rentenversicherung versichert. Und das ist der entscheidende und geldwerte Vorteil, denn diese Summe lässt sich aus dem kargen ALG-II-Bezug gar nicht aufbringen.

Sie erhalten 172 Euro im Monat, die zum normalen ALG II gezahlt werden, meist für ein halbes Jahr, theoretisch für bis zu 24 Monate. Dieses Geld verrechnen Sie mit Ihren Einnahmen. Bis 1.500 Euro dürfen Sie davon dann 15 Prozent behalten, also 225 Euro. Das Einstiegsgeld zählt dabei zu den Einnahmen.

Es lohnt sich also immer dann, wenn Sie Investitionen tätigen müssen, um überhaupt erst loslegen zu können. Sobald Ihre Einnahmen höher sind und ausreichen, um die Versicherungen selbst zu tragen, sollten Sie sich abmelden. Eventuell ist der vorübergehende Bezug von aufstockendem Arbeitslosengeld dann sinnvoller (siehe Seite 242). Einstiegsgeld wird allerdings nicht gezahlt, wenn Sie aufstockendes ALG II beziehen.

Einstiegsgeld und Gründungszuschuss

	Einstiegsgeld	Gründungszuschuss
Zielgruppe	Arbeitslosengeld-II-Empfänger, die selbstständig waren oder sich selbstständig machen wollen. In der Regel keine Bezieher von aufstockendem Arbeitslosengeld II	Arbeitslose, die noch mindestens 90 Tage Anspruch auf ALG I haben, ab dem ersten Tag der Arbeitslosigkeit. Ein direkter Übergang von Beschäftigung in geförderte Selbstständigkeit ist nicht (mehr) möglich
Antrag	Bei der örtlichen ARGE oder der jeweils zuständigen Stelle (früher Sozialamt)	Bei der örtlichen Bundesagentur für Arbeit
Höhe	172 Euro zuzüglich zu den 345 Euro Regelleistung. Pro Familienmitglied gibt es ca. 35 Euro dazu. Ihren Gewinn dürfen Sie leider nur zu einem Mini-Bruchteil behalten: 15 % bis zu einem Einkommen von 1.500 Euro und 30 % zwischen 400 und 900 Euro. Nur in Hamburg wird das Einstiegsgeld als Darlehen gewährt und muss zurückgezahlt werden	In den ersten 9 Monaten entspricht der Gründungszuschuss der Höhe des ALG I zzgl. 300 Euro für Sozialversicherungsabgaben. Für die folgenden 6 Fördermonate ist ein neuer Antrag notwendig. Die Förderhöhe liegt dann pauschal bei 300 Euro pro Monat.

	Einstiegsgeld	Gründungszuschuss
Dauer	Oft 6 oder 12 Monate, maximal 24 Monate (in den letzten Monaten kann gekürzt werden)	Maximal 15 Monate Nach 9 Monaten gibt es nur noch 300 Euro pro Monat – auf Antrag
Rechtsanspruch	Nein, es ist eine Kann-Leistung	Ja
Voraussetzung	Es muss sich um eine Neugründung handeln	Arbeitslosigkeit und ein Restanspruch von drei Monaten
Art der Selbstständigkeit	Keine Beschränkungen, Unternehmer darf nicht weisungsgebunden sein und muss unternehmerisch handeln; die Selbständigkeit muss hauptberuflich ausgeübt werden, d.h. mindestens 15 Stunden pro Woche	Keine Beschränkungen, Unternehmer darf nicht weisungsgebunden sein und muss unternehmerisch handeln; die Selbständigkeit muss hauptberuflich ausgeübt werden, d.h. mindestens 15 Stunden pro Woche
Krankenversicherung	Innerhalb der Bezugsdauer sind Sie über die ARGE versichert bzw. die ARGE zahlt Ihre Krankenversicherung	Nein, keine Pflicht: freiwillige Versicherung
Rentenversicherung	Über die ARGE	Nur bestimmte Berufe, über die Deutsche Rentenversicherung Bund
Zweitjob in Festanstellung	Theoretisch möglich, allerdings müssten Sie das Geld dann an die ARGE weiterreichen	Mini-Job und Teilzeit möglich, die Höhe des Zuverdienstes ist nicht begrenzt.
Mindesteinkommen	Keines	Keines
Prüfung des Geschäftsmodells	I. d. R. Business-Plan oder kurzes Unternehmenskonzept, muss meist von fachkundiger Stelle geprüft werden	Business-Plan, der von fachkundiger Stelle geprüft werden muss
Steuerliche Behandlung	Das Einstiegsgeld ist steuerfrei und unterliegt auch nicht der Progression	Förderung geht nicht in die Progression ein, hat also keinen Einfluss auf die Ermittlung des persönlichen Steuersatzes
Steuerhöhe des Einkommens	Entsprechend den üblichen Steuersätzen	Entsprechend den üblichen Steuersätzen
Steuerarten	Für Freiberufler Einkommensteuer und ggfs. Umsatzsteuer	Für Freiberufler Einkommensteuer, Umsatzsteuer
Finanzamt	Einnahmenüberschussrechnung, auch wenn die ARGEs oft eine »Gewinn- und Verlustrechnung« verlangen. Gemeint ist die EÜR bei Freiberuflern	Einnahmenüberschussrechnung

	Einstiegsgeld	Gründungszuschuss
Verfall des Anspruches	Falls keine unternehmerische Tätigkeit mehr ausgeübt wird, Entscheidung des Fallmanagers	Falls keine unternehmerische Tätigkeit mehr ausgeübt wird (weisungsgebundene Scheinselbstständigkeit)
Rechtsanspruch	Nein	Ja, auf die ersten 9 Monate, nicht auf die Verlängerung
Geeignet für	Alle, die sich auf dem Bezug von Arbeitslosengeld II selbstständig machen wollen	Alle Bezieher von Arbeitslosengeld I, die sich selbstständig machen wollen
Vorteile	Geld unterstützt ein wenig. In der Zeit des Bezugs werden Sie höchstwahrscheinlich nicht zu 1-Euro-Jobs herangezogen	Geld bietet ein gutes Polster, um schnell in die Selbstständigkeit zu starten
Nachteile	Das Geld reicht nicht, um Anschaffungen zu tätigen	Der Akquisitionsdruck ist gering, wenn der Gründungszuschuss hoch ausfällt; für den Aufbau einer Existenz sind neun Monate viel zu kurz, auch 15 Monate reichen für Freiberufler oft nicht. Kalkulieren Sie mit 2–3 Jahren, bis Ihr Einkommen auf einem tragfähigen Niveau angelangt ist
Rückkehr in die Arbeitslosigkeit	Wenn es nicht funktioniert, können Sie jederzeit und auch nur für einzelne Monate (wieder) ALG II beantragen	Wenn es nicht funktioniert, können Sie jederzeit und auch nur für einzelne Monate ALG II oder aufstockendes ALG II beantragen

5.3 Business-Plan

Als Freiberufler müssen Sie einen Business-Plan vorlegen, um Gründungszuschuss zu erhalten (siehe Seite 70). Sie sollten es auch ganz allein für sich tun. Denn nur mit Business-Plan in der Hand können Sie strategisch entscheiden, z.B. ob sich die Künstlersozialkasse – wenn sie für Sie in Frage kommt – wirklich dauerhaft lohnt.

Das zentrale Herzstück sollte die Rentabilitätsrechnung sein (oder auch Rentabilitätsvorschau), die Sie nach dem einfachen Muster Einnahmen minus Ausgaben gleich Gewinn erstellen. Rechnen Sie dies für jeden Monat aus und nicht nur für das ganze Jahr, wie dies viele Pläne vorgeben. Es zwingt Sie, sich über Ausgaben und vor allem auch über realistische Einnahmen Gedanken zu machen.

Im Folgenden sehen Sie ein Beispiel für ein halbes Jahr Rentabilitätsvorschau, das Sie natürlich auf zwölf Monate erweitern sollten. Rechnen Sie am Ende den

Gewinn zusammen. Abschreibungen für Investitionen sind relevant, sofern Sie Güter über 410 Euro anschaffen.

Rentabilitätsvorschau: Sechs Monate im ersten Geschäftsjahr

Einnahmen	1. Monat	2. Monat	3. Monat	4. Monat	5. Monat	6. Monat
Umsätze (netto) durch Fußpflege	92	184	368	736	736	736
Umsätze (netto) durch Fußreflexzonenmassage	105	210	315	630	630	630
Umsätze (netto) durch Pediküre	60	120	240	480	480	480
Summe Einnahmen	**257**	**514**	**923**	**1.846**	**1.846**	**1.846**
Betriebliche Ausgaben						
Abschreibungen	1500	0	0	0	0	0
Verbrauchsmaterial Fußpflege	0	50	50	50	50	50
Benzin (Abrechnung auf Kilometerbasis 30 Cent)	150	300	300	300	300	300
Personalkosten	0	0	0	0	0	0
Miete Büro (im Haus 10 % der Miete)	100	80	80	80	80	80
Strom/Heizung (anteilig)	30	30	30	30	30	30
Telefon/Fax	200	200	200	200	200	200
Bürobedarf (Druckerpatronen, Papier)	50	50	50	50	50	50
Porto	10	10	10	10	10	10
Zeitschriften	20	20	20	20	20	20
Berufshaftpflicht	30	30	30	30	30	30
Steuerberatung	0	0	0	0	0	0
Buchhaltung	60	60	60	60	60	60
Rechtsberatung	0	0	0	0	0	0
Werbung	130	20	20	20	20	20
Mitgliedschaften/Netzwerke	30	30	30	30	30	30
sonst. betr. Ausgaben	50	50	50	50	50	50
Summe Ausgaben	**2360**	**930**	**930**	**930**	**930**	**930**
Gewinn/Verlust	**–2103**	**–416**	**–7**	**916**	**916**	**916**

Der Rentabilitätsplan reicht oft für den Antrag auf Gründungszuschuss aus, wenn Sie keinen Kapitalbedarf haben. Erstellen Sie aber außerdem noch einen Investitionsplan. Dieser umfasst alles, was Sie einmalig anschaffen müssen. Hier das Beispiel einer freiberuflichen Podologin (Fußpflegerin):

Investitionen	**Euro**
Motor Euro Spray Eco	1350
Kleidung weiße Hosen und weiße Schuhe	200
Allround-Koffer	179
Baehr Diamant-Schleifsatz	123,5
Kopfbandlupe	17,5
Desinfektionsbehälter	15
Diagnose-Halogenlicht	15,95
Beinstütze	105
Sitzhocker	150
Halogenleuchte	75
Dental-Tücher	29,95
Wasser-Alkohol-Gemisch	19
Auffangschale	26
Reinigungsbürsten	8,5
Instrumentenetui	37,5
Basis Instrumentensatz	165,3
Extra-Instrumente	150
Ablege-Tabletts	20
Spenderbox	10,5
Material (Starter-Set »Hygiene«, Wunddesinfektion, Verbandstoff)	100
Nagellack-Erstausstattungs-Set	200
Sonstiges/unerwartete Ausgaben	300
Gesamt	**3297,7**

Mehr dazu siehe Seite 82.

Kleiner Business-Plan

Wenn Sie keine Kredite beantragen wollen, reicht eine abgespeckte Version für Sie und den Antrag auf Gründungszuschuss meist aus. Hier leite ich Sie Schritt für Schritt anhand von Leitfragen durch die einzelnen Bereiche des Text- und Finanzteils. Der Textteil sollte für den Gründungszuschuss letztendlich drei bis zwölf Seiten lang sein. Der Finanzteil umfasst mindestens die Rentabilitätsvorschau und den Kapitalbedarfsplan. Eine Liquiditätsvorschau ist nicht unbedingt erforderlich – sollte bei höheren Investitionen aber dennoch einmal durchgerechnet werden.

Das sollte Ihr kleiner Business-Plan enthalten:

1. Das Deckblatt: Fertigen Sie ein Deckblatt an. Schreiben Sie Ihren Namen und Ihre Adresse darauf. Vermerken Sie Ihre Gründungsidee und den Bestimmungszweck des Dokuments, zum Beispiel »Konzept für den Antrag auf Gründungszuschuss«.
2. Die Geschäftsidee. Leitfragen: Was ist Ihre Geschäftsidee? Warum brauchen Kunden Ihre Dienstleistung? Beschreiben Sie Ihre Geschäftsidee möglichst in einem kurzen Satz. Bringen Sie dabei das Wesentliche auf den Punkt. Verraten Sie, warum Ihre Kunden die Dienstleistung brauchen, auch wenn es z.B. schon so viele Unternehmensberater gibt.
   Die Dienstleistung: Welche Leistungen bieten Sie an? Beschreiben Sie Ihr Angebot jetzt möglichst genauer.
3. Die Zielgruppe. Wer sind Ihre Auftraggeber oder Kunden (Branche, Unternehmen, Institutionen, Privatpersonen)? Was zeichnet Ihre Auftraggeber oder Kunden aus? Wie alt sind sie? Wie viel Geld steht ihnen zur Verfügung? Welche Bedürfnisse haben sie? Kennen Sie bereits konkrete Firmen, die Sie kontaktieren wollen? (Nennen Sie sie!) Haben Sie bereits Kontakte, die Sie nutzen können? (Vermerken Sie diese!)
4. Das Honorar. Welche Honorare verlangen Sie? Was sind die markt- und branchenüblichen Preise? Kalkulieren Sie Honorare auf Basis der eigenen Kosten, des Wettbewerbs und der Zahlungsbereitschaft Ihrer Kunden. Lesen Sie dazu das Kapitel zur Honorarfindung.
   Unternehmensform: Sie sind Freiberufler, wenn Sie dies nach Lesen der Seiten 21ff. so für sich festgestellt haben. Sie könnten auch eine GbR oder Partnergesellschaft gründen.
5. Die Wettbewerber. Wer sind Ihre Wettbewerber? Was bieten Sie im Unterschied zur Konkurrenz an? Sagen Sie deutlich, wie und wodurch Sie sich von Ihren Konkurrenten abgrenzen.
6. Mitarbeiter: Wollen Sie Mitarbeiter beschäftigen – oder nicht? Dann kurz sagen: Keine Mitarbeiter geplant.

7. Marketing und Akquise. Was wollen Sie tun, um Auftraggeber zu gewinnen? Wie wollen Sie dabei vorgehen? Wen möchten Sie ansprechen? Welche Mittel und Wege möchten Sie nutzen, um Ihre Dienstleistung an den Mann oder die Frau zu bringen? Mit welchen Materialien wollen Sie für sich werben (zum Beispiel Visitenkarten, Geschäftspapier, Internetseite, Flyer, Präsentationen oder Anzeigen)? Was tun Sie im Bereich Networking, wie generieren Sie Empfehlungen?

Investitionsplan

Investitionen sind alle einmaligen Kosten, die Sie tätigen müssen, um Ihre Tätigkeit aufzunehmen oder aufzubauen. Diese Übersicht können Sie verwenden, um Ihre Kosten geordnet aufzulisten.

Investitionen	**Monat**	**Jahr**
1. Gründungskosten		
– Gesellschaftervertrag		
– Rechtsanwaltskosten		
– Eintrag in Partnerschaftsregister etc.		
– Gründungsseminare		
2. Büro		
– Renovierung		
Kaution und Courtage (nur Courtage absetzbar)		
Maschinen		
Büroeinrichtung		
3. Kfz		
4. Arbeitsmittel (siehe z.B. S. 80)		
5. Einmalige Werbekosten		
6. Sicherheitsreserve (20 %)		
Gesamtkosten		

Liquiditätsplan

Im Liquiditätsplan fließt alles zusammen, was Sie bereits berechnet haben. Hier stellen Sie alle Zahlungen und Einnahmen gegenüber. Das Ergebnis ist Ihre Liquidität. Dabei müssen Sie anders als bei der Umsatzplanung Zahlungsausfälle berücksichtigen. Sie müssen außerdem damit rechnen, dass Zahlungen oft sehr verspätet eingehen, nicht selten wird die Rechnung erst mehrere Monate nach der Rechnungsstellung beglichen. Ganz wichtig: Anders als in der Rentabilitätsvorschau tauchen im Liquiditätsplan auch die Umsatzsteuerzahlungen und die Umsatzsteuererstattungen auf – für Neugründer einmal im Monat!

Auch hier rechnen Sie Monat für Monat.

Liquidität	**01-2007**	**02-2007**	**03-2007**
1. Bestand an liquiden Mitteln			
2. Einnahmen			
Aus Honoraren			
Aus Produktverkäufen			
Aus Umsatzsteuer			
Erstattete Umsatzsteuer			
Privateinlagen			
Gesamteinnahmen			
3. Ausgaben			
Bareinkäufe			
Betriebsausgaben			
An FA abgeführte Umsatzsteuer			
Einmalige Ausgaben			
Privatentnahmen			
Gesamtausgaben			
Liquidität (Einnahmen minus Ausgaben)			

Kapitalbedarfsplan

Dieser ermittelt, wie viel Geld Sie benötigen, um starten zu können. Es ist also ein »großer«, z.B. um die Kosten für Mitarbeiter erweiterter Investitionsplan. Viele Freiberufler haben wenig oder gar keinen Kapitalbedarf, da sie von zu Hause aus starten.

Langfristige Investitionen	Betrag
Gebäude	
Umbaumaßnahmen	
Maschinen, Geräte	
Büroeinrichtung	
Fahrzeuge	
Nutzung von Patenten	
Reserve (10 Prozent)	
Summe	

Kurzfristige Investitionen	
Waren- und Materialausstattung	
Rohstoffe	
Hilfs- und Betriebsstoffe	
Maklergebühr und Kaution	
Werbung (Schilder, Anzeigen, Prospekte etc.)	
Miete	
Personalkosten	
Versicherungen und Gebühren	
Reserve (10 Prozent)	
Summe	

Gründungskosten	
Unternehmensberatung und Coaching	
Anmeldungen und Genehmigungen	
Eintrag ins Handelsregister und Notar	
Rechtsanwalt	
Reserve (10 Prozent)	
Summe	

Vorfinanzierung	
Finanzierungsaufwand für die Zeit zwischen Einkauf und Verkauf	
Finanzierungsaufwand für Außenstände	
Reserve (10 Prozent)	
Summe	

Kapitalbedarf (ergibt sich aus den einzelnen Summen)	

5.4 Kredite für Freiberufler

Die allermeisten Freiberufler brauchen keinen Kredit. Ausnahme sind bestimmte Freiberuflergruppen wie z.B. Radiologen, die allerdings Unterstützung von Pharmafirmen oder der Ärzte- und Apothekerbank erwarten können. So gut geht es nicht jedem. Von den Krediten der staatlichen Bürgschaftsbank KFW kommen nur das Startgeld und das Mikrodarlehen in Frage. Dazu müssen Sie aber auch in etwas investieren. Den Antrag für diese Kredite stellen Sie über Ihre Hausbank oder Ihre Sparkasse. Wenn sich Ihre Bank sträubt, telefonieren Sie die Banken und Sparkassen einmal durch. Offen auch für kleinere Freiberuflergründungen sind häufig die Genossenschaftsbanken.

Bitte beachten Sie, dass niemand die Kosten Ihres Lebensunterhalts mit einem Kredit finanzieren wird. Kredite sind für Investitionen und Betriebsmittel gedacht. Möchten Sie nur wenige tausend Euro, fragen Sie am besten einen Bekannten oder die Familie nach einem zinslosen Darlehen. Ist dieses nicht zu beschaffen, kann eventuell ein Privatkredit helfen. Diese Kredite sind teuer, aber in der Regel – anders als die Unternehmerkredite – leicht zu bekommen.

Förderart	Höhe und Bedingungen	Verwendungszweck	Zielgruppe	Laufzeit	Effektivzins Nominalzins Tilgungsdauer Auszahlungskurs (Stand 5/2007)
Beratungsförderung	Beratung wird mit 50 Prozent der Kosten bis 1.500 Euro bezuschusst; auch mehrere Beratungen, zum Beispiel für Existenzgründung und Umweltschutz, bis 3.000 Euro möglich	Beratungen für: Existenzgründung, allgemeine Unternehmensberatung, Energiesparen, Umweltschutz	Kleine gewerbliche Unternehmen und »wirtschaftsnahe« freiberufliche Existenzen in den ersten zwei Jahren		
StartGeld (anfängliche Nebenerwerbstätigkeit möglich)	bis 50.000 Euro, 80 % Haftungsfreistellung	Sachinvestitionen, Warenlager und Betriebsmittel, Unternehmensübernahmen oder -beteiligungen sowie gewerbliche oder freiberufliche Existenzgründungen	Natürliche Personen (also GbR et cetera), die noch nicht selbstständig sind, sowie Unternehmen bis 100 Mitarbeiter	bis 10 Jahre	8,94 % effektiv, 7,8 % nominal, bis 2 Jahre tilgungsfrei, 96 % Auszahlung

Bürgschaftsdarlehen

Nicht nur die KFW, auch Bürgschaftsbanken in den einzelnen Bundesländern bieten solche Darlehen an, die sich auch für Freiberufler eignen. Einen Überblick über das Angebot der Bürgschaftsbanken gibt der Zentralverband der Bürgschaftsbanken *(http://www.zdh.de/fileadmin/user_upload/themen/wirtschaft/Finanzierung/Adressliste_B_rgschaftsbanken.pdf)*.

Die deutschen Bürgschaftsbanken unterstützen wie die KFW auf Bundesebene auf Ebene des Landes, indem sie Ausfallbürgschaften für Kredite gegenüber Kreditinstituten übernehmen. Sie als Gründer brauchen dann keine oder nur noch geringe eigene Sicherheiten einzubringen.

Typisch ist der Antrag eines Freiberuflers sicher nicht. Die BürgschaftsGemeinschaft Hamburg GmbH in Hamburg versicherte uns allerdings auf Nachfrage, dass Freiberufler wie Gewerbetreibende gefördert werden können und dass dies in der Vergangenheit auch bereits vorgekommen sei. Der Antrag muss wie bei der KFW immer über die Hausbank gestellt werden.

Unternehmensberatung

Gut beratene Freiberufler sind erfolgreicher. Deshalb wird Unternehmensberatung und Coaching oft teilweise von Arbeitsagentur, Land oder Bundesland gefördert. Haben Sie einen Gründungszuschuss beantragt, können Sie ab Gründungstermin zwölf Monate lang sogenanntes ESF-Coachinggeld beantragen, für die Begleitung bei der erfolgreichen Gründung. Dies wird in unterschiedlicher Höhe gezahlt. In Hamburg beispielsweise sind es derzeit 500 Euro, im Kreis Elmshorn 750 Euro und in Köln 650 Euro. Die darauf entfallende Umsatzsteuer zahlen Sie selbst. In einigen Kreisen und Städten ist ein weiterer Zuschuss durch Sie nötig, in der Regel 20 Prozent der Rechnungssumme.

Teilweise erhalten auch ALG-II-Selbstständige Unterstützung beim (Wieder-)Aufbau ihres Geschäfts, dies ist aber sehr unterschiedlich je nach Kreis.

Bundesweit hilft die Bafa, das Bundesamt für Außenwirtschaft, mit Beratungszuschüssen. Diese betragen bei Existenzgründern und Gründern in den ersten beiden Jahren 50 Prozent der Kosten für die Beratung bis 1.500 Euro. Umsatzsteuer geht separat. Dazu müssen Sie in Vorleistung treten, das Geld überweisen und dies per Kontoauszug beweisen. Falls Sie dies wahrnehmen wollen: Der Berater muss bei der Bafa gelistet sein und Gutachten schreiben, die aufwendig sind.

Bekommen Sie keine Unterstützung, bleibt nur das Selberzahlen: Eine Stunde Beratung oder Coaching kostet dabei zwischen 80 und 180 Euro netto, je nach Ausrichtung und Spezialisierung des Coachs.

5.5 Wettbewerbe und Förderprogramme

Vielleicht lassen Sie sich auch einfach fördern? Bundesweit gibt es über 3.000 Preise, Stipendien und andere Künstlerförderungen, ausgerichtet vom Bund, den Bundesländern, den Kommunen und natürlich Verbänden, Stiftungen und Unternehmen sowie der Europäischen Union. Die Teilnahme an Wettbewerben und Stipendien bringt nicht nur Geld, sondern auch Referenzen, die für weitere Aufträge wichtig sein können.

Adressen für Künstler und Publizisten:

- Stiftung Kunstfonds zur Förderung der zeitgenössischen bildenden Kunst, *www.kunstfonds.de*
- Deutscher Literaturfonds e.V., *www.deutscher-literaturfonds.de*
- Fonds Darstellende Künste e.V., *www.fonds-daku.de*
- Deutscher Musikrat, *www.deutscher-musikrat.de*
- FFA Filmförderungsanstalt, *www.ffa.de*

Das Bundesministerium für Wirtschaft und Technologie (BMWi) vergibt zwei Preise zur kulturellen Förderung:

- Deutscher Wirtschaftsfilmpreis, *www.wirtschaftsfilmpreis.de*
- Designpreis der Bundesrepublik, *www.designpreis.de*

Weitere Informationen:

- *www.kulturforschung.de*
- *www.kulturpreise.de*
- BMWi-Gründerportal, *www.existenzgruender.de*

5.6 Fallbeispiele zum Gründungszuschuss

Fallbeispiel: Gründungszuschuss und Arbeitslosigkeit

Renate Lerchenstädt ist Musiklehrerin. Im Zuge allgemeinen Personalabbaus hat ihr Arbeitgeber ihr zum 30.5.07 gekündigt. Frau Lerchenstädt hat sich keine neue Stelle gesucht. Sie möchte sich selbstständig machen und hat schon alles durchgerechnet. Mit dem Gründungszuschuss von der Arbeitsagentur wird sie über den ersten finanziellen Engpass hinwegkommen. Nun wird ihr angeboten, im Mai bereits neben ihrer noch laufenden Arbeitnehmertätigkeit auf selbstständiger Basis einen Auftrag anzunehmen: Sie könnte einen Schüler für die Aufnahmeprüfung an einem Konservatorium vorbereiten. Sie ist sich nicht sicher, ob sie das tun soll, denn sie will ihren Anspruch auf den Gründungszuschuss nicht verspielen.

Frau Lerchenstädt kann den Auftrag ruhig annehmen. Sie kann aus der Anstellung heraus gründen, ohne eine Ruhe- oder Sperrzeit fürchten zu müssen, und bereits zwei Tage nach ihrem letzten Arbeitstag gründen. In diesem Fall sähe es so aus, dass Frau Lerchenstädt sich am 1.6. arbeitslos meldet und Leistungen beantragt (und für diesen Tag Arbeitslosengeld bezieht). Am 2.6. kann sie dann bereits gründen und dadurch ihre Arbeitslosigkeit beenden. Ihre vier Wochen vorher ausgeübte Tätigkeit war eine nebenberufliche und würde als solche gar nicht für eine durch Gründungszuschuss zu fördernde Tätigkeit in Frage kommen.

Fallbeispiel: Gründungszuschuss und Sperrfrist

Harald Engter ist Musiktherapeut. Neben seinem Job spielt er in einer Jazzband – mit immer größerem Erfolg. Er hat sich mit seinem Arbeitgeber auf eine Reduktion der Stunden geeinigt, um mit seiner Band öfter auftreten zu können. Ziel soll eine Selbstständigkeit mit seiner Band sein. Aber Engter ist nicht sicher, ob das dann z.B. noch mit einem Gründungszuschuss gefördert werden kann. Den Gründungszuschuss kann Herr Engter bekommen – sobald er als Arbeitsloser gemeldet ist und sobald er die entsprechende Sperrfrist abgewartet hat (denn Herr Engter wird selbst kündigen). Für den Gründungszuschuss ist entscheidend, dass es sich um eine hauptberufliche Tätigkeit handelt und dass Herr Engter noch mindestens 90 Tage Anspruch auf Arbeitslosengeld hat. Bemessen wird sich sein Gründungszuschuss allerdings nach dem zwölf Monate zuvor erzielten Einkommen, d.h., dass bereits das aufgrund der Stundenreduktion geringere Gehalt zur Berechnung der Höhe des Gründungszuschusses herangezogen wird.

6 Kooperationen für Freiberufler

Wenn Freiberufler mit anderen kooperieren, profitieren sie meist davon: Synergien, Wachstumschancen, Gewinnoptimierung und auch Feedback sind nur einige Stichworte. Zudem hat das Thema Kooperation viele Gesichter – es muss ja nicht gleich mit der Gründung einer Gesellschaft einhergehen, sondern kann auch einfach strategisches Networking bedeuten. Dieses Kapitel informiert Sie über die Chancen und Formen der Kooperation und zeigt, welche Vorteile die verschiedenen Gesellschaftsformen wie GbR, Partnergesellschaft oder ein lockereres Networking für Sie haben können.

6.1 Einzelkämpfer oder Kooperation?

Die meisten Freiberufler arbeiten allein – und zwar ohne Mitarbeiter und auch ohne Partner. So meldet das Statistische Bundesamt, dass acht von zehn Gründern im ersten Jahr nach Gründung Solo-Unternehmer sind, unterscheidet dabei aber nicht zwischen Freiberuflern und Gewerbetreibenden. Damit steigt der Anteil der Single-Unternehmer seit Jahren immer weiter an. Hierbei scheint es einen Zusammenhang zwischen der Zunahme von Freiberuflertum und dem Wachstum der Einzelkämpfermarken zu geben, ist doch das typische Bild vom Freiberufler eher das einer »Marke Ich«.

Leider. Durch die Tendenz vieler Freiberufler, allein zu arbeiten, verschenken Sie viele Chancen auf Synergien, Wachstum und Gewinnoptimierung. Nicht zuletzt höre ich immer wieder, dass Einsamkeit sich spätestens nach ein, zwei Jahren breitmacht. Es fehlen Feedback, der Plausch in der Küche und Austausch. Oft hat das auch negative Auswirkungen auf das Selbstbewusstsein. Wer übersetzt oder lektoriert, schreibt oder gestaltet, hat in der Regel wenig direkte Kundenbeziehungen. Auftraggeber loben selten. So fehlt der Spiegel, und das Bewusstsein für eigene Stärken und Erfolge geht verloren. Letztendlich wirkt sich das wiederum negativ auf die Durchsetzung von Honorarforderungen aus.

Kooperation ist deshalb ein Zauberwort für Freiberufler aller Disziplinen. Dabei reicht die Spanne von einem lockeren informellen Networking über den Eintritt in eine Bürogemeinschaft bis hin zur Gründung einer Gesellschaft, in der Regel der Gesellschaft bürgerlichen Rechts (GbR). Eine sehr interessante Kooperationsalternative gerade unter dem Aspekt der Kostenteilung und des Nutzens von Synergien bietet die Genossenschaft. Damit beschäftigt sich dieses Kapitel. Es möchte Mut machen zum Kooperieren und z.B. über Nutzen und Risiken einer GbR-Gründung aufklären.

Welche Möglichkeiten bietet welche Kooperationsform?

Was will ich?	GbR oder Partnergesellschaft	Genossenschaft	Verein	Keine Rechtsform
Mit anderen gemeinsam etwas auf die Beine stellen	x	x	x	x
Nutzen von Synergieeffekten im Bereich Büro, Ausstattung, Mitarbeiter etc.	x			
Kooperation, um eine Sache voranzutreiben und sich in der Öffentlichkeit besser zu präsentieren			x	
Nutzen von Synergieeffekten im Bereich Website, gemeinsame Datenbank, Auftritt vorm Kunden etc. bei gleichzeitiger Unabhängigkeit als Freiberufler		x		
Kooperation für gegenseitige Empfehlung				x

6.2 Chancen der Kooperation

Wer auf Kooperation setzt, ist erfolgreicher als der Einzelkämpfer. Das wissen die erfahrenen Beraterinnen von »Gründen im Team« (*www.gruenden-im-team.de*), das zeigt meine eigene Erfahrung. Dabei birgt die Kooperation klar mehr Chancen als Risiken – wenn die Form der Zusammenarbeit klug gewählt wird. Risiken hängen wiederum davon ab, welche Zusammenarbeit Sie wählen. Tendenz: Je enger Sie kooperieren, desto eher kann es zu Konflikten kommen.

Die Chancen im Überblick:

Mehr Erfolg	▸ Mundpropaganda läuft besser. ▸ Sie müssen Aufträge nicht ablehnen, sondern können diese an Partner weitergeben und dabei noch Geld verdienen. ▸ Sie können fehlende Kompetenzen ausgleichen. ▸ Sie machen sich schneller bekannt. ▸ Durch regelmäßigen Austausch haben Sie eine bessere Kritikfähigkeit und deutlichere Wahrnehmung eigener Stärken und Schwächen.

Kostenersparnis	▶ Durch Synergiennutzung. ▶ Zwei teilen sich Kosten. ▶ Z. B.: Eine gemeinsam Corporate-Design-(CD-)Entwicklung kostet weniger als zwei CDs.
Mehr Kundenzufriedenheit	▶ Wenn Sie Aufträge wegen eines »Zu viel« nicht ablehnen, sondern einen Partner empfehlen können, dankt Ihnen das der Kunde. ▶ Wenn Sie Kundenanfragen nach einem anderen Dienstleister (»kennen Sie jemanden, der ...«) beantworten können, erhöht das auch Ihren »Nutzwert«.
Weniger Einsamkeit	▶ Raum für Austausch und Supervision, Fallbesprechungen möglich. ▶ Unmittelbares Feedback.
Mehr Wachstum, höherer Gewinn	▶ Wenn Sie zu mehreren sind, können Sie größere Aufträge bearbeiten und Aufgaben besser verteilen. Sie können mehr investieren und haben in der Regel auch mehr Wachstums- und Gewinnpotenzial.

6.3 Formen der Kooperation

Eine Kooperation nützt immer – sie birgt aber auch Gefahren, wenn Sie sich einfach so hineinstürzen. Da ist zum einen die rechtliche Komponente. Schnell haben Sie eine Gesellschaft gegründet, ohne dies zu beabsichtigen oder auch nur zu wissen. Die Gesellschaft bürgerlichen Rechts, GbR oder auch BGB-Gesellschaft genannt, gründet sich von selbst. Dazu reicht es, sich mit einem gemeinsamen Geschäftszweck zusammenzutun und nach außen hin gemeinsam aufzutreten. Ein Vertrag ist dazu nicht nötig (aber natürlich empfehlenswert). Die GbR ist dabei neben der Partnergesellschaft die einzige Gesellschaftsform, die den freiberuflichen Status der Gründer erhält – sofern dieser eindeutig ist.

Da sind zweitens all die kleinen »Fallen« und Schwierigkeiten, die die Zusammenarbeit mehrerer Persönlichkeiten mit sich bringt: Wer putzt die Toilette oder kümmert sich um die Akquise? Wie teilen wir das Geld? Was geschieht, wenn eine oder einer weniger arbeitet als der oder die andere?

Auch informelle Zusammenschlüsse, bei denen Sie nach außen hin eigenständiger Unternehmer bleiben, bergen einiges Konfliktpotenzial. Die nächsten Kapitel helfen Ihnen, dieses von Anfang an in Schach zu halten.

6.4 Gesellschaftsformen – die GbR

Wenn Sie enger kooperieren wollen, dann gründen Sie am besten eine Gesellschaft. Dabei ist es gleich, ob Sie örtlich zusammenarbeiten oder nicht. Auch wenn jeder Kooperationspartner ein eigenes Büro hat und die Zusammenarbeit rein virtuell erfolgt, könnten Sie eine GbR sein. Ein sicheres Indiz dafür sind ein gemeinsamer Auftritt gegenüber den Geschäftspartnern oder ein gemeinsames Corporate Design.

Damit haben Sie die mit Abstand am meisten verbreitete Gesellschaftsform unter Freiberuflern gegründet, die GbR. Dass die GbR den Freiberuflerstatus erhält, hat Vorteile: Anders als Gewerbetreibende werden Sie als Freiberufler beispielsweise nicht beim Überschreiten einer Gewinn- oder Umsatzgrenze bilanzierungspflichtig. Sie können unbegrenzte Umsätze erwirtschaften und bleiben trotzdem bei der einfachen Einnahmen-Ausgaben-Rechnung. Das bedeutet für Sie erheblich weniger Aufwand und deutlich geringere Kosten.

Aber es gibt auch erhebliche Fallstricke. Eine gemischte freiberufliche und gewerbliche Tätigkeit wird in der GbR automatisch gewerblich. Es genügt, wenn einer Ihrer Kollegen Provisionen in größerem Stil einstreicht, um das gesamte »Konstrukt« gewerblich zu färben. Mit allen Folgen: Verlust des Status als Freiberufler, Gewerbesteuer, Bilanzierungspflicht.

Sollte also einer der Gesellschafter nicht »lupenrein« freiberuflich tätig sein, etwa Provisionen kassieren oder als Webdesigner auch Internetseiten hosten, infiziert dies die gesamte Gesellschaft. Auch die Journalistin mit dem eigenen Verlag würde dann die gesamte GbR gewerblich machen – sofern Sie den Verlag nicht aus der gemeinsamen Tätigkeit ausklammert, was nur durch einen Gesellschaftervertrag möglich ist. Das wird schon nicht so sein? Viele denken so, vor allem zu Beginn einer Gründung, wenn noch keine Betriebsprüfung stattgefunden hat. Aber natürlich ist dies kurzfristig gedacht: Der Steuerbescheid für Unternehmer und Freiberufler wird normalerweise vorläufig ausgestellt, eine Nachprüfung behält sich das Finanzamt immer vor. Alle Gesellschafter müssten, kommt dies nachträglich bei einer Betriebsprüfung heraus, Gewerbesteuern zahlen bzw. nachzahlen. Diese Betriebsprüfung ist bei Gesellschaften aufgrund der Gewinngrenzen noch wahrscheinlicher als bei Solo-Unternehmern: Ab einem Gewinn von 30.000 Euro können Sie als Einzelperson und GbR alle 6,9 Jahre damit rechnen. Als GbR erreicht man die 30.000 Euro deutlich schneller, schließlich geht es erst nach der gemeinschaftlichen Gewinnermittlung ans »Teilen der Beute«.

Eine Lösung: Sie klammern die gewerblichen Tätigkeiten aus, indem Sie dafür eine eigene GbR gründen oder eine (gewerbliche) einzelunternehmerische Tätigkeit anmelden, und schließen sich nur für die freiberuflichen Tätigkeiten zur GbR zusammen. Der (freiberufliche) Geschäftszweck sollte dann klar und deutlich im Gesellschaftervertrag stehen. Beispiel: »Wir gründen eine GbR zum Betrieb eines

Journalistenbüros«. Sie müssten dann auch für die verschiedenen Gesellschaften oder Einzelunternehmen zwei Gewinnermittlungen erstellen und Einnahmen und Ausgaben je nach Geschäftszweck trennen. Am besten führen Sie auch gleich zwei Konten. Dies ist zwar nicht verpflichtend, aber erleichtert die Argumentation gegenüber dem Finanzamt.

Auch Sozietäten von Steuerberatern oder Anwälten sind üblicherweise GbRs – auch wenn dies nicht immer im Namen geführt wird. Die »GbR« ist nämlich bei freiberuflichen GbRs anders als bei gewerblichen GbRs nicht notwendiger Namensbestandteil.

GbR und Namen

Die Namensgebung ist nicht streng geregelt. Sie können Ihrer freiberuflichen GbR also auch einen Sach- oder Fantasienamen geben. Bei freiberuflichen GbRs gibt es wenige Vorgaben. So können Sie in den Namen einen oder mehrere Gesellschafternamen integrieren. Der Name darf allerdings nicht in die Irre führen und auf ein komplett anderes Geschäftsmodell deuten.

Dies ist dann kein Firmenname im eigentlichen Sinn, sondern eine sogenannte Geschäfts- und Etablissementbezeichnung. Bei gewerblichen GbRs bestehen weitere Einschränkungen, die die Verwechslung mit einem Kaufmannsunternehmen ausschließen, unter anderem das kaufmännische »&«.

Diese Möglichkeit besteht bei der Partnerschaftsgesellschaft nicht. Sie muss den Namen mindestens eines Partners, den Zusatz »und Partner« oder »Partnerschaft« sowie die Berufsbezeichnungen aller in der Partnerschaft vertretenen Berufe enthalten.

Die GbR vermeiden

Die ungewollte GbR ist in der Praxis mindestens genauso häufig zu finden wie die gewollte – im freiberuflichen Bereich vermutlich sogar häufiger. Denn: Sehr viele Freiberufler wollen zwar locker mit jemandem zusammenarbeiten und Synergien nutzen, aber auf keinen Fall in ein gemeinsames Firmenboot steigen. Mitunter stehen dahinter schlechte Erfahrungen mit einem Team oder aber auch langjähriges Einzelkämpfertum.

Meist versuchen Freiberufler, der GbR-Falle aus dem Weg zu gehen, indem sie in getrennten Büroräumen arbeiten. Tatsächlich weckt das nach außen hin den Anschein der Eigenständigkeit. Doch die GbR droht auch bei zwei Mietverträgen, denn sie ist nicht unbedingt an gemeinsame Büroräume gekoppelt. Vor allem, wenn die Gesellschafter nach außen hin gemeinsam auftreten, so liegt trotzdem eine GbR vor. Wer dies bewusst vermeiden möchte, sollte also nicht nur getrennte Räume, sondern auch zweierlei Firmennamen, Briefpapier und unterschiedliche Visitenkarten verwenden – auch mit anderer Gestaltung. Selbstverständlich sollte auch der Webauftritt getrennt sein oder aber deutliche Formulierungen haben wie:

- Wir kooperieren mit Thomas Meyer
- Dieser Webauftritt ist eine gemeinsame Werbemaßnahme von Thomas Meyer und Christiane Brecht

Auch virtuelle Teams können, siehe oben, in den unerwünschten Genuss der GbR-Gesellschaftsform geraten – in der Regel geschieht dies unvorbereitet und ohne Gesellschaftervertrag. Der gemeinsame Geschäftszweck allerdings reicht aus, um Sie dennoch als GbR zu identifizieren. Wenn Sie das vermeiden wollen, so besteht eine wirksame GbR-Vermeidungstaktik darin, wechselnd Rechnungen zu schreiben. Das heißt: Mal ist der eine, mal der andere Auftraggeber und der jeweils andere hat die Rolle eines Subunternehmers. Dass Sie ständig gemeinsame Sache machen, ist da nur schwer nachweisbar – vor allem wenn jeder nach außen hin eigenständig auftritt.

Auch wenn Sie die anderen Teammitglieder durchgängig als »freie Mitarbeiter« auf Honorarbasis beschäftigen, bewahrt Sie das vor der GbR. Haken an dieser Variante: Sie sind auch formal der Boss, was für Teamkonflikte sorgen kann. Hinzu kommt, dass die anderen verkappte Arbeitnehmer sein könnten, wenn sie nur und ausschließlich für Sie arbeiten ... und damit für Sie die Sozialversicherungspflicht entsteht.

Gegen eine GbR spricht zudem das Verwenden von verschiedenen Corporate Designs, also von unterschiedlichem Briefpapier, Visitenkarten etc. und einer jeweils eigenen Internetsite. Dies wiederum läuft dem Netzwerkgedanken zuwider. In verschiedenen Außenauftritten verwässert eben auch das Gemeinsame – was aus Marketingsicht kontraproduktiv ist. Sie sollten das Risiko einer GbR dem Nutzen eines offiziellen Verbundes gegenüberstellen. Und dieser ist eben durchaus auch gegeben: Als bekennende GbR sind Sie auch von außen als solche wahrzunehmen, können gemeinsam Kunden akquirieren und durch die gemeinsame Nutzung von Ressourcen und Arbeitskraft unternehmerisch einen »Zahn zulegen«. Und wenn Sie eben wirklich nur teilweise zusammenarbeiten wollen, gelingt Ihnen das durch eine entsprechend eindeutige Definition des Geschäftszwecks.

6.5 Die Partnergesellschaft

Die Partnergesellschaft ist die einzige freiberufliche Alternative zur GbR. Sie gibt es als Rechtsform erst seit 1995. Die Partnergesellschaft ist Personengesellschaft wie die GbR. Sie ist eine reine Freiberufler-Gesellschaft, eine Art weiterentwickelte Freiberufler-GbR. Sie eignet sich für höhere Umsätze und zur besseren Absicherung von Geschäftsrisiken. Der größte Vorteil der Partnergesellschaft liegt in der teilweise beschränkbaren Haftung: Partner haften nur für Aufträge, an denen sie persönlich beteiligt waren. Das kommt der typischen Freiberufler-Situation entgegen, bei der die Gesellschafter oft Aufträge allein oder im Zweierteam erledigen. Während der eine für den Kunden X arbeitet, ist der andere im Auftrag von Kunde Y unterwegs – und weiß mitunter nicht, was bei Kunde X gerade läuft.

Bei der GbR wäre der Partner, der bei Y tätig ist, trotzdem für die Auftragsabarbeitung bei X zuständig und verantwortlich – und müsste für Fehler einstehen, die der Mitgesellschafter bei X verbockt. Sehr ärgerlich, wenn diese außerhalb des eigenen Einflussbereichs liegen. Bei der Partnergesellschaft können Sie diese Haftung für Aufträge, mit denen Sie nichts zu tun haben, ausschließen.

Partnerschaften müssen den Namen von mindestens zwei Partnern führen. Den Zusatz »Partnerschaft« oder »und Partner« dürfen überhaupt nur Partnerschaften führen, die im Partnerschaftsregister eingetragen sind.

Anders als eine GbR gründet sich die Partnerschaftsgesellschaft nicht von alleine. Es ist ein Gesellschaftervertrag abzuschließen, außerdem erfordert diese Gesellschaft die kostenpflichtige Eintragung in ein Register, das Partnerschaftsregister. Dies erhöht allerdings auch das Ansehen der Gesellschaft, ähnlich wie ein Eintrag im Handelsregister bei Kaufleuten. Vorteil gegenüber der GbR ist das geringere Haftungsrisiko. Zwar haften auch bei der Partnerschaftsgesellschaft alle an ihr Beteiligten gesamtschuldnerisch – also einer für den anderen –, jedoch lässt sich die Haftung auf einen Auftrag beschränken, an dem die Partner gemeinsam beteiligt waren. Stürzt also die von einer aus Architekten bestehenden Partnerschaftsgesellschaft gebaute Sporthalle ein, so haften alle am Bau beteiligten Architekten. War einer der Partner zum Zeitpunkt der Sporthallenerstellung gerade mit dem Bau eines Wolkenkratzers beschäftigt, ist er in diesem Fall von der Haftung befreit.

Entscheidung zwischen GbR und Partnergesellschaft

Die Haftungsbegrenzung macht die Partnergesellschaft attraktiver als die GbR. Nachteil ist allein das Verbot, Fantasienamen oder Sachbezeichnungen in den Namen zu integrieren. Da solche Namen vor allem dem Marketing dienen, entscheidet hier oft das Geschäftsmodell. In Kulturberufen spricht allein deshalb oft viel für die GbR. So erzeugt ein Name wie »Sehmenschen Film & TV GbR« einfach schon einen gewissen Marketingsog, Meyer, Müller & Partner dagegen nicht, der wiederum im Zusammenhang mit einer Unternehmens- oder Steuerberatung gut klingt.

In der Außenwirkung ist die Partnergesellschaft so etwas wie der Mercedes unter den Gesellschaftsformen: Sie ist angesehen und anerkannt, ja geachtet und wie ein Markenzeichen geschätzt. Trotzdem ist diese Gesellschaftsform wenig verbreitet, was mit der Größenordnung zu tun hat: Wer so hohe Umsätze erwirtschaftet, dass die GmbH eine Alternative wäre, braucht spätestens mit Eintreten der Unternehmenssteuerreform keine Partnergesellschaft mehr.

Gesellschaften für Freiberufler – Vor- und Nachteile

	Partnergesellschaft (PartnerG)	GbR
Wer?	Alle, auch gemischte Zusammenschlüsse, sofern von den Kammern zugelassen	Alle, auch gemischte Zusammenschlüsse, sofern von den Kammern zugelassen
Welche Berufsgruppen?	Ideal für Steuerberater, Rechtsanwälte, Unternehmensberater, eventuell Coachs, Trainer	Wegen der freieren Namenswahl überall dort, wo es bunt zugeht, z. B. in den Medien- und Kulturberufen
Haftung	Gesamtschuldnerisch und unbegrenzt. Ausnahme: An einem Auftrag waren nur bestimmte Partner beteiligt. Der oder die nicht beteiligten Partner sind von der Haftung ausgenommen, können also nicht für Fehler zur Verantwortung gezogen werden	Gesamtschuldnerisch und unbegrenzt. Ausnahme: Beide Seiten (also Gesellschafter und Gläubiger) verzichten auf die gesamtschuldnerische Haftung
Gründung	Per Partnerschaftsgesellschaftsvertrag und Eintrag in das Partnerschaftsregister	Durch aktive Geschäftstätigkeit und das gemeinsame Verfolgen eines Geschäftszwecks
Gründungskosten	Ca. 750 Euro	Kosten entstehen nur, wenn ein Gesellschaftervertrag erstellt/geprüft wird, was unbedingt empfehlenswert ist
Gewinnermittlung	Einnahmenüberschussrechnung	Einnahmenüberschussrechnung
Namensgebung	Im Namen müssen die Nachnamen von mindestens zwei Gesellschaftern auftauchen	Vom Fantasienamen bis zur Sachbezeichnung – fast alles ist erlaubt

	Partnergesellschaft (PartnerG)	GbR
Steuern	In der Regel umsatzsteuerpflichtig, obwohl theoretisch die Kleinunternehmerregelung in Anspruch genommen werden könnte. Der persönliche Gewinn wird entsprechend des Gesellschafteranteils mit der Einkommensteuer versteuert. Keine Gewerbesteuer, keine Körperschaftssteuer	In der Regel umsatzsteuerpflichtig, obwohl theoretisch die Kleinunternehmerregelung in Anspruch genommen werden könnte. Der persönliche Gewinn wird entsprechend des Gesellschafteranteils mit der Einkommensteuer versteuert. Keine Gewerbesteuer, keine Körperschaftssteuer
Gesetzesgrundlage	Partnerschaftsgesetz, das auf BGB und HGB verweist	BGB
Stand vor Gericht	Die Partnergesellschaft kann klagen und verklagt werden	Die GbR kann seit einem Urteil aus dem Jahr 2001 klagen und verklagt werden
Alternative	GmbH (verbunden mit der Abgabe des steuerlichen Freiberuflerstatus)	Partnergesellschaft oder Gründung von zwei GbRs für verschiedene Geschäftszwecke

6.6 Die GmbH als Alternative?

Die GmbH reizt aufgrund ihrer Haftungsbegrenzung. Nicht wenige Freiberufler verzichten hauptsächlich deshalb auf ihren Freiberuflerstatus. Steuerlich ist die GmbH bei geringen Gewinnen derzeit ein Nachteil, da der durchschnittliche Steuersatz z.B. bei einem zu versteuernden Einkommen von 40.000 Euro »nur« 24,32 Prozent beträgt, der Gewinn einer GmbH aber durchschnittlich und inklusive der kommunalen Gewerbesteuer (die je nach Gemeinde variiert) abhängig vom Hebesatz mit rund 40 Prozent besteuert wird.

Die Entscheidung für die GmbH, Limited oder eine andere juristische und damit stets gewerbliche Gesellschaftsform setzt zunächst einmal eine steuerliche Modellrechnung voraus. Wann lohnt sich die GmbH und der Verzicht auf den Freiberuflerstatus? Fragen Sie in jedem Fall Ihren Steuerberater, wie sich die Steuern auf beide Gesellschaftsformen auswirken!

Die Partner einer Partnerschaftsgesellschaft zahlen Einkommensteuer. Der Spitzensteuersatz liegt derzeit bei 42 Prozent plus Solidaritätszuschlag. Der Gewinn einer GmbH wird anders als bei GbR und Partnerschaftsgesellschaft um Geschäftsführergehälter reduziert. Die GmbH bezahlt Körperschaftssteuer, die derzeit 25 Prozent plus Solidaritätszuschlag beträgt. Hinzu kommt die Gewerbesteuer, die individuell ausgerechnet werden muss. Das Gehalt der Geschäftsführer muss ebenso wie der persönliche Gewinnanteil der Gesellschafter in der Einkommensteuererklärung versteuert werden, wo wiederum der oben genannte Spitzensatz gilt.

Steuerrechnung GmbH und GbR im Vergleich

GmbH-Steuerrechnung	GbR-Steuerrechnung
Die beiden Journalisten J. und G. haben einen Umsatz von 150.000 Euro und Betriebskosten von ca. 40.000 Euro. Sie zahlen sich Geschäftsführergehälter von je 40.000 Euro, so dass die GmbH einen Gewinn vor Steuern in Höhe von 30.000 Euro erzielt. Darauf fallen rund 40 % Körperschafts- und Gewerbesteuer an, also 12.000 Euro. Wird der endgültige Gewinn in Höhe von 18.000 Euro an die beiden Gesellschafter ausgeschüttet (je 9.000 Euro), unterliegen diese Einkünfte nach dem sogenannten Halbeinkünfteverfahren nur zur Hälfte der Einkommensteuer. Es ergeben sich für jeden Gesellschafter folgende Beträge: Gehalt 40.000 Euro, Ausschüttung 9.000 Euro, Kosten für Versicherungen 5.000 Euro, Einkommensteuer 9.500 Euro. Am Ende bleiben also 34.500 Euro netto. Die Auswirkungen der Steuerreform 2008 sind in diesem Beispiel nicht berücksichtigt. Die ebenfalls anfallende Kapitalertragsteuer wird in diesem Beispiel ignoriert, da kaum damit zu rechnen ist, denn sie wird vom Gewinn abgezogen und angerechnet.	Bei gleichem Umsatz erwirtschaften die Journalisten J. und G. einen Umsatz von 150.000 Euro und einen Gewinn von 110.000 Euro. Gehälter sind bei der GbR nicht abzugsfähig und mindern den Gewinn nicht. Jeder übernimmt 55.000 Euro in seine Steuererklärung. Davon gehen bei beiden noch rund 5.000 Euro für private Vorsorgeaufwendungen und Sonderausgaben ab, bleiben 50.000 Euro zu versteuerndes Einkommen. Netto behalten G. und J. als Alleinverdiener rund 36.000 Euro.

Bei der Rechnung können folgende Faktoren nicht berücksichtigt werden: Als angestellte Geschäftsführer sind G. und J. auch gegen Arbeitslosigkeit versichert, als Selbstständige nicht. Und: Durch den höheren Aufwand und die Bilanzierungspflicht fallen für die GmbH deutlich höhere Steuerberatungskosten an. Auch die Administration ist teurer, und die Führung und Gründung der GmbH kostet ebenfalls Geld. Nicht berücksichtigt ist auch die »geldwerte« Haftungsbegrenzung der GmbH, die allerdings für Freiberufler, die oft nur wenige Investitionen tätigen, wenig sinnvoll ist. Die GmbH kann sich indes lohnen, wenn Sie als Freiberufler ein hohes Risiko absichern möchten, z.B. als Ingenieur eine Produkthaftung. Sprechen Sie mit Ihrem Steuerberater darüber. Am Ende ergibt sich in dieser Größenordnung noch ein deutlicher Vorteil für die GbR. Dies dürfte sich allerdings mit der Unternehmenssteuerreform 2008 ändern, die die Gesamtbelastung für Kapitalgesellschaften unter 30 Prozent drücken wird. Dann sollten jede Freiberufler-GbR und jeder Solo-Unternehmer mit einem Umsatz jenseits der 100.000 Euro sich ausrechnen lassen, welche Gesellschaftsform sich für sie rentiert – erst recht, wenn das Stammkapital nur noch 10.000 Euro statt bisher 25.000 Euro betragen wird.

Freiberufler in der Genossenschaft

Die Genossenschaft ist die wirtschaftliche Variante des Vereins. Sie gründen sie zur Nutzung gemeinsamer Ressourcen und zur effektiven gemeinsamen Präsentation. Wenn Sie als Freiberufler Mitglied in einer Genossenschaft werden, verlieren Sie Ihren Status nicht. Beispiel: Sie können Mitglied in einer Genossenschaft sein, die Projektmitarbeiter im IT-Bereich vermittelt. Damit bleiben Sie als Freiberufler eigenständig und können trotzdem die Vorteile einer Kooperation nutzen: gemeinsamer Auftritt im Netz und vor den Kunden, gemeinsames Marketing. Während der Wert Ihrer Genossenschaftsanteile steigt, erwirtschaften Sie weiter wie gewohnt als Freiberufler Geld.

Lange war die Genossenschaft nur etwas für Wohnungsbauer und Landwirte – spätestens seit der Novellierung des Genossenschaftsgesetzes 2006 hat sich das geändert. Nun können sich auch Genossenschaften zu sozialen und kulturellen Zwecken zusammenschließen und beispielsweise gemeinsam ein Kulturzentrum betreiben, für das sie Eintritt verlangen. Zugleich wurden die Hürden durch die Novellierung gesenkt, denn für die Gründung sind nur noch drei Personen nötig. Auch die formellen Anforderungen hat der Gesetzgeber herabgesetzt – bis zu sechs Personen ist beispielsweise kein Aufsichtsrat mehr nötig.

Zunehmend entdecken Dienstleister die Vorzüge der eingetragenen Genossenschaft, der e.G. Die ersten neuen Genossenschaften bildeten sich im IT-Bereich, wo Innovationen oft auf fruchtbaren Boden stoßen. Hier schlossen sich IT-Spezialisten zusammen, um gemeinsam Unternehmen ihre Dienstleistungen anzubieten. Passen ein Unternehmen und ein Freiberufler zusammen, zahlt der Freiberufler mit Genossenschaftsanteil zum Beispiel bei Jariva e.G. 10 Prozent seiner Rechnungssumme an die Genossenschaft.

Der Vorteil für den Einzelnen: Das Unternehmen kann auf einen großen Pool an Dienstleistern zurückgreifen. Der gemeinsame Auftritt und die Vermarktung als Gemeinschaft erhöhen für den Einzelnen zudem die Wirkung nach außen. Jeder, der die Einlage von 250 Euro zahlt, profitiert vom wirtschaftlichen Erfolg der Genossenschaft. Gewinne werden schließlich an die Mitglieder ausgeschüttet.

Zugleich kann der an der Genossenschaft Beteiligte weiter als Freiberufler tätig oder auch Mitglied einer anderen Gesellschaft sein.

Dieses Geschäftsmodell ist auch auf den Kulturbereich, auf die Zusammenarbeit von Journalisten, Fotografen, Unternehmensberatern sowie den Trainings- und Coachingbereich übertragbar. Bisher haben das aber erst sehr wenige erkannt, was sicherlich am Image der Genossenschaft als »Bauerngesellschaft« liegt.

Dabei sind die Vorteile offensichtlich: Wenn sich beispielsweise 20 Mitglieder finden, die sich mit jeweils 500 Euro an der Genossenschaft beteiligen, kommen 10.000 Euro in den Topf. Damit können eine komfortable Datenbank, eine Website, Flyer und Mailings finanziert werden. Selbst ein Vertriebler auf Honorarbasis wäre für zwei bis drei Monate finanziert. Die Wirkung vor dem Auftraggeber verändert sich mit der Größe: In einem 20-Personen-Team könnten unterschiedlichste Spezialgebiete besetzt sein. Ein auftragerteilendes Unternehmen hätte Fullservice und gleichzeitig nur einen Ansprechpartner (der z. B. bei der Genossenschaft angestellt wäre). Ausfälle und Doppelbuchungen wären kein Problem mehr, da sich unter mehreren Mitgliedern immer auch einer finden würde, der für das gleiche Thema einsetzbar ist wie Sie.

Nicht zuletzt ist eine Genossenschaft auch für mehrere Dienstleister unterschiedlicher Disziplinen denkbar, die dieselbe Zielgruppe haben, beispielsweise die Personalabteilung in den Unternehmen – etwa einen Trainer, einen Unternehmensberater, einen Personalentwickler, einen Personalvermittler.

Die Fachgrenzen könnten sogar noch größer sein: Dann nehmen Sie einen Designer, einen Handwerker etc. hinzu. Auf den Freiberuflerstatus hätte dies keinen Einfluss, auch wenn Gewerbetreibende dabei wären.

Auch wenn sich dies alles reizvoll und vielversprechend anhört: Eine Genossenschaft aufzubauen und zu betreiben ist immer noch aufwendig. So brauchen Sie mindestens drei Gründungsmitglieder und müssen einmal im Jahr Hauptversammlungen für alle Mitglieder abhalten. Zudem hat jedes Mitglied eine Stimme, unabhängig davon, wie viele Anteile es hat. Das bedeutet, dass alle auf gleicher Augenhöhe mitreden, wenn es um Entscheidungen geht. Das ist sehr demokratisch – mit allen Konsequenzen, denn Entscheidungen zu Anschaffungen, Einstellungen oder auch zum gemeinsamen Auftritt nach außen müssen gemeinsam getroffen werden.

Beispiele für Genossenschaften

- Towerbyte e.G. (*www.towerbyte.de*): Verschiedene Softwarefirmen, die alle an Softwarelösungen arbeiten und gemeinsam Synergien und Ressourcen nutzen möchten.
- Jariva e.G. (*www.jariva.de*): IT-Spezialisten, die gemeinsam ihre Dienstleistung anbieten.

6.7 Networking-Kooperation

Sie wollen nicht gleich eine Gesellschaft gründen? Sehen Kooperation eher als gemeinsames Marketing denn als gemeinsames Geschäftemachen oder gemeinsames Nutzen von Synergieeffekten? Dann gibt es mehrere Möglichkeiten. Sie müssen nicht gleich eine Gesellschaft gründen.

Erstens: Sie entscheiden sich, sich gegenseitig zu empfehlen. Dann sollten Sie verabreden, in welcher Form dies geschehen soll und was die »Belohnung« für eine Empfehlung sein soll. Falls Sie dabei an Provisionsmodelle denken: Schwierig, denn diese könnten Ihren Status als Freiberufler gefährden. Umstritten ist, ob es etwas hilft, wenn Sie das Ganze auf Rechnungen als »Vertriebsunterstützung« deklarieren. Auch die vertriebliche Tätigkeit ist gewerblich. Im Zweifel sollten Sie deshalb am besten Einnahmen aus freiberuflicher Tätigkeit von denen aus der Vermittlung von Aufträgen trennen …

Zweitens: Sie entscheiden sich, sich locker zusammenzuschließen, um gemeinsam Aufträge abzuarbeiten. Dies bietet sich beispielsweise an, wenn Sie ergänzende Kompetenzen benötigen, um ein Projekt durchzuführen. Wenn Sie dann vor dem Auftraggeber nicht als Team auftreten, sondern als Kollegen, von denen jeder seine eigene Rechnung stellt, funktioniert's auch ohne Gesellschaftsdach. Alternative: Sie beschäftigen Ihren Kollegen als Subunternehmer. Dies ist auf Dauer und vor den Augen des Finanzamts allerdings nur glaubwürdig, wenn Sie auch einmal einen Gewinn für sich einbehalten. In diesem Fall sollte dem Auftraggeber klar sein, dass Sie der Verantwortliche sind und Ihr Kollege ein freier Mitarbeiter von Ihnen. Treten Sie beide gemeinsam auf, könnte sonst wieder ein GbR-Eindruck entstehen. Dies wäre dann vor allem bei Haftungsfragen relevant.

Dann bietet sich vielleicht ein Verein als gemeinsames Dach an. Damit können Sie sich formell zur Förderung der Idee der Vereinbarkeit von Familie und Beruf, der Werteorientierung in der Weiterbildung oder der Qualitätssicherung im Coaching widmen (sofern dies nichts bereits andere tun). Meist entsteht daraus eine sehr gute Marketingwirkung für Ihr eigenes Unternehmen oder für Sie als Person.

Der Nutzen für das eigene Selbstmarketing ist in der Regel groß. Die Vorstände eines Vereins werden beispielsweise anders wahrgenommen als Coach XYZ. Die Medien nehmen Sie als Gesprächspartner ernst, und Kunden erhoffen sich von Ihnen eine besonders kompetente Dienstleistung. Das dürfen Sie natürlich nicht so offen kommunizieren, denn der eingetragene Verein ist in erster Linie gemeinnützig.

Zugleich schafft der Verein oft erst die Basis für Kontakte zu der gewünschten Zielgruppe. Sie werden plötzlich auch von der Politik und von Entscheidern als Meinungsbildner und Repräsentant für ein Thema gehört.

Die Vorteile einer Vereinsgründung im Überblick:

- Basis für vielfältige Kooperationen mit den (mindestens sechs) Mitgründern
- Aufwertung der eigenen Person
- Besetzung eines Themas
- Forum für Kontakte
- seriöser Veranstalter
- Vehikel in die Medien
- neutrale Plattform zur Selbstdarstellung

6.8 Die persönliche Seite

Nun gibt es neben der formellen die mindestens genauso wichtige persönliche Seite. Was nutzt das rechtliche Konstrukt, wenn die Basis darunter nicht stimmt? Zusammenarbeit zwischen Freiberuflern ist nicht eben leicht. Dies liegt auch darin begründet, dass Freiberufler inhaltlich arbeiten, also ihre eigene (Denk-)Leistung im Vordergrund steht. Dabei gehen andere Aufgaben oft unter – die aber sind die unternehmerische Basis, ohne die nichts läuft.

Aufgaben verteilen

Am Anfang sind die Aufgaben, die nicht direkt mit Ihrer Arbeit zu tun haben, oft noch überschaubar, nach einiger Zeit werden es mehr. Der erste Schritt für Sie sollte sein, sich über diese Aufgaben klar zu werden – nur dann können Sie sie im nächsten Schritt auch verteilen. Trennen Sie Kernaufgaben von Aufgaben, die sich durch eine Gründung zwangsläufig ergeben, wie Buchhaltung oder die Gestaltung von Visitenkarten. Alles, was nicht zu Ihrem Kerngebiet gehört, lässt sich normalerweise leicht outsourcen, also anderen Dienstleistern übergeben.

Folgende Übersicht listet typische Aufgaben in Unternehmen auf. Die meisten dieser Aufgaben sind Tätigkeiten, die eine unternehmerische Tätigkeit mit sich bringt. Manche Aufgaben können auch zur Kernaufgabe oder zeitweise zur Kernaufgabe werden. Dabei bedeutet die Kennzeichnung D, dass die Aufgaben outgesourct werden können, die Kennzeichnung CS, dass es sich um eine Kernaufgabe handelt.

Typische Aufgaben in Unternehmen – was kann delegiert werden?

Kaufmännisches

Vorbereitende Buchhaltung	D
Buchhaltung	D
Rechnungen und Mahnwesen	D
Controlling	D
Umsatzsteuervoranmeldungen und Kommunikation mit dem Finanzamt	D
Lohnbuchhaltung	D

Office

Allgemeine Büroaufgaben wie Ablage	D
Telefonannahme	D
Post	D
Recht und Vertragsgestaltung (AGB etc.)	D
EDV	D
Datensicherung	D
Einkauf von Büromitteln	D
Angebote erstellen	CS/D (nach einiger Zeit und Einweisung)
Reinigung	D
Beratung der Kunden	CS

Marketing

Preisgestaltung	CS
Weiterentwicklung der Dienstleistung	CS
Vertrieb – von der Akquisition bis zur Kundenpflege und Kundenbindung	CS
PR und Werbung	CS
Gestaltung des Außenauftritts	CS

Personal

Personaleinstellung	CS
Personalführung	CS
Teammanagement	CS
Mitarbeitergespräche und Mitarbeitermotivation	CS

Vielleicht ist diese Liste für Ihr Businessmodell noch nicht lang genug. Dann ergänzen Sie sie. Verteilen Sie sie dann, je nach Interesse und persönlicher Stärke.

Ganz wichtig ist es dabei, sich von der Vorstellung frei zu machen, dass bestimmte Aufgaben wichtiger für den Erfolg sind als andere. Sie sind ein Team und arbeiten zu zweit oder zu dritt an Ihrem gemeinsamen Erfolg. Wenn sich einer als Star fühlt, dem allein der Applaus für die Vertriebserfolge gebührt, sind Konflikte vorprogrammiert.

Folgende **Checkliste** soll Freiberuflern bei der Aufteilung helfen. Aufgaben, die zusammenhängen, sind in Gruppen gebündelt, denen ich bestimmte Symbole gegeben habe:

💻 = operative, extrovertierte Macheraufgaben
✎ = kommunikative und kreative, extrovertierte Aufgaben
♙ = Verwaltungsaufgaben (Administration und Organisation)
🕓 = strategische Aufgaben (Planung, Konzeption)

Die verschiedenen Aufgaben verlangen unterschiedliche Kompetenzen. Anbei die Liste von Seite 104 noch einmal mit Symbolen (s.o.):

Typische Aufgaben in Unternehmen – Kompetenzverteilung

Kaufmännisches

Vorbereitende Buchhaltung	♙
Buchhaltung	♙
Rechnungen und Mahnwesen	♙
Controlling	♙
Umsatzsteuervoranmeldungen und Kommunikation mit dem Finanzamt	♙
Lohnbuchhaltung	♙

Office

Allgemeine Büroaufgaben wie Ablage	♙
Telefonannahme	✎
Post	♙
Recht und Vertragsgestaltung (AGB etc.)	🕓
EDV	🕓
Datensicherung	♙
Einkauf von Büromitteln	♙

Angebote erstellen	
Reinigung	
Beratung der Kunden	

Marketing

Preisgestaltung	
Weiterentwicklung der Dienstleistung	
Vertrieb – von der Akquisition bis zur Kundenpflege und Kundenbindung	
PR und Werbung	
Gestaltung des Außenauftritts	

Personal

Personaleinstellung	
Personalführung	
Teammanagement	
Mitarbeitergespräche und Mitarbeitermotivation	

Wer Spaß an seiner Aufgabe hat, erledigt sie besser. Fragen Sie sich deshalb im Team, wer welche Kompetenz besitzt und welche Aufgaben dazu passen:

Checkliste: Wer übernimmt welche Aufgaben?

Aufgabengruppe 

☐ Leitfrage: Wer ist der Macher?	
☐ Wer übernimmt die Akquisition?	
☐ Wer übernimmt die Vertriebsaufgaben?	
☐ Wer ist für Marketing zuständig?	

Aufgabengruppe 

☐ Leitfrage: Wer ist der Kommunikator?	
☐ Wer ist für die Kommunikation mit der Presse zuständig?	
☐ Wer ist für die Kommunikation mit Kunden zuständig?	
☐ Wer ist für die interne Kommunikation zuständig, sorgt z. B. für regelmäßige Teambesprechungen?	
☐ Wer kümmert sich um Aushilfen und (freie) Mitarbeiter?	

Aufgabengruppe 💻

- ☐ Leitfrage: Wer ist der Organisator?
- ☐ Wer übernimmt die (vorbereitende) Buchhaltung oder die Kommunikation mit dem Steuerberater?
- ☐ Wer kontrolliert Zahlungseingänge?
- ☐ Wer schreibt Rechnungen?
- ☐ Wer kümmert sich um Ablage?
- ☐ Wer sorgt dafür, dass immer genug Büromaterial da ist?
- ☐ Wer übernimmt die Pflege der Kundendatenbank?
- ☐ Wer kümmert sich um die EDV?
- ☐ Wer kümmert sich – gegebenenfalls – um Lohnabrechnungen?
- ☐ Wer kontrolliert den Lagerbestand, bestellt Ware etc.?

Aufgabengruppe 🕒

- ☐ Leitfrage: Wer ist der Vordenker?
- ☐ Wer erarbeitet Konzepte und langfristige Planungen?
- ☐ Wer denkt über neue Produkte und Angebote nach?
- ☐ Wer entwickelt das Geschäft den Markterfordernissen entsprechend weiter?
- ☐ Wer denkt im Hintergrund über Chancen und Risiken nach und verändert den Business-Plan den Gegebenheiten entsprechend?

Typischerweise sind strategische Aufgaben am Anfang eher Teamaufgaben. Alle planen gemeinsam, wobei sich sehr häufig eine Person herauskristallisiert, die besonders viele strategische Anteile hat und die Rolle des Denkers und Mahners übernimmt – nicht selten aber auch die des zurückhaltenden Entscheiders.

Selbstverständlich können Sie die Gruppenaufgaben auch bündeln. Sehr gut zusammen passen 💻 und ✎ oder auch ✎ und 🕒. Weniger typisch ist, dass operative und strategische Talente sich in einer einzigen Person treffen, aber Ausnahmen bestätigen wie immer die Regel.

Das liebe Geld – Verteilungsmodelle für GbRs

Während bei gewerblichen GbRs meist klar ist, dass die Gründer den Gewinn 50/50 teilen, erfinden freiberufliche GbRs und Partnergesellschaften oft andere Verteilungsmodelle. Das hat damit zu tun, dass oft unterschiedlich intensiv gearbeitet wird.

So ist bei manchen GbRs eine Zeiterfassung an der Tagesordnung. Jeder trägt seine Anwesenheiten in eine Liste ein. Am Ende des Monats werden die Zeiten zusammengerechnet, und eine Vorauszahlung auf den Gewinn wird entsprechend dieser Zeiten angewiesen. Beispiel: Karl war 300 Stunden im Büro, Paul 150 und Marta 300, macht insgesamt 750 Stunden. Von der Gesamtvorauszahlung auf den Gewinn in Höhe von 10.000 Euro erhalten Karl und Marta je 4.000 und Paul 2.000 Euro.

Rechenformel:
Gesamtbetrag ÷ Gesamtstunden × Einzelstunden = Auszahlungsbetrag

Diese Auszahlung ist allerdings vorläufig, da der Gewinn einer Gesellschaft erst am Ende eines Jahres feststehen kann – endgültig sogar erst mit dem Steuerbescheid. Das bedeutet für Sie: Sie müssen am Ende des Jahres noch einmal ausrechnen, wie viel wirklich auf die einzelnen Köpfe entfällt. Außerdem gilt es zu bedenken, dass Sie von Ihrem persönlichen Gewinnanteil Steuern zahlen müssen. Also unbedingt genug Geld zurücklegen.

Die Methode ist gut, hat aber den Nachteil, dass Arbeitszeiten recht wenig über Leistung aussagen. Es kann sein, dass ein Kollege stundenlang am Telefon quatscht – über kurz oder lang wird die anderen ärgern, dass er dafür auch noch Geld bekommt … Dies kann man dann entweder thematisieren oder ein anderes Modell wählen.

Da gibt es etwa noch das Punktesystem, mit dem die einzelnen Arbeiten nicht nur zeitlich erfasst, sondern auch gewichtet werden. Unterschiedliche Aufgaben bekommen verschieden viele Punkte. Motto: Je schwerer oder unangenehmer die Aufgabe ist, desto mehr Punkte gibt es dafür. Beispiel: Akquise bringt drei Punkte, Texten zwei Punkte und Büroarbeit einen Punkt. Das bringt andere Teammitglieder dazu, sich auch um unangenehmere Dinge wie die Akquise zu kümmern.

Sie rechnen dann: Karl war 300 Stunden im Büro und hat ausschließlich getextet, Paul hat 150 Stunden gearbeitet, aber 50 davon akquiriert, Marta hat 200 Stunden getextet und 100 Stunden Büroarbeit geleistet. Von der Gesamtvorauszahlung auf den Gewinn in Höhe von 10.000 Euro erhalten

- Karl = 300 x Faktor 2 = 600 = 4.137,93 Euro
- Paul = 100 x Faktor 2 und 50 x Faktor 3 = 350 = 2.413,79 Euro
- Marta = 200 x Faktor 2 und 100 x Faktor 1 = 500 = 3.448,27 Euro

Bitte beachten Sie: Diese interne Gewinnaufteilung muss das Finanzamt kennen. Üblicherweise wird der Gewinn entsprechend der Gesellschafteranteile ausgeschüttet, z.B. 50 zu 30 zu 20. Wenn dies nicht so sein soll, handelt es sich um eine variable Gewinnausschüttung, die im Gesellschaftervertrag beschrieben sein sollte.

Konflikte lösen

Wenn Sie im Team arbeiten, ist das ein wenig so, als wären Sie verheiratet. Aber während künftige Ehepaare vor dem endgültigen Schritt meist schon mal probeweise zusammenleben, mieten sich künftige Teams in der Regel sofort gemeinsamen Büroraum.

Sie wissen dann (noch) nicht, welche Kleinigkeiten den jeweils anderen verärgern oder gar auf die Palme bringen können. Möglicherweise ist es schon eine schmutzige Kaffeetasse oder ein Handtuch, das zu lange ungewaschen am Haken hängt. Noch viel größer ist die Gefahr, dass sich Streit an einer (oder mehreren) Zigaretten entzündet oder am unaufgeräumten Bürozimmer. Gut möglich, dass Ihr Mitgründer immer nur Aldi-Kaffee einkauft und sich bei Ihrem »Tchibo« aufgrund von einem Euro Differenz auf den Schlips getreten fühlt. Sprechen Sie alle künftigen Berührungspunkte vorher an, so »lächerlich« sie Ihnen auch erscheinen mögen. Gehen Sie mit folgender Checkliste dabei alle möglichen »Steine des Anstoßes« systematisch durch:

Checkliste »Konfliktfreie Arbeitsorganisation«

☐ Wann wird gearbeitet? Vereinbaren Sie Kernarbeitszeiten, an die sich jeder hält, oder vereinbaren Sie einen Gestaltungsspielraum – der dann aber für alle gelten muss.	
☐ Wann sind Ferien und wie lange wird Urlaub gemacht?	
☐ Gibt es eine Mittagspause? Wie lang sollte diese sein?	
☐ Darf geraucht werden? Wie viele Zigaretten »erträgt« der andere? Dürfen Kunden rauchen? Was geschieht mit der Asche?	
☐ Wer kauft ein und von welchem Budget? Welche Spielregeln gelten beim Ausgeben – oder auch beim Sammeln der Quittungen?	
☐ Wer räumt sein eigenes Büro auf und saugt Staub? Wie sauber muss alles sein? Wer kümmert sich um Gemeinschaftsräume wie Küche und Bad? Gibt es eine Putzfrau? Wann soll diese kommen und was darf sie kosten?	

☐ Bleiben die Türen auf, wenn telefoniert wird? Darf laute Radiomusik laufen oder ist Ruhe angesagt?	
☐ Wie werden Kunden bedient?	
☐ Ist eine Mutter unter den Gründerinnen oder ein Vater? Ist es okay, wenn er/sie die Kinder schon mal mit ins Büro nimmt, damit diese dort Hausaufgaben machen?	
☐ Wie werden Daten gesichert und wer sichert die Daten wann ...?	

Probleme im Team haben ihre Wurzeln fast immer in fehlender Kommunikation über die wesentlichen Dinge: Nach dem Motto »wir haben uns immer so gut verstanden« grenzen Freunde ihre Bereiche und Verantwortlichkeiten ebenso wenig ab, wie sie ihre Erwartungen kundtun. Die Lösung für das Problem liegt also nahe ... kommunizieren Sie Ärger und Unmut, bringen Sie die Dinge auf den gemeinsamen Tisch.

Einstellungen – Vorboten des Konflikts

Erstens: Könnte es sein, dass Sie nur sich selbst im anderen Teammitglied suchen und nicht finden? Wir mögen das, was uns ähnlich ist. Das hat zur Folge, dass wir auch Freundschaften mit »ähnlichen« Menschen schließen und auch gerne Angestellte haben, die auf einer Wellenlinie mit uns liegen. So treffen sich in einem Team oft lauter Menschen mit ähnlichen Kompetenzen oder auch identischen Mangelfaktoren – Schwächen. Ein Beispiel: Zwei Chaoten gründen, jeder erhöht das Chaos des anderen, anstatt ihm etwas Ausgleichendes entgegenzusetzen.

Struktur und Ordnung, letztendlich also Kompetenzen der linken Gehirnhälfte – Fehlanzeige. Kreative reagieren »rechts«, mit Emotionen, und planen ihre Arbeitsschritte oft in Siebenmeilenstiefeln. Stellen Sie sich vor: Zwei kreative Köpfe übertrumpfen sich gegenseitig mit ihren Ideen, aber niemand kümmert sich um das Kaufmännische. In einem solchen Team sind die Voraussetzungen für wirklich dauerhaften Erfolg schlecht: Kompetenzen wie auch Persönlichkeiten sollten sich ergänzen. Ein Kreativer und ein strukturierter, organisierter Kaufmann sind ein schlagkräftiges Team, ein Vertriebsmensch und ein Planer harmonieren gut miteinander.

Zweitens: Möchten Sie vielleicht dominieren? Freiberufler sind oft dominante Persönlichkeiten. Sie wollen gern vorne stehen, an der »Front«, etwas zu sagen haben, entscheiden. Im Team haben sie bevorzugt die Rolle des Leitenden oder auch des »Alphatiers« inne. Wer Alphatier ist, das merken Sie schnell, wenn Sie die Menschen in einer Diskussionsrunde beobachten.

Das Alphatier beschließt und entscheidet, auch wenn es am Anfang noch einmal höflich nachfragt. Es steht sehr gerne im Mittelpunkt und sonnt sich in der Gefolgschaft der anderen ... Besteht eine Gründungsmannschaft nur aus Alphatieren, ist die Gefahr groß, dass ein Machtkampf entsteht.

Dieser Machtkampf kann nützlich, aber auch schädlich sein. Je größer der Grad der Bewusstheit über solche Vorgänge, desto einfacher ist wiederum der Umgang damit. Auch hier liegt die Lösung wieder in der Aufteilung der Kompetenzen. Auch Alphatiere sind unterschiedlich, sind nicht nur Führer, sondern z.B. auch Berater, Kooperatoren oder Kreative. Diese Kompetenzen muss der jeweils andere als Ressource anerkennen und als Gewinn für das Team. Außerdem gilt auch hier: Kommunikation ist alles. Und der selbstkritische Blick auf sich: Wer über sein eigenes Alphatierverhalten lachen kann, kommt auch in der Gruppe besser zurecht.

Drittens: Unterschiedliche Arbeitsauffassungen. Diese haben ihre Ursache immer in unterschiedlichen Zielen und Werten. Ob Sie damit langfristig auskommen können, hängt von der Ausprägung ab und von Ihrer Bereitschaft, sich nachträglich auf Ziele zu einigen und über die eigenen Werte zu unterhalten (was besser vor der Gründung hätte passieren sollen). Das sollten Sie unbedingt tun.

7 Marketing und Akquise

Kunden kommen nicht einfach zu Ihnen, nur weil Sie neu auf dem Markt sind. Sie müssen für sich werben. Wer (neue) Kunden haben möchte, muss sogar eine ganze Menge mehr tun als das. Je nachdem, ob Sie vorwiegend Privatkunden oder Unternehmenskunden haben, müssen Sie unterschiedliche Anspracheformen wählen, am Telefon, via Mailing oder im Internet. Dieses Kapitel zeigt Ihnen, wie Sie kundenorientiertes und kreatives Marketing betreiben und was Sie beim Kontaktaufbau sowie bei der Präsentation beachten müssen.

7.1 Sinnvolle Marketingmaßnahmen

Freiberufler vertreiben oft komplexe Dienstleistungen. Diese lassen sich schwer mit den klassischen Anzeigen und erst recht nicht mit Fernsehkampagnen bewerben. Das Marketing eines Freiberuflers muss deshalb ganz anders aussehen als das eines Gewerbetreibenden, der weniger sich selbst als vielmehr die Ware verkauft. Dadurch ergeben sich andere Schwerpunkte – ein Freiberufler-Marketing ist kreativer und kostengünstiger, dafür aber sehr oft zeitaufwendiger. Selten ist die Wirkung von Maßnahmen unmittelbar und setzt schnell ein. Sehr oft dauert es, bis die Mühe sich auszahlt und Aufträge den Einsatz belohnen.

Sinnvolle Maßnahmen für Freiberufler

Eine Selbstmarketingstrategie	... weil Sie im Vordergrund stehen und sich selbst als Marke aufbauen müssen.
Strategisches Networking	... weil Beziehungen das A und O sind und man den Freiberufler empfiehlt, den man kennt.
Empfehlungsmarketing	... weil Empfehlungen unterstützt und gefördert werden können und nach zwei bis drei Jahren die Mehrzahl Ihrer Kunden auf Empfehlung kommt.
Aufbau eines Expertenstatus	... weil man Experten eher zutraut, kompetente Berater zu sein.
Pressearbeit	... weil Sie dadurch Ihren Namen bekannter machen. Wer in der Zeitung steht, wird als kompetent wahrgenommen.
Mailing-Aktionen	... weil Sie Ihr Angebot dadurch gezielt Ihrer Zielgruppe unterbreiten können.
Bekanntheit und Findbarkeit im Internet	... weil die Gelben Seiten in den meisten Branchen ausgedient haben und man Dienstleister jetzt im Internet sucht. Die Nase vorn hat der, der zuerst unter einem relevanten Begriff gefunden wird.

Dieses Kapitel konzentriert sich auf diese Maßnahmen und behandelt Themen wie Anzeigen nur am Rand – im Marketing sollten sie auch nicht mehr als eine Randerscheinung sein. Ich möchte vor allem zeigen, dass Kundenorientierung und Kreativität die besseren Schlüssel zum Erfolg sind.

Marketing-Basics

Marketing = Werbung. Diese Gleichung bekomme ich auch nach vielen Jahren immer wieder aufgetischt. Sie ist aber falsch und lässt einige auch für Freiberufler sehr wichtige Aspekte des Marketings außer Acht.

Marketing wird definiert als das »Denken vom Markt her, mit dem Ziel, Kundenbedürfnisse zu erfassen oder zu erzeugen und zu befriedigen« (Wikipedia). Mit Werbung hat das erst einmal wenig zu tun; es ist vielmehr eine innere Haltung, die dann zum Handeln führt. Sie basiert auf einer exzellenten Kenntnis der Zielgruppe und des Wettbewerbs, idealerweise durch Marktforschung erworben.

Basis für erfolgreiches Marketing ist eine Strategie. Diese fußt auf den vier Marketingkomponenten – den sogenannten 4 P im Marketingmix – mit Produkt/Dienstleistung (Product), Preis (Price), Distribution/Vertrieb (Place) und Kommunikation (Promotion). Das operative Verkaufen, das direkte Bewerben – all das kommt später.

Freiberufler wissen, dass die Kommunikation der eigenen Dienstleistung die Basis ihres Erfolgs ist, vernachlässigen aber sehr oft die Produktpolitik. Dies beginnt schon bei der Schwierigkeit, die eigene Dienstleistung als Produkt anzusehen, das sich weiterentwickeln kann und muss – je nach Kundenwunsch. Dienstleistungen sind genauso Produkte wie Waren zum Anfassen. Und als Freiberufler haben Sie auch genauso ein Sortiment wie Ihr gewerblicher Kollege mit dem Bonbonladen.

Und wie dieser müssen Sie das Sortiment mit der Zeit verändern: weil Kunden weitere Bedürfnisse haben, sich neue Trends zeigen und Sie Ihren alten Kunden neue Produkte anbieten müssen, damit sie immer wieder zu Ihnen kommen ... Dies machen Freiberufler leider oft falsch: So mancher Steuerberater etwa bietet zwanzig Jahre das gleiche Produkt an – Steuerberatung. Dabei könnte er – kundenorientiert – ja durchaus auch verwandte Dienstleistungen integrieren: die kostenlose Grundberatung für Existenzgründer, Steuer-Workshops für die Kunden oder ein Seminar »Wahl der richtigen Rechtsform aus steuerlicher Sicht«. Auch durch Kooperation mit einem Anwalt könnte er sein Angebot erweitern, beide nehmen dann vielleicht irgendwann eine Telefonhotline in ihr »Sortiment« auf.

Denken Sie einfach weiter? Was könnten Ihre Kunden noch gebrauchen, was vermissen sie, was ist besonders? Dieses Nachdenken sollte nicht auf die Gründungsphase beschränkt bleiben, sondern Sie durch die Selbstständigkeit begleiten. Es führt den Journalisten zu der Idee, nach der Startphase nicht nur Text, sondern auch Ton und Video zu liefern. Und den Arzt zur Anti-Aging-Beratung auf privater Basis. Um nur einige Beispiele zu nennen.

Marketingziel

Welche Ziele möchte ich mit meinem Marketing im nächsten Jahr erreichen? Aktionismus im Marketing führt zu nichts, Einzelmaßnahmen ohne Konzept verpuffen oder wirken sogar negativ nach. Eine Ihrer wichtigsten Aufgaben zum Start einer freiberuflichen Tätigkeit und am Ende eines Jahres liegt deshalb darin, das Marketingziel für das nächste Jahr zu definieren. Dieses Ziel – oder die Ziele – sollte einfach sein und vor allem messbar. Mögliche Ziele könnten sein »Bekanntheit erhöhen« oder »80 Prozent der Aufträge von den zehn bestzahlenden Kunden zu gewinnen«.

Ein Ziel funktioniert dabei nie ohne die zugehörige Kennzahl. Woran merke ich, dass ich am Ziel bin, woran lässt sich das messen? Überlegen Sie sich Kennzahlen, die wirklich aussagekräftig sind und die Sie auch selbst ohne Riesenapparat kontrollieren können. Umfragen, die herausfinden, wie bekannt ein Markenname gestützt und ungestützt (also bei Nennung des Markennamens und ohne Nennung) ist, sind etwas für große Unternehmen. Sie können eine Umfrage aber auch in einem kleineren Netzwerk durchführen und ähnlich interessante Ergebnisse erhalten. Oder Sie denken einfach einmal quer: Wenn es um Internet-Bekanntheit geht, könnte z. B. die Zahl der Links bei Google eine Aussage liefern. Gleich, welche Kriterien oder welches Kriterienbündel Sie definieren: Sie sollten es so konkret wie möglich niederschreiben.

Marketingmix für Freiberufler

Über den Marketingmix haben wir bereits kurz gesprochen. Er hilft Ihnen, sich strategisch mit dem Marketing auseinanderzusetzen. Für Freiberufler sieht er nur etwas anders aus als bei Gewerbetreibenden.

Marketingmix

Dienstleistung	Honorar
Überlegen Sie mindestens ein Mal im Jahr, wie Sie Ihr »Produkt« erweitern können. Kernfragen: ▶ Wie kann ich erweitern? ▶ Was kann ich noch in mein Angebot aufnehmen?	Definieren Sie Ihr Honorar auf Basis eigener Kosten, Gewinnabsichten und des Marktes. Kernfragen ▶ Wie kann ich meinen Gewinn optimieren? ▶ Wie gewinne ich gut zahlende Auftraggeber?
Vertrieb	**Kommunikation**
Klären Sie, wie und wo Sie Ihre Dienstleistung verkaufen. Kernfragen: ▶ Telefon, persönlicher Verkauf oder Verkauf vor Ort, z. B. in einer Praxis? ▶ Können Sie Ihre Dienstleistung noch an andere verkaufen?	Legen Sie fest, wie Sie sich und Ihre Dienstleistung bekannt machen. Kernfragen: ▶ Welchen Anteil haben Networking, Empfehlungsmarketing, PR etc.?

Zielgruppe

Ohne Zielgruppe kein Marketing. Die Kenntnis Ihrer Zielgruppe ist Voraussetzung dafür, dass Sie dieser ein adäquates »Produkt« anbieten. Sie ist auch die Basis für Ihre Entscheidung, auf welchem Weg und wo Sie sie am besten ansprechen, um auf Ihre Dienstleistung aufmerksam zu machen.

Ihre Zielgruppe ist die Gruppe von Menschen, die Ihre Dienstleistung kauft oder kaufen würde, wenn sie denn davon wüsste. Wenn Sie nicht direkt mit Endkunden zu tun haben, etwa als Journalist, der für Zeitschriften schreibt, oder als Coach, der für Unternehmen arbeitet, die ihm Coachingpartner zuweisen, ist die Zielgruppe der direkte Abnehmer, also der Auftraggeber. Es ist in dem Fall die Gruppe derjenigen Personen, die darüber entscheiden, ob Sie einen Auftrag bekommen oder nicht. Wenn Sie Ihre Zielgruppe richtig ansprechen, werden Kunden daraus.

Kernfrage bei der Beschäftigung mit der Zielgruppe: Welche Merkmale einen sie, was sind ihre Kennzeichen? Was ist ihr wichtig? Was liest sie und wo trifft man sie an? Dies liefert Anhaltspunkte für das Marketing. Ein Steuerberater mit der Zielgruppe IT-Freiberufler trifft diese sicher nicht als Leser der *BILD-Zeitung*, sondern eher bei der Lektüre der Zeitschriften *IT-Freiberufler* oder *Resoom Magazin*. Seine Foren sind nicht die Stammtische der Wirtschaftsjunioren, sondern beispielsweise der Bundesverband der Selbstständigen in der Informatik e.V.

Auch über die Bedürfnisse der Zielgruppe sagt die Analyse etwas aus: Welche Art der Ansprache ist richtig? Nach welchen Kriterien entscheidet sie sich für oder gegen einen Steuerberater? Im Beispiel hat die Zielgruppe der IT-Freelancer sehr wahrscheinlich ein großes Interesse daran, dass »ihr« Steuerberater die Branche von innen kennt, Erfahrung hat in der IT und mit dem Projektgeschäft vertraut ist. Möglicherweise ist ihr wichtig, dass unser Steuerberater mit einem Rechtsanwalt kooperiert, der sich auskennt in der Beweisführung, dass ein Klient Freiberufler und nicht Gewerbetreibender ist – bei den zahlreichen Grenzfällen in der IT ein wichtiger Fakt. Genaueres müsste aber erst eine Marktforschung ans Tageslicht bringen …

Diese ist Grundlage einer Zielgruppendefinition. Eine solche Marktforschung können Sie als Freiberufler mit einfachen Mitteln selbst durchführen. Sie brauchen dafür kein Institut. Auch mit Studienergebnissen kommen Sie vermutlich nicht unbedingt weiter, denn Freiberufler-Zielgruppen sind oft speziell und haben besondere, vielfach intellektuelle Bedürfnisse. Was genau im Kopf Ihrer Zielgruppe vorgeht, erfahren Sie am besten durch direkte Gespräche – entweder mit Vertretern der Zielgruppe selbst oder aber mit anderen Selbstständigen, die Kontakt zu ihr haben.

Fallbeispiel

Seit mehr als zehn Jahren bringt das Enigma-Gründungszentrum in Hamburg, inzwischen auch in Berlin und Kiel ansässig, erfolgreiche Gründer hervor, davon sind ein Großteil Freiberufler aus Kulturberufen. Jeder Gründer bekommt am Anfang die Aufgabe, eine Marktforschung durchzuführen und 104 Personen zu seiner Idee zu befragen. Dies sollten Menschen sein, die die Dienstleistung entweder selbst kaufen würden, im Wettbewerb stehen oder eine verwandte Sicht auf das Thema haben. Eine solche Marktforschung kann jeder betreiben, auch wenn er nicht über Enigma gründet. Positiver Nebeneffekt: Oft werden über Marktforschungsgespräche bereits erste Aufträge generiert!

In der folgenden Übersicht können Sie, dem ersten Beispiel folgend, selbst Ihre Zielgruppe benennen und anschließend charakterisieren.

Zielgruppendefinition

Zielgruppe	Was liest sie?	Wo geht sie hin?	Welche Kontakte pflegt sie?	Was mag sie?	Was stört sie? (z. B. an meinen Wettbewerbern)
Personalentscheider in Personalvermittlungsagenturen der IT-Branche Resoom	Magazin, Gulp, Freiberufler Info, Resoom Magazin	IT-Kongresse, CeBIT	Zu Schlüsselfiguren der Branche, die ich z. T. namentlich identifiziert habe	Insider	Zu geringe Branchenkenntnis

Wettbewerb

Ein weiterer zentraler Faktor neben der Zielgruppe ist der Wettbewerb, die »Konkurrenz«. Wer bietet genau die gleiche Dienstleistung wie Sie an, vielleicht sogar noch am gleichen Ort? Was unterscheidet Sie von diesem Wettbewerber? Eine Analyse sollte immer darauf abzielen, Ihre Unterschiede herauszustellen, denn nur wer sich unterscheidet, wird Erfolg haben. Während dieser Unterschied bei Gewerbetreibenden häufiger über Ort und Preis geht, sollten die Unterschiede bei Freiberuflern cleverer gewählt sein. Eine Zahnbürste kann man billiger produzieren, einkaufen und vertreiben als die Konkurrenz – eine Beratungsleistung oder eine Therapie nicht. Die Wahl des Ortes mag in manchen freien Berufen ein Kriterium sein, allein steht diese Abgrenzung aber auf schwachen Beinen. So mag es sein, dass der Coach sich entscheidet, in Kiel eine Praxis zu eröffnen, weil Kiel von der Hamburger Coach-Schwemme verschont geblieben ist. Dies ist sicher eine gute Entscheidung – aber sie »wackelt«, wenn der Neu-Coach nicht schnell seine Präsenz vor Ort aufbaut und dort zum Markennamen wird. Denn klar ist: Sich an einen bestimmten Ort niederzulassen, das kann jeder Wettbewerber. Spezielles Wissen braucht er dazu nicht. Und auch keine Kontakte.

Beides wären weitere Abgrenzungskriterien (siehe dazu auch das Kapitel über »Positionierung«). Doch Wissen und Kontakte lassen sich nicht kopieren. So einfach ist das. Vor allem dann nicht, wenn Sie in konkrete Geschäftsideen fließen und Ihre Tätigkeit besonders machen. Nicht jeder kann ein Atelier für Musical-Figuren eröffnen, nicht jeder kann Coach für »Syntegration« sein.

Analysieren Sie Ihre Wettbewerber genau, und zwar nicht nur anlässlich einer Gründung. Wettbewerbsbeobachtung ist eine Daueraufgabe: Was treiben die Kollegen, um Kunden zu gewinnen? Wie gestalten sie ihre Dienstleistung? Womit werben sie?

Corporate Identity

Woran merkt ein Kunde, dass Sie es sind? Was ist Ihr Kennzeichen, wie sieht Ihr Unternehmen aus? Die Antwort lautet vielleicht »an meinem Logo« oder »an dem Briefpapier, das ich verwende«. Damit sind wir in einem Bereich angekommen, der von der Corporate Identity überschrieben wird. Dies ist der Überbegriff für »Unternehmenspersönlichkeit« und beschreibt mehr als nur das Corporate Design, das äußere Auftreten des Unternehmens auf Unterlagen jeder Art. Er umfasst etwa auch die Corporate Communications, die von der Unternehmenspersönlichkeit geprägten Kommunikationsmaßnahmen. Beispiel: Ein Unternehmen gibt sich sehr fortschrittlich und internetaffin. Darauf muss es seine Maßnahmen abstimmen und kann nicht plötzlich Radiowerbung im Stil der Sechziger schalten (es sei denn, es ist retro ...).

Der am einfachsten fassbare Bereich ist das Corporate Design. Man kann es sehen und fühlen, es ist fassbar. Es garantiert Ihnen, dass Sie wiedererkannt werden. Und das ist der Punkt: Als Freiberufler sollten Sie genauso viel Wert auf Wiedererkennbarkeit legen wie Gewerbetreibende. Wenn der Kunde auch auf eine gewisse Entfernung schon sieht, dass diese Rechnung von Ihnen ist, dann haben Sie bzw. Ihr Grafiker Ihren Job gut gemacht.

Ein klares Design und Erfolg gehen Hand in Hand. So muss das Design die richtigen Assoziationen beim Kunden auslösen, beispielsweise Kompetenz ausstrahlen beim Steuerberater oder Kreativität beim Texter. Ein Bruch mit Traditionen sollte hier nur sehr vorsichtig gewählt werden. Mir ist ein Softwareentwickler bekannt, der mit einem Logo auftrat, das an eine Konditorei erinnerte: rosa, leichtbeschwingte Schrift, »süße« Ausstrahlung. Natürlich war das kontraproduktiv. Oder die Beraterin, die Rosen in ihrem Corporate Design verewigte. Männer hielt das davon ab, Kontakt zu ihr zu suchen, denn ihnen war der Auftritt zu floral-weiblich.

Es gilt also, einigen Grips ins Design zu stecken. Sicher sollten Sie sich mit dem Entwurf wohlfühlen, aber auch nicht zu sehr vom eigenen Geschmack und Vorlieben ausgehen. Der Blick von außen ist sehr hilfreich. Verlassen Sie sich auch nicht nur auf den Designer. Kennt er Ihre Kunden nicht, hat er auch nicht deren Blick und Assoziationswelt. Testen Sie das Design, bevor Sie Briefbögen etc. produzieren lassen, deshalb erst einmal innerhalb Ihrer Zielgruppe.

Checkliste: Logo neu entwerfen lassen

- ☐ Welches Image wollen Sie mit dem Logo unterstreichen?
- ☐ Welche Assoziationen wollen Sie auslösen?
- ☐ Welche Zielgruppe soll vordergründig angesprochen werden?
- ☐ Welche Form, Farben und Schriftart unterstreichen das gewünschte Image?
- ☐ Wie präsentieren sich die Wettbewerber?
- ☐ Welche Konventionen gibt es in der Branche (z. B. Grau und Dunkelblau bei Steuerberatern)?
- ☐ Welche Argumente sprechen dafür, Konventionen zu brechen?

Wenn Sie schon länger selbstständig sind und Ihre Kunden den Auftritt gewohnt, verändern Sie Ihr Logo besser nur sanft. Denken Sie an den Nivea-Schriftzug. Schrittweise, kaum spürbare Veränderungen haben ihn modernisiert.

Checkliste: Ist Ihr vorhandenes Logo gut?

- ☐ Fällt das Logo unter den Logos der Wettbewerber auf?
- ☐ Löst es die richtigen Assoziationen aus?
- ☐ Merkt man sich das Logo? Geben Sie es Testpersonen, die es eine Minute betrachten und dann weglegen sollen. Woran erinnern sich die Testpersonen am nächsten Tag?
- ☐ Lässt sich das Logo in allen Medien (Print, Web, Bürokommunikation, Werbemittel) problemlos umsetzen?
- ☐ Bleibt die Wirkung und Aussagekraft bei einer monochromen Reproduktion (Schwarzweiß) einigermaßen gut erhalten?
- ☐ Bleibt die Lesbarkeit bei einer verkleinerten Reproduktion erhalten?
- ☐ Optimalerweise zeigt das Logo die Kernkompetenz des Unternehmens in abstrahierter Form. Ist das bei Ihrem Logo so?

Wenn Ihr Logo durchfällt: Wie lässt es sich so überarbeiten, dass es doch noch erkennbar bleibt? Denken Sie an Nivea: Kleine Schritte können sehr wirkungsvoll sein.

7.2 Selbstmarketing

Marketing für Freiberufler ist vor allem eins: Selbstmarketing. Die Vermarktung der eigenen Persönlichkeit ist oft wichtiger als die Vermarktung der Dienstleistung. Ja, beides gehört zusammen. Gutes Selbstmarketing führt dazu, dass Sie von Ihrer Zielgruppe oder sogar der breiten Öffentlichkeit als jemand wahrgenommen werden, der für etwas steht. Für ein Thema, bestimmte Eigenschaften, einen Nutzwert. Solche Ergebnisse entstehen nicht aus dem Nichts oder per Zufall. Sie beginnen sehr oft mit einer Zieldefinition und einem Selbstmarketingplan. Wir hatten das schon: Nur wer Ziele hat, kann diese erreichen. Beim Selbstmarketing ist das fast noch wichtiger als im Networking, bei dem sich auch manches einfach von selbst entwickeln kann und darf. Das Selbstmarketing dagegen sollten Sie mit Ihrem Ziel im Blick in der Hand halten. Sonst besteht die Gefahr, dass Ihre Zielgruppe ein diffuses Bild von Ihnen entwickelt. Bei jeder Maßnahme, jedem Auftrag sollten Sie dann prüfen, ob dieser Ihrem Selbstmarketingziel dienlich ist und was Sie tun müssen, um Handlungen dem Selbstmarketingziel entsprechend zu gestalten. Beispiel: Ihr Ziel ist es, in drei Jahren als Experte für die Bewältigung von Unternehmenskrisen bekannt zu sein. Nun wird Ihnen ein PowerPoint-Seminar angeboten. Ist dies Ihrem Ziel angemessen? Selbstverständlich nicht.

Mein Selbstmarketingziel lautet:

Überprüfen Sie es anhand der SMART-Formel: Ist mein Ziel **s**pezifisch, **m**essbar, **m**achbar, **r**ealistisch, **t**ermingenau?

Schauen Sie um sich: Diejenigen, die beharrlich auf Ziele zustreben, erreichen sie auch. Es sind ganz erstaunliche Dinge möglich, wenn jemand etwas wirklich will. Denken Sie an unseren ehemaligen Bundeskanzler Gerhard Schröder, der in den Achtzigerjahren am Zaun des Bundeskanzleramts gerüttelt haben soll, mit den Worten »Hier will ich rein«. Nun wollen Sie wohl nicht Bundeskanzler werden, aber vielleicht ein bekannter Trainer. Das Prinzip ist ähnlich. Rütteln Sie an Türen, auch wenn es erst einmal unwahrscheinlich scheint, dass sich diese für Sie öffnen.

»Wer etwas wirklich will, erreicht es auch.« An diesem Satz ist sehr viel Wahres dran.

»Marke Ich«

Eng mit der Positionierung verknüpft ist die Bildung einer eigenen Marke als Teil des Selbstmarketings. Nach zwei, drei, fünf Jahren wollen Sie für etwas stehen – wie Tempo für Taschentücher. Das bedeutet vor allem, dass Sie nach außen hin, für Ihre potenziellen Kunden, wiedererkennbar sind. Diese Wiedererkennbarkeit erreichen Sie vor allem durch eine geschickte Darstellung Ihrer Person, Ihrer Arbeit, Ihrer Leistung.

Freiberufler müssen sich eindeutig, einfach und unverwechselbar präsentieren, um erfolgreicher als andere zu sein. Sie müssen »markant« sein, am besten Markenzeichen haben. So wie der Trainer, der immer mit einem bestimmten Hut auftritt. Der Journalist mit der Zigarre. Der Anwalt, der immer einen roten Schal oder ein Tuch trägt.

Geben Sie sich nicht der Versuchung hin, Ihr Markenzeichen nach einiger Zeit auszutauschen. Nicht Abwechslung macht interessant, sondern Vertrauen, das eben auch durch gleichbleibende Dinge und Aktionen und Erscheinungsformen entsteht. In Nutella ist eben immer auch Nutella drin. Und bei Ihnen immer der Freiberufler XYZ, der immer *so und nicht anders* auftritt. So einfach ist das. Und das ist ein guter Punkt, um vom Markenzeichen zur Corporate Identity oder übersetzt zur »Unternehmenspersönlichkeit« zu wechseln.

Selbstmarketing-Stützen

Worte sind wichtig, aber Worte allein sind flüchtig. Jeder Netzwerker sollte deshalb Unterstützer für sein Networking konzipieren. Dies kann eine ganz besondere Visitenkarte sein, die auf der Rückseite Ihre Trainingsschwerpunkte aufführt, ein gutes Foto beinhaltet oder andere »Merkhilfen«. Nur schön gestaltet ist oft zu wenig. Ich merke das bei mir selbst, wenn ich mir meine Berge von Visitenkarten ansehe. Da gibt es sehr schicke, aber an den Mensch dahinter erinnere ich mich nicht, zumal ja überall nur Beratung, Training, Coaching draufsteht. Es sind Karten mit Symbolen, ungewöhnlichen Aussagen oder Elementen, die in mir auch das Bild an die Person dahinter wieder aufleben lassen. Und genau darum geht es ja.

Welche Unterlagen sonst noch in Frage kommen:

Giveaways

Nein, ein Kugelschreiber sollte es bitte nicht sein. Auch das Marzipanschwein mit Ihrem Namen wäre nur passend, wenn Sie mit der Konditoreibranche zu tun hätten. Ein Giveaway, das Sie wertvollen Kontakten beim Kennenlernen überreichen, sollte schon etwas Besonderes sein und eine Brücke zu Ihrem Thema schlagen. Eine

Beraterin schenkte mir einen Anhänger, auf dem »Erfolg« stand – so etwas merkt man sich. Ihr Kontakt wird sich leichter an Sie erinnern und Sie mit dem Giveaway verknüpfen. Es lohnt sich also, hier Ideen und Geld hineinzustecken.

Profil

Ein Profil ist eine Kurzübersicht Ihrer »Eckdaten«. Es sollte verschiedene Rubriken enthalten, die das schnelle Lesen erleichtern (z.B. mein Angebot, beruflicher Hintergrund, Stärken, mein Motto). Bei IT-Profis kommt noch eine Übersicht der wichtigsten Skills und der Projekte dazu. Viele behandeln Ihr Profil wie einen Lebenslauf – falsch! Das Profil kann Lebenslaufdaten enthalten, sollte aber vor allem zusammenfassen und komprimieren. Ihre Aufgabe: das Wichtigste für die Leser herausstellen.

Übergeben Sie Ihr Profil niemals direkt beim Kennenlernen. Schicken Sie es z.B. als Nachbereitung eines netten Gesprächs. Dies hat den Vorteil, dass Sie dadurch einen weiteren Kontakt erzeugen – und dies ist marketingtechnisch sehr viel sinnvoller, da Sie sich dadurch besser ins Gedächtnis Ihres Gesprächspartners einprägen. Sie haben zudem dann die Möglichkeit, eine persönliche E-Mail-Adresse sowie die direkte Durchwahl zu erfragen.

Dazu verfassen Sie ein nettes Anschreiben, das so oder ähnlich lauten kann und mit dem Sie nicht gleich explizit nach Aufträgen fragen, falls Sie dies nicht besprochen hatten. Erst einmal gilt es, den Kontakt anzuregen und noch nichts zu fordern:

> »Damit Sie wissen, mit wem Sie sich so angeregt unterhalten haben, schicke ich Ihnen gerne ein paar Informationen. Ich bedanke mich für den netten Abend und die freundliche Unterhaltung.«

Ein Profil besteht übrigens aus einer Übersichtsseite mit den Schlüsselargumenten, einer Übersicht über die Fachkenntnisse und einer Publikationsauswahl oder Referenzen. Es kann auch – das ist eine besondere Stilart – in Prosa verfasst sein und mit einem Motto oder einem Zitat beginnen. Setzen Sie ein Bild ein, nennen Sie Ihre Einsatzbereiche, Ihre Schwerpunkte, die berufliche Praxis, den beruflichen Hintergrund, möglicherweise Zertifizierungen.

Flyer

Für das bisschen mehr an Information einfach ideal. Sie sollten ihn aber nur überreichen, wenn ein potenzieller Direkt- oder Indirektkunde vor Ihnen steht. Bei vielbeschäftigten Menschen, die den Flyer höchstwahrscheinlich nur bis zum nächsten Papierkorb mit sich tragen, bietet sich der spätere Versand an – zusammen mit einem netten Brief, der Sie wieder positiv in Erinnerung bringt.

Internet

Auf vielen Vorträgen verweise ich inzwischen einfach auf meinen Weblog im Internet. So erhöhe ich den Traffic, also die Zahl der Besucher auf meiner Website. Zudem erreiche ich, dass sich mein Publikum mehrmals mit mir beschäftigt. Scripte am Ende eines Vortrags werden einfach mitgenommen und dann vergessen. Wer dazu aufgefordert wird, sich weitere Infos im Internet zu holen, hat einen intensiveren zweiten Kontakt. Mit Weblogs oder interessanten Inhalten auf Webseiten machen Sie zudem neugierig. Auch ein »dann treffen wir uns einfach über *XING* (siehe S. 156) wieder« kann helfen, mehr aus dem ersten Kontakt zu machen.

Auch eine nette Unterstützung für Ihr Selbstmarketing: Senden Sie eine Follow-up-Mail mit einem Link auf Ihre Website. Bedanken Sie sich für das Kennenlernen und bieten Sie mehr Informationen über sich im Internet an. Bitte immer in einem netten und höflichen Briefkontext, auch und gerade bei *XING*. Ich bekomme immer wieder Mails von Trainern und Berater, die ohne Grußformel »Ihr Vortrag gestern« schreiben und sich dann mit mir verlinken wollen.

Selbstmarketing-Regeln

§ 1 Nichts Negatives

»Ich kann gut reden, wirklich. Aber bei Vorträgen bin ich, glaube ich, nicht so gut.«

Stellen Sie sich vor, dieser Satz wäre in einem Erstgespräch gefallen. Sie haben von diesem Trainer noch nie etwas gelesen. Lassen Sie ihn auf sich wirken. Wom – das prägt sich so richtig ein. Der letzte Satz wird Sie aufhorchen lassen. Und er wird auch jeden potenziellen Auftraggeber abschrecken. Er wird zudem fast sicher verhindern, dass andere Sie für Vorträge weiterempfehlen. Und sehr wahrscheinlich infiziert dieser Satz: Wenn Sie schon bei Vorträgen nicht so gut sind, wie wird es erst im Training sein?

Auch wenn offene Geständnisse sympathisch wirken – mit Sympathie bauen Sie ein gutes Netzwerk auf und werden möglicherweise auch überall gern gesehen sein. Sie gewinnen damit aber keinen Auftrag. Wer Sie empfiehlt oder das erste Mal einsetzt, möchte sicher sein, dass Sie die Aufgabe lösen können. Und wer in der ersten oder zweiten Begegnung bereits Selbstzweifel bekundet, dem traut man das einfach nicht zu.

§ 2 Mit Worten Inhalte gestalten

Ein und dieselbe Vita kann durch das Weglassen von Fakten völlig anders wirken. Die Gestaltungsmöglichkeiten sind dabei reichhaltig. So können Sie mit entsprechendem Hintergrund als Magister Artium, Sprachwissenschaftler oder Anglist daherkommen. Sie können für ein »internationales Unternehmen aus dem B2B-Sektor« tätig gewesen sein oder waren »PR-Referent bei einem weltweiten Pharmakonzern«.

Nutzen Sie die Worte, die Ihnen helfen, die gewünschte Wirkung nach außen zu unterstreichen. Wenn Sie Physik studiert haben und inzwischen als Berater für die Pharmaindustrie schreiben, ist ein »abgeschlossenes Studium der Naturwissenschaften« möglicherweise marketingtechnisch schlauer, könnte die Physik in Bezug auf die Pharmaindustrie doch einige Fragezeichen erzeugen.

§ 3 Die Kunst des Weglassens

Oft kann es auch sinnvoll sein, Dinge nicht zu sagen. Das fängt beim Alter an, übrigens durchaus auch beim jugendlichen Alter. So ist es nicht immer von Vorteil, wenn sich jemand zu seinen 30 Jahren bekennt, der als Coach Fuß fassen will.

In mittleren Jahren kann es mitunter auch eine spannende Selbstmarketing-Strategie sein, den anderen »raten« zu lassen, gestatten viele Fotos und Lebensläufe doch mindestens zehn bis fünfzehn Jahren Interpretationsspielraum. Diesen bewusst zu nutzen, auch das ist Selbstmarketing.

Auch bestimmte Berufserfahrungen oder Vorbildungen müssen nicht erwähnt sein, wenn Sie nicht dazu beitragen, Ihr Selbstmarketing-Ziel zu stützen. Da Sie als Trainer und Berater Unternehmer sind, müssen Sie sich nicht an Konventionen halten und sind nicht zur typischen Lebenslaufchronologie verpflichtet. Wie Sie Ihre Vita aufbereiten, ist allein abhängig von Ihrem Ziel.

§ 4 Machen Sie es einfach

Auch die Sprache selbst können Sie im Sinne Ihres Selbstmarketings einsetzen. Dabei gilt eine einfache Regel: Komplexe Zusammenhänge und Sätze merkt sich niemand. Je einfacher und klarer Sie sich ausdrücken, desto einprägsamer sind Ihre Aussagen. Nutzen Sie Verben, einfache Bilder und vermeiden Sie abstrakte Substantive.

§ 5 Wiederholen Sie

Sagen und zeigen Sie ruhig dasselbe mehrmals, denn einerseits sind die meisten Menschen einfach sehr vergesslich. Andererseits machen Sie sich durch Wiederholung merkfähiger. Das sollte nicht auf platte Art und Weise geschehen, sondern intelligent und kundenorientiert. Beispiel: Sie haben einen Fachartikel oder ein Buch geschrieben. Nun weisen Sie Ihren Geschäftspartner darauf hin. Später schicken Sie ihm den Artikel oder das Buch mit freundlichem Gruß zu.

Oder: Sie schreiben unter jede E-Mail »ausgezeichnet mit dem XY-Preis für ABC«.

§ 6 Verknüpfen Sie mit Bildern

Wenn ein Mensch etwas hört und gleichzeitig sieht, prägt er es sich mit hoher Wahrscheinlichkeit ein – anders als wenn er etwas nur hört. Deshalb ist ein persönliches Logo sinnvoll. Verwenden Sie auch die eine oder andere Zeichnung in Ihren Konzepten oder Exposés.

Ihr Ziel ist es, »kleben« zu bleiben. Das schaffen Sie am leichtesten, wenn Sie Bilder in die Köpfe Ihrer Geschäftspartner malen. Indem Sie eine bildreiche Sprache verwenden, tun Sie einiges für Ihr Selbstmarketing. Hier können Sie sich gut am US-Markt und an bekannten Trainern wie Hermann Scherer orientieren, die besonders bildhaft sprechen und schreiben. Das merkt man sich einfach.

§ 7 Erfolgsstorys

Tue Gutes und rede darüber: Erfolgreich zu sein ist keine Schande. Im deutschsprachigen Raum ist Erfolg allerdings vorsichtig zu dosieren. »Verkäufer des Monats«, »Champions« etc. kommen bei uns eher als Lachnummern daher. Sehr wohl anerkannt sind aber Auszeichnungen, Publikationen in renommierten Zeitungen oder eigene Bücher. Auch Erfolge bei der praktischen Arbeit wollen erwähnt sein. Schildern Sie, wie Sie es geschafft haben, als Trainer eine völlig lahme Vertriebsmannschaft auf Trab zu bringen und deren Umsätze zu verdreifachen. Sagen Sie ruhig, dass Sie Dankesbriefe von Teilnehmern erhalten haben oder dass Sie sich über den freundlichen Händedruck des Vorstands, der sich für Ihre Beratung bedankt hat, besonders gefreut haben.

Versäumen Sie nicht, auch in E-Mail-Signaturen – das sind die Abspänne einer Mail – auf Links hinzuweisen, hinter denen sich Erfolgsgeschichten über Sie oder von Ihnen verbergen.

§ 8 Andere sprechen lassen

Wenn Sie einen neuen Zahnarzt suchen, zu welchem gehen Sie? Höchstwahrscheinlich nicht zu dem aus den Gelben Seiten. Auch nicht zu dem, der sich selbst angeboten hat. Stellen Sie sich vor, derselbe Zahnarzt hätte sich auf eine Mailinglistenanfrage »Suche Zahnarzt« von Ihnen gemeldet und sich selbst empfohlen. Gleichzeitig erhalten Sie die Empfehlung einer alten Bekannten, die Ihnen von Ihrem eigenen neuen Zahnarzt vorschwärmt. Zu wem gehen Sie? Ich wette: Sie schauen sich den Zahnarzt der Bekannten einmal näher an.

Die Empfehlung eines anderen wirkt wahre Wunder. Selbst wenn Sie wissen, dass jemand mit Ihren Kompetenzen gefragt ist: In dem Moment, in dem ein Vertrauter des Suchenden SIE empfiehlt, haben Sie den Auftrag fast schon sicher. Das wirkt einfach ganz anders, als sich selbst ins Zeug zu legen. Lassen Sie andere Menschen Kontakt zu Ihnen herstellen oder auf Ihre Existenz hinweisen, wann immer das möglich ist. Dies können Sie bewusst steuern, indem Sie mit festen Kooperations- und Netzwerkpartnern vereinbaren, sich gegenseitig zu empfehlen.

Kundenmeinungen wirken besser als Selbstbeschreibungen, Auszüge aus schriftlichen Referenzen untermalen prägnant, was Sie über sich sagen wollen.

Sich selbst verkaufen

Männer sind in meinen Seminaren schon Geschäftsführer, wenn sie noch vom Wohnzimmertisch aus arbeiten und keinen einzigen Kunden hatten. Frauen haben auch nach einem Jahr oft »gerade angefangen, freiberuflich tätig zu sein«.

Und so sind es gerade die Frauen, die Schwierigkeiten damit haben, »sich zu verkaufen«. Das gehört zum Selbstmarketing nämlich dazu. Sie weisen lieber direkt und schon in der ersten Kontaktphase auf Einschränkungen hin: auf die noch nicht so große Erfahrung zum Beispiel. Kontakt ja – aber sich wirklich in einem positiven Licht darstellen und selbst loben? Sollten Sie Schwierigkeiten damit haben, fragen Sie sich, warum.

Die männlichen Fehler liegen meist woanders: Da wird auf den Putz gehauen, echte Stärken gehen dabei aber unter. Es fehlt auch hier an Bewusstheit über Kernkompetenzen. Entsprechend verstehen es nur wenige, ihr Geschäftsmodell überzeugend und verständlich zu beschreiben.

Eine gute Übung liegt darin, sich seine Kompetenzen bewusst zu machen und diese auch verbal auszuschmücken. Verzichten Sie auf abstrakte Adjektive und umschreiben Sie die Dinge möglichst konkret. »Ich kann einfach unheimlich gut auf Menschen zugehen und werde sofort mit ihnen warm« ist etwas ganz anderes als »kommunikativ«. »Mir fällt es ausgesprochen leicht, meine Arbeit zu strukturieren und mit Blick auf Zeitplan und Budget durchzuziehen, da bin ich knallhart« bedeutet etwas komplett anderes als »organisationsstark«. »Ich bringe die Teilnehmer in meinen Trainings dazu, am Ende auch völlig ungewöhnliche Dinge zu tun, etwa durch den Raum zu tanzen« sagt, dass Sie Ihre Sache gut machen und ist viel mehr als »didaktisch-methodisch erfahren«. Durch das bildhafte Beispiel verankern Sie Ihren Erfolg zudem im Kopf des Gesprächspartners.

Denken Sie immer daran, dass gerade neue Kontakte nur einen kleinen Ausschnitt von Ihnen erlebt haben – und zwar den, den Sie zeigen und bewusst präsentieren. Da ist es einfach falsch, auf Schwächen hinzuweisen, auch wenn dies in anderen Zusammenhängen von Größe zeugt. Bei neuen Kontakten müssen Sie Vertrauen erst einmal pflanzen und vorsichtig großziehen.

Das legt nahe, dass Sie sich selbst in einem guten Licht darstellen sollten, ohne gleich dabei herumzuprotzen:

- besondere Fachkompetenz betonen
- besondere Erfahrung hervorheben
- auf Empfehler Bezug nehmen, die der Gesprächspartner kennt und schätzt: »XYZ wird Ihnen bestätigen ...«
- Referenzen nennen
- sagen, was Sie können

7.3 Networking

»Beziehungen schaden nur dem, der keine hat« sagt ein viel zitierter Spruch. Und wer die Augen offen hält, erlebt von Kindheit an die Bedeutung von Beziehungen. Später ermöglichen Beziehungen Karrieren, die mit Leistung unmöglich erklärbar sind. Es ist ganz einfach: Networking sorgt für gute Beziehungen. Und gute Beziehungen sorgen für Erfolg. Selbstständige Trainer, Berater und Coachs sind darauf geradezu angewiesen, denn herkömmliche Werbemaßnahmen wie Anzeigen funktionieren bei ihnen nicht. Ihre Dienstleistung wird außer vom Einkauf, der in der Praxis nie entscheidet, sondern bestenfalls kontrolliert, nicht auf der Sachebene »gekauft«, sondern auf der Beziehungsebene.

Viele Bücher zum Thema Networking (z.B. Hermann Scherer: *Wie man Bill Clinton nach Deutschland holt*, Campus 2006) nennen eine angeblich wissenschaftliche Zahl, die belegt, dass Beziehungen alles sind. Demnach sind

- 10 Prozent des Erfolgs Wissen bzw. Können,
- 30 Prozent Selbstdarstellung und
- 60 Prozent Beziehungen.

Ich bin sicher, dass die Werte in die richtige Richtung weisen. Ich denke zudem, dass die Bedeutung der Selbstdarstellung mitunter sogar noch höher anzusetzen ist. Und dass schließlich alles zusammengehört und stufenweise aufeinander aufbaut. Um sich selbst gut darstellen zu können, benötigt jeder eine Mindestportion Wissen. Hohlköpfe und Schaumschläger werden schnell als solche identifiziert werden, auch wenn es auch immer wieder Beispiele gibt, bei denen hinter der aufgemotzten Fassade ein großes Nichts wartet. In der Regel wird dies aber früher oder später entdeckt.

Gute Selbstdarstellung baut also meist eben nicht auf geistigen Hohlräumen, sondern auf Wissen oder Können auf und ist wiederum die beste Basis für Beziehungen. Schließlich möchten die meisten Menschen sich lieber mit erfolgreichen Kollegen und Bekannten schmücken als mit »Losern« …

Ein weiterer Aspekt: Je höher eine Person geklettert ist, umso weniger wichtig scheint Wissen zu sein. Aber um hochzuklettern, muss man schließlich irgendwann einmal mit dem Klettern anfangen. Und ganz ohne zu wissen, auf welche Sprosse man den ersten Fuß setzt, ganz ohne eine Wissensbasis funktioniert das sicher nicht. Seien Sie also beruhigt: Ihr Know-how können Sie immer gut verwenden, es ist die Basis. Oft entsteht die erste der sieben Stufen zum Erfolg durch einen Kontakt, der Ihr Wissen erlebt hat oder aus nächste Nähe zu schätzen weiß.

Networkinggesetze

Sie stehen nirgendwo geschrieben, und doch sind sie ein ehernes Gesetz: die Regeln beim Netzwerken. Wer sie nicht kennt, kommt über den Status einer losen Bekanntschaft nie hinaus. Die wichtigste Regel lautet dabei: Erst geben, dann nehmen. Wenn Sie andere unterstützen, werden diese Ihnen auch helfen. Dabei gilt es jedoch, für beide Seiten das richtige Maß zu finden. Die Unterstützung darf nicht in der kostenlosen Bereitstellung der eigenen Dienstleistung liegen – diese muss beim Geben tabu sein. Kontakte, Links, Tipps, Hinweise, ein Anruf, eine Empfehlung: Solches Geben ist erlaubt. Wenn Sie hingegen die erste kostenlose Beratung durchführen, ist ein unausgesprochener Grad überschritten – mit Networking hat dies nichts mehr zu tun. Auch Sie sollten dies beherzigen und von anderen nicht zu viel verlangen: Vom Arzt keine Abenddiagnose, vom Computerfachmann keinen Hausbesuch.

§ 1 Du sollst erst geben, dann nehmen.

Abs. 1: Nimm nie die ganze Hand, wenn ein Finger gereicht wird.

Abs. 2: Erkenne virtuelle Grenzen.

§ 2 Denke immer an den Nutzen des anderen zuerst.

Abs. 1: Sei kreativ dabei, für sie oder ihn Hilfen zu finden.

Abs. 2: Handle sofort, wenn du eine gute Idee hast, sonst ist sie vergessen.

§ 3 Du sollst dich immer für Unterstützung bedanken.

Abs. 1: Dies kann schriftlich oder mündlich erfolgen.

§ 4 Du sollst Grenzen beachten.

Abs. 1: Du kannst als Existenzgründer nicht gleich in ein Startrainer-Netzwerk eintreten.

§ 5 Du sollst immer an deine wichtigsten Netzwerkpartner denken.

Abs. 1: Mehrmals im Jahr solltest du dich melden.

Abs. 2: Du kannst dabei alle Medien nutzen, am besten gemischt (Telefon, E-Mail, Brief).

§ 6 Du sollst neugierig sein und interessiert.

Abs. 1: Schreibe dir wichtige Fakten zu deinen Kontakten am besten auf.

Abs. 2: Erkundige dich regelmäßig nach den neuesten Entwicklungen bei deinem Kontakt.

§ 7 Du sollst Kontakte vernetzen.

Abs. 1: Überlege immer, wer zu wem passt und wer wem Nutzen bringen könnte.

Weitere Regeln sind optional. So gibt es Empfehlungen, auf Veranstaltungen nie länger als fünf Minuten mit einer Person zu sprechen. Hier wird eindeutig auf Quantität der Kontakte gesetzt – ich halte nichts davon. Es widerspricht auch dem Spaß-Faktor. Wenn ich Lust habe, mit jemandem länger zu reden, tue ich das einfach.

Sinnvoller ist die Regel, auf Veranstaltungen nie oder eher wenig mit denen zu reden, die man schon kennt. Setzen Sie sich einfach zu fremden Personen und reden Sie mit diesen. Dies ist die beste Methode, Kontakte zu sammeln – ob diese Sie weiterbringen, werden Sie dann sehen. Aber nicht vergessen, sich Bemerkungen auf der Visitenkarte zu notieren, sonst ist das Gespräch zu rasch vergessen und ein vielleicht wichtiger Anknüpfungspunkt für die Zukunft verloren.

Networking im Marketingmix

Was viele nicht wissen: Networking ist Teil des Marketings. Für Freiberufler ist es geradezu ein Marketing-Essential.

Und wie alle anderen Marketingmaßnahmen, etwa die Werbung oder die Public Relations, verträgt Networking keinen operativen Aktionismus. Es braucht eine Strategie, die mit der Definition eines Marketingziels beginnt, worin das Networkingziel einen Teilbereich darstellt.

Netzwerke sind dichtmaschige Gebilde. Sie wachsen an bestimmten Ecken, führen dort aber zu deutlich mehr Dichte als andere Marketingmaßnahmen – eben weil es um Beziehungen geht. Es kommt deshalb auch schneller zu Aufträgen.

Allerdings gibt es hier wie überall sonst auch ein Risiko. Wer Aufträge rein oder überwiegend über Netzwerke bezieht, überlässt zwangsläufig viel dem Zufall. An die richtigen dicken Fische und Unternehmen kommt man schwer heran. Anders sieht es aus, wenn Sie eine sehr klare und branchenbezogene Positionierung haben, beispielsweise als Spezialist für Arbeitsrecht in der IT oder als Trainer für den Managementnachwuchs in der Gastronomie. Hier sind die passenden Netzwerke mit entsprechenden Mittelstands- und Berufsverbänden schnell ausgemacht. Je »höher« Sie streben, desto weniger eignen sich die üblichen Netzwerke. Elitäre Clubs auf der anderen Seite werden Sie noch nicht aufnehmen. Kontakte müssen also z.B. durch Direktansprache entstehen oder über einen Verbindungsmann geknüpft werden.

In der Regel ist es aber bei einer schwerpunktmäßig auf das Netzwerk ausgerichteten Strategie so: Aufträge entstehen aus dem Bedarf der Netzwerkmitglieder, je bunter deren Zusammensetzung, desto bunter die Aufträge. Beispiel: Wenn ich Seminare für mehr Werteorientierung in Unternehmen verkaufe, so ist es ein Zufall, wenn ich über zwei Netzwerkecken schließlich bei einer renommierten Krankenkasse lande. Wünsche ich mir jedoch zehn Dax-100-Kunden, so muss ich mir schon etwas anderes einfallen lassen – in der Regel ist das, sofern niemand den Kontakt herstellen kann, dann doch eine clevere Form der Direktansprache.

Ihr Angebot an das Netzwerk

Sie wissen: Effektives Netzwerken fängt mit dem Geben an. Doch was haben Sie zu bieten? Oft scheitert es schon an dieser Frage. Und nicht selten höre ich: Ich habe doch nichts, kann nichts, weiß nichts. Leider sehr oft von Frauen. Oder: Ich kann doch nicht XY um etwas bitten, weil ich nichts dagegensetzen kann.

Das stimmt ganz sicher nicht. Jeder kann etwas, und jeder kann etwas bieten. Dies kann ein Tipp sein, eine praktische Hilfe oder einfach das Herstellen eines Kontakts. Vielleicht können Sie ganz besonders gut Korrektur lesen oder haben einen Blick für eine klare Werbesprache. Möglicherweise haben Sie Erfahrung mit einem bestimmten Unternehmen und können sie mit einem Netzwerkpartner teilen, damit dieser vor unangenehmen Überraschungen gefeit ist.

Bevor Sie sich ans aktive Netzwerken machen, sollten Sie sich Ihrer Stärken bewusst werden und überlegen, was Sie selbst einbringen können und wollen. Dies sollte möglichst nichts mit Ihrer Dienstleistung an sich zu tun haben. Ihre Beratung, Ihr Training, Ihr Coaching sollten Sie nur in Ausnahmefällen kostenlos anbieten. Sonst besteht die Gefahr, dass Sie deren Wert in den Augen der anderen mindern. Das gilt auch für Tauschgeschäfte, die unter Existenzgründern sehr verbreitet sind. Stellen Sie Ihre Beratungs- oder Coachingleistung lieber von Anfang an in Rechnung, damit andere sie auch entsprechend wertschätzen.

Nein, Ihr Angebot an das informelle oder formelle Netzwerk sollte nicht die direkte Dienstleistung sein, kann aber sehr wohl damit in Zusammenhang stehendes Know-how betreffen. Dieses weiterzugeben ist eine sinnvolle Sache und fördert den Netzwerkgedanken. Keine Sorge, dass Sie damit »Pulver verschießen«: Auch wenn Sie in manches Geheimnis einführen, wird Ihr Wissensvorsprung immer noch groß genug sein. Schließlich arbeiten Sie stets daran, Ihr Wissen zu vertiefen – nicht wahr?

Was können Sie einem Netzwerk bieten?

Wissen zu:

Erfahrung:

Folgende persönliche Fähigkeiten:

Praktische Unterstützung:

Zeiteinsatz:

Beziehungen:

Ihre »Forderung«

Nina kannte sich überhaupt nicht aus mit der Tourismusbranche. Nun musste sie für einen Beratungsauftrag einige Interna wissen, z.B. wie in der Branche Kontingente gebucht und vergeben werden. Neulich hatte sie an einem Stammtisch eine Insiderin kennengelernt, sie war dort Gast ... Aber durfte sie sie ansprechen? Nina traute sich nicht. Dabei hatte sie der Dame schon einen Link mit einer Adresse zugesteckt, der Adresse eines guten Fotografen, denn den suchte die Tourismusfrau gerade.

Nehmen fällt manchen noch viel schwerer als geben. Die Bittstellerposition ist in Deutschland sehr unbeliebt. Die Folge davon ist, dass manch einer sich lieber stundenlang mit etwas herumquält, als einmal einen Experten zu fragen, den er kennengelernt hat, aber noch nicht gut genug ...

Nina hätte es wagen sollen. Es ist in Ordnung, um Hilfe und Unterstützung zu bitten, vor allem, wenn man dann auch ein »Nein« respektiert (was sehr wahrscheinlich gar nicht kommt) und eine Gegenleistung anbietet, mindestens aber ein Dankeschön. Es ist erst recht in Ordnung, wenn man auch schon etwas gegeben hat.

Und wenn nicht? Es ist geradezu unmöglich, ein zu jedem Zeitpunkt völlig ausgewogenes Verhältnis zwischen Geben und Nehmen herzustellen. Entscheidend ist Ihre Bereitschaft zu helfen, wenn es denn so weit wäre. Diese spürt der andere unterschwellig, dahingehend sollten Sie sich prüfen.

Dies scheint allerdings dem ersten Paragrafen des Networkinggesetzes zu widersprechen. Sicher ist es sinnvoll, erst einmal in »Vorleistung« zu treten. Aber manchmal braucht man den Rat eines neuen Bekannten eben früher. Dafür gibt es dann § 3.

Empfehlungsmarketing

Networking und Empfehlungsmarketing gehören zueinander, denn Networking schafft die Basis, Ihre Dienstleistung bekannt zu machen. Die Empfehlung ist ein nächster Schritt. Doch nicht immer reicht eine erstklassige Leistung aus, um weiterempfohlen zu werden. Nicht jeder Mensch gibt, auch wenn ihm besonders Gutes widerfahren ist, seine guten Erfahrungen sofort und freiwillig weiter. Das hängt mit der Persönlichkeit zusammen, aber auch mit dem Produkt oder der Dienstleistung selbst. Dass man bestimmte Beratungsleistungen in Anspruch genommen hat oder sogar Therapie, ist z.B. oft noch ein Tabu.

Deshalb müssen Sie die Motivationen und Hürden für die Weiterempfehlung kennen. Vor allem aber sollten Sie wissen, wie Ihr Kunde über Empfehlungen generell denkt. Hier bietet sich bei vorhandenen Kunden eine Umfrage an. Gründen Sie Ihr Unternehmen erst, befragen Sie die potenziellen Kunden.

Fragen Sie konkret, was den Kunden grundsätzlich bewegt, ein Unternehmen wie Ihres weiterzuempfehlen. Fragen Sie ihn auch, was ihn daran hindert oder hindern könnte. So kann ein Kunde generell nichts von Empfehlungen halten, weil er der Ansicht ist, dass jeder seine eigenen Erfahrungen machen sollte. Mit diesen Antworten erhalten Sie eine wertvolle Basis, um Ihr Empfehlungsmarketing in die richtigen Maßnahmen umzusetzen. Aus der Antwort könnten Sie etwa das Angebot einer Schnupperberatungsstunde für Bekannte Ihrer Kunden ableiten.

Ganz wichtig ist es, die Branchenschwächen zu kennen, um im Empfehlungsmarketing besser zu werden.

Beispiele:

- Steuerberater sind keine Berater, sondern Steuerverwalter
- Rechtsanwälte scheren sich nicht um das Recht der kleinen Kunden
- Designer haben kein Gefühl für Texte und wollen sich nur selbst verwirklichen
- Softwareentwickler sind kettenrauchende Zeilencodetipper
- Ärzte interessiert nur das Geld
- Übersetzer kennen sich doch im Fachbereich x nicht aus
- etc.

In diesen branchenspezifischen Schwächen steckt Empfehlungspotenzial für Ihr Unternehmen. Denn: Wenn die meisten Konkurrenten *so* wahrgenommen werden, müssen Sie *anders* sein, um dann als Ausnahme empfohlen zu werden.

Beobachten Sie:

- Worüber klagen Kunden am häufigsten, wenn sie über Ihre Branche sprechen?
- Was sind die besten, erfolgreichsten Beispiele Ihrer Branche? Was die schlechtesten?

Fallbeispiel
Ein schleswig-holsteinischer Arzt lädt seine Patienten monatlich zu einem Gesundheitsstammtisch ein. Dabei referieren Spezialisten, Patienten können Fragen stellen, sich kennenlernen und vernetzen. Der Stammtisch spricht sich herum. Der Arzt wird als Mediziner bekannt, der sich wirklich um die Belange der Patienten kümmert und dem es nicht nur um Geld geht, sondern vor allem um die Gesundheit seiner Patienten.

7.4 Pressearbeit

Pressearbeit ist ein Teil der sogenannten Public Relations und für Freiberufler mit direkten Kunden außerordentlich bedeutsam. Hierbei gilt allerdings die Regel: Steter Tropfen höhlt den Stein. Ein einzelner Artikel, in dem Sie erwähnt werden, bringt nichts, Sie müssen immer mal wieder präsent sein. Das erreichen Sie z.B. durch eine eigene Kolumne, in der Sie Rat geben – ideal für Anwälte, Psychologen, Unternehmensberater. Sie erreichen es durch regelmäßige Fachartikel. Und indem Sie immer als Ansprechpartner da sind, der im Abstand von zirka sechs Wochen etwas »Neues« zu bieten hat.

Wer denkt, Pressearbeit würde sofortigen Nutzen bringen, irrt gewaltig. PR ist eine Daueraufgabe. Sie muss permanent betrieben werden, damit Sie irgendwann den Nutzen feststellen. Und dieser ist selbst dann nicht direkt messbar.

Ich kann das aus eigener Erfahrung berichten: Es gibt wohl kaum einen Sender, kaum eine Zeitschrift oder Zeitung, in der ich noch nicht erwähnt worden bin. Direkte Effekte konnte ich nur aus den sehr persönlichen Berichten ziehen. So war vor Jahren in der Zeitschrift *petra* ein längerer Bericht. Eine Dame hatte anonym mein Coaching getestet. Danach stand das Telefon lange nicht still. Interviews und Zitate von mir bringen dagegen oft erst mit langem Abstand etwas: dann nämlich, wenn ein Leser noch auf anderen Wegen auf mich getroffen ist. Dann sagt er z.B. »Ich habe von Ihnen etwas gelesen ... nun fragen Sie mich bitte nicht, wo. Und neulich sprach mein Bekannter Soundso über Sie.« Der Mensch braucht immer mehrere Kontakte, vier bis sieben, sagen Marketingprofis – das gilt jedenfalls, wenn nicht eine persönliche Story so bewegt, dass sich ein Leser direkt angesprochen fühlt. So prominent werden Sie allerdings selten dargestellt werden. Sie müssen also öfter von Ihrer Zielgruppe gelesen, gesehen, gehört werden. Je komplexer Ihre Dienstleistung ist, desto länger dauert ein solcher Prozess. Wer nicht direkt nach Ihnen sucht, braucht seine Zeit, bis er mit Ihnen warm wird. Und Pressearbeit ist das geeignete Mittel, um warm zu werden.

Doch wie funktionieren Public Relations, wie der gesamte Bereich der Öffentlichkeitsarbeit fachmännisch heißt? Fragen Sie sich dazu zunächst einmal, wie die Presse tickt. Welche Nachrichten sind interessant genug für Meldungen, Berichte, gar Reportagen? Selten geht es um Sie, oft um aktuelle Themen, neue Herangehensweisen, um einen Nutzwert für die Leser.

- Scannen Sie die Medien, die Ihre Zielgruppe liest.
- Entdecken Sie Rubriken, in die Sie passen.
- Schreiben Sie sich den Namen des verantwortlichen Redakteurs heraus.
- Entwickeln Sie Ideen, wie Sie sich in welche Themen einbringen können.
- Entwickeln Sie Ideen für pfiffige Pressemitteilungen mit wirklichem Newscharakter. Senden Sie alle sechs Wochen, mindestens aber vier Mal im Jahr eine solche Meldung.

Typische Anlässe für Sie:

- Ein neues Buch passt zu dem, was Sie zu sagen haben.
- Im Heft ist ein Schwerpunktthema, dem Sie etwa sehr Intelligentes hinzufügen können, das von großem Nutzwert für die Leser ist.
- Sie haben eine ganz neue Herangehensweise.
- Sie haben eine Idee für ein Thema und können gleich jemanden nennen, der sich als Fallbeispiel eignet.
- Sie bieten etwas, das zur Jahreszeit passt.
- Sie haben eine sehr persönliche Geschichte anzubieten.

PR ist ein zeitaufwendiger Job, der vor allem von Kontakten lebt – und auch Erfahrung fordert. Deshalb sollten Laien sich nicht selbst an diesem Thema versuchen, wenn sie das Geld für Profis haben.

- Lassen Sie sich nicht ganze Texte vorlegen, sondern nur Ihre Zitate. Das ist so üblich, es sei denn, es handelt sich um ein 1:1-Interview.
- Behandeln Sie den Journalisten nicht wie Ihren persönlichen Werbebeauftragten. Er hat ein ganz anderes, eigenes Interesse – und wird sich womöglich über Sie ärgern, wenn Sie sich allzu sehr einmischen.
- Geben Sie alle denkbare Unterstützung, um sicherzustellen, dass Ihr Name und die Website richtig geschrieben sind.

- Liefern Sie Informationen, um zu helfen. Und vergessen Sie Ihr Foto nicht. Um Wiedererkennbarkeit zu gewährleisten, sollte möglichst immer dasselbe in allen Medien erscheinen.

Pressearbeit Schritt für Schritt

Fragen Sie sich erst einmal: Warum wollen Sie eigentlich, dass die Medien über Sie berichten?

- Weil Sie auf Ihr Unternehmen aufmerksam machen wollen,
- weil Sie den Umsatz steigern wollen,
- weil Sie Ihren Namen bekannt machen wollen,
- weil Sie Kunden oder neue Mitglieder gewinnen wollen,
- weil Sie auf Ihre Dienstleistungen aufmerksam machen möchten.

Nun fragen Sie sich: Warum berichten Medien über Sie?

- Weil Sie sich sozial oder regional engagieren,
- weil Sie einen Preis gewonnen haben,
- weil Ihre Dienstleistung einzigartig und neu ist,
- weil Sie etwas Ungewöhnliches tun,
- weil Sie Experte sind und zu einem Thema etwas sagen können,
- weil Sie das Ergebnis einer Studie publizieren,
- weil Sie eine interessante Veranstaltung anbieten,
- weil Sie ein Buch geschrieben haben,
- weil Sie eine Rede gehalten haben,
- weil Sie in einem Gremium sitzen oder Vorsitzender eines Vereins sind (zusätzlich zu Ihrem Unternehmen),
- weil Sie eine neue wissenschaftliche Erkenntnis, eine neue Methode, einen neuen Ansatz haben,
- (...)

Bitte beachten Sie: Die Presse ist kein Werbeorgan. Sie haben nicht das Recht, Texte vor dem Erscheinen gegenzulesen; Sie haben auch nicht das Recht, Formulierungen einzufordern, weil Ihnen andere besser gefallen. Die Autorisierungspflicht bezieht sich *nur* auf Interviews. Sie haben natürlich kein Recht auf Berichterstattung: Wenn die Medien Sie uninteressant finden, werden Sie sie auch nicht erwähnen. Es empfiehlt sich also, ein gutes Verhältnis aufzubauen.

Setzen Sie Journalisten nicht unter Druck und sehen Sie von Beschwerden ab. Erpressen Sie die Redakteure nicht damit, dass Sie ein Anzeigenkunde sind. Umgekehrt darf der Redakteur Ihnen kein Kopplungsgeschäfte anbieten: Verleger und

Redakteure müssen klar zwischen redaktionellem Text und Veröffentlichungen zu werblichen Zwecken trennen. Bedenken Sie bitte: Sie profitieren immer davon, einen guten Draht zur Presse zu haben!

Ihre Verantwortung:

- Schalten Sie Anzeigen, so kann nicht im Gegenzug positive Berichterstattung eingefordert werden (Verbot von Kopplungsgeschäften)
- Liefern Sie keine irreführenden Selbstdarstellungen (Gesetz gegen den unlauteren Wettbewerb)
- Verzichten Sie auf üble Nachrede (Beispiel: ein Firmeninhaber behauptet einfach so, sein Konkurrent sei »korrupt«). Finden sich Verleumdungen und Beleidigungen, so wird häufig der ganze Text nicht genommen. Das gilt auch für Texte, die zu stark werblich sind!
- Liefern Sie nur Material, das auch zur Veröffentlichung freigegeben ist: Fotos mit Namen der Personen gelten als Einverständnis, die Fotos auch zu drucken. Stellen Sie also sicher, dass die abgebildeten Personen einverstanden sind.

Nun fragen Sie sich: Was interessiert die Journalisten an meiner Tätigkeit oder an mir?

- Informationen, die neu und für die Leser, Hörer, Zuschauer ihres Verbreitungsgebietes direkt (Regionalität) von Bedeutung sind
- Informationen, die einen gesellschaftlich, menschlich oder emotional ausschlaggebenden Aspekt haben (Sie öffnen Ihre Kosmetikpraxis einmal im Monat für Obdachlose/Sie spenden einen Monat lang einen Euro für jedes verkaufte Produkt für Erdbebenopfer in Pakistan/Als Immobilienmakler haben Sie für ein lange leer stehendes Geschäftshaus eine Supermarktkette gewinnen können)
- Projekte, eine ungewohnte Verbindung von Bekanntem (Beispiel: Sie eröffnen eine offen zugängliche Anwaltspraxis in einer Fußgängerzone
- Ereignisse/Projekte/Dinge, die sich von der Norm unterscheiden/die in irgendeiner Form dramatisch oder kurios sind (Beispiel: Sie sind Coach, arbeiten aber anders als die Kollegen mit Mensch-ärgere-Dich-nicht-Figuren)

Ihre Nachrichten:

- Einmalige Ereignisse (das kann ein Kunde sein, den Sie als Fachmann der Öffentlichkeit präsentieren wollen, beispielsweise der spektakuläre Betrugsfall eines Anwalts/der außergewöhnliche Heilerfolg einer Ayurveda-Expertin »Ayurveda gab mir mein Haar zurück«)

- feststehende Ereignisse wie Jubiläen, Messen, Tage der offenen Tür etc. (anlässlich der Buchmesse bieten Sie als Fachmann der Gesundheitsredaktion Ihrer Tageszeitung an, die wichtigsten Neuerscheinungen im Bereich »Positives Denken« vorzustellen)
- wiederkehrende Ereignisse wie Zeugnisse, Urlaub, Weihnachten (als Expertin geben Sie Diät-Tipps zum Jahresanfang/Tipps gegen Heuschnupfen mit Neurolinguistischer Programmierung im Frühjahr)
- gesellschaftliche Themen, die in Bezug zu Ihrer Tätigkeit/Ihrem Unternehmen/Ihrem Verband stehen (Sie sind Anwalt und laden zu einem Vortrag über grundlegende Änderungen im Mietrecht ein)
- künftige Themen der Branche, Sie haben Experten im Haus, die sich mit der Zukunft der Branche oder Studien über die Branche befassen, und wagen einen Blick in die Zukunft
- Zusammenschluss mit Vertretern ähnlicher Interessen, um ein Thema in die Medien zu bringen (Beispiele: Gesundheitstage)
- Sie präsentieren Ihre Dienstleistung in neuem Licht (Kochrezepte mit Ofen-Chips, eine physiotherapeutische Praxis – neuerdings mobil)
- Sie stellen Ihr Produkt in direktem Zusammenhang mit sozialem Engagement (für einen Liter gekauftes Mineralwasser spendet die Kanzlei einer Hilfsorganisation einen Brunnen in einem Entwicklungsland)

Tipp: Anbieten von Themen

- Orientieren Sie sich an Ihrem Ziel und sprechen Sie Nachrichtenagenturen, Tageszeitungen, Fachblätter, Radio, Fernsehen, Internetmedien oder einzelne Autoren (freiberuflich tätige Journalisten) gezielt an.
- Überlegen Sie sich vorher, in welcher Rubrik, Sendung »Ihre« Nachricht platziert werden könnte, und erkundigen Sie sich in der Zentrale nach dem richtigen Ansprechpartner (oder sehen Sie im Impressum nach).
- Bieten Sie einen Autorenbeitrag für ein Fachmagazin an, auch wenn Sie dafür in aller Regel kein Geld bekommen.
- Der richtige Zeitpunkt: Beachten Sie Produktionsrhythmen, fragen Sie Ihren Gesprächspartner, ob er Zeit für Sie hat, oder vereinbaren Sie einen Telefontermin zur Präsentation des Themas.
- Welches Ziel haben Sie? Vereinbaren Sie einen Gesprächstermin, die Zusendung von Unterlagen, ...

7.5 Internet

Jeder Freiberufler braucht eine Website, auch ein freier Mitarbeiter. Während Freiberufler mit Zielgruppe Privatkunden oder Firmenkunden die Website zur Kundengewinnung nutzen, dient sie dem freien Mitarbeiter als Marketingunterstützung, lassen sich dort doch z.B. Werbematerialien hinterlegen.

Eine erfolgreiche Website sollte …

- in den Suchmaschinen unter den relevanten Schlüsselbegriffen zu finden sein
- eine hohe Nutzerorientierung besitzen
- optimal in Marketingmaßnahmen eingebunden sein (z.B. Link in Anzeige)

Legen Sie zunächst das Ziel Ihrer Website fest. Eine Website ist nicht einfach eine Website. Fragen Sie sich: Soll die Website Ihrem Imageaufbau dienen, Sie im Internet auffindbar machen oder aktive Kaufunterstützung leisten? Möchten Sie ein bestimmtes Thema »besetzen« – und sich selbst dabei an dieses Thema »hängen«?

Wenn Sie nicht nur sich selbst darstellen, sondern auch verkaufen wollen, planen Sie bitte gleich ein deutlich höheres Budget ein. Sie müssen eine Verkaufsseite ständig aktualisieren und auf den neuesten Stand bringen. Informieren Sie sich dann auch gleich über Content-Management-Systeme, die Sie unabhängig von Ihrer Agentur machen – die bei ständiger Aktualisierung sehr teuer werden kann, außerdem selten zeitnah aktualisieren wird.

Meine Website hat das Ziel:

____

____

____

____

Werden Sie sich dann klar darüber, wer Ihre Website ansehen soll und wie diese Zielgruppe ihre Website nutzen will. Falls Sie mehrere Zielgruppen ansprechen – also etwa Firmen und Privatpersonen –, planen Sie entweder zwei verschiedene Auftritte oder unterschiedliche Bereiche mit jeweils eigenen Informationen auf einer Website. Liegt die Ansprache für die verschiedenen Zielgruppen sehr weit auseinander, so empfehlen sich zwei Internetpräsenzen.

Die Zielgruppen meiner Website sind:

Welcher Eindruck von Ihnen soll entstehen? Wie wollen Sie wirken? Wenn Sie nicht nur die Ein-Mann-Show »abziehen« wollen, empfiehlt es sich, das Projekt gleich größer anzulegen und über »uns« zu sprechen. Dies macht Sinn, wenn Sie ohnehin planen zu expandieren. Schön, wenn Sie bei einer solchen Seite auch mindestens einen Mitarbeiter mit Foto und kurzer Vita zeigen können.

Das Kommunikationsziel umfasst aber auch Fragen wie:

- Wie möchten Sie wirken? Eher leger, locker oder konservativ?
- Möchten Sie Männer oder Frauen oder beides ansprechen?
- Welche Gehaltsklasse haben diese und auf welche Statussymbole legen sie Wert (oder eben nicht)? Hier sind weniger Worte als vielmehr Bilder entscheidend: Ein Foto zeigt, dass Sie »dazugehören« – einfach durch die Art Ihres Auftritts.

Was drücken Sie durch Farb- und Formwahl aus? Orange wirkt modern, blau konservativ und traditionell. Rund ist weich und eckig »härter«. Wählen Sie eine Illustration, so seien Sie sich bitte dabei bewusst, dass diese eine Menge Persönlichkeit von Ihnen in sich trägt … Also am besten: eine Kommunikationsberatung einschalten!

Die Kommunikationsziele meiner Website sind:

Im nächsten Schritt überlegen Sie, welche Inhalte Sie transportieren wollen. Eine Selbstdarstellung gehört ebenso zum Standard wie ein paar verkaufsfördernde Worte zu Ihrer Person und Ihrem Lebenslauf. Referenzen sind oft sinnvoll – sofern Sie diese nennen dürfen oder sollten. Wenn Sie bei Finanzdienstleistern oder in geheimen Revisionsprojekten arbeiten, gehört Schweigen zum Handwerk. Auch Outplacer und Personalberater müssen nicht unbedingt mit den Kundennamen hausieren gehen.

Mit »Goodies« wie Artikeln, Tests, Studien und Interviews können Sie auch Menschen auf Ihre Webseite locken, die sich erst einmal gar nicht für Sie, sondern nur für den Beitrag interessieren. Sie erhöhen durch viele zusätzliche Informationen auch Ihre Präsenz bei Google und verbessern Ihr Ranking in Suchmaschinen.

Foren sind nur dann empfehlenswert, wenn Sie als Experte sehr bekannt sind und Ihre Website einen weitreichenden Ruf hat – andernfalls schadet ein leeres und ungepflegtes Forum mehr, als es nützt. Denken Sie auch über einen Blog nach (siehe Seite 156).

Die Elemente meiner Website sind:

____

____

____

____

Tipps für Ihre Internetpräsenz

- Legen Sie größten Wert auf Übersichtlichkeit! Eine Website, die unstrukturiert und unkomfortabel ist, lässt die Besucher schnell zur Konkurrenz surfen, um dort das Gesuchte zu finden. Darüber hinaus ist schnell der Rückschluss gezogen, dass Produkt und Anbieter ebenso unstrukturiert sind wie diese Website!
- Suchen Sie den Domainnamen sorgsam aus, damit er zu Ihnen passt und als Visitenkarte für Sie verwendbar ist! Ideal, wenn im Domainnamen das Produkt assoziiert wird. Wenn Sie dagegen als Experte auftreten, empfiehlt es sich, eine Domain unter vorname-nachname.de anzumelden.
- Verzichten Sie auf eigene Entwurfsversuche in Word oder einem Programm zur Erstellung von Websites – das führt meist zu nichts, sondern kostet nur Ihre Zeit. Professionell wird es sicher nicht, deshalb gibt es ja Profis!

Meine Domainadresse ist (überprüfen Sie bei *www.denic.de*, ob diese noch frei ist!):

____

Achten Sie bei der Auswahl Ihres Dienstleisters für die Erstellung der Website darauf, dass er oder sie sich auch im Suchmaschinenmarketing auskennt. Schalten Sie gegebenenfalls einen weiteren Spezialisten ein, um ein optimales »Ranking« im Internet zu erhalten. Dazu sollte Ihre Website auf jeden Fall viel relevanten Text enthalten und möglichst mit anderen Webseiten verlinkt sein, die eine höhere Popularität haben als die Ihre. Gut auf das Suchmaschinenranking wirken sich auch Einträge in Datenbanken wie *www.brainguide.de* aus.

7.6 Neukunden gewinnen

Ihr Marketing als Freiberufler verändert sich: Während es am Anfang der Tätigkeit auf Neukundengewinnung ausgerichtet ist, so ist es nach zwei bis drei Jahren vor allem darauf bedacht, alte Kunden zu binden und zu »Wiederholungstätern« zu machen. Neukundenakquise wird dann auch immer wieder ein Thema sein, weil sich möglicherweise auch Kunden oder Honorarvorstellungen ändern, Wachstumspläne neue Herangehensweisen fordern. Bei dieser Neukundenakquise werden einen Freiberufler nicht unbedingt Fernsehkampagnen unterstützen: Die komplexe und erklärungsbedürftige Dienstleistung braucht Maßnahmen, in denen Information und Vertrauensbildung im Vordergrund stehen – was nicht heißt, dass nicht auch ganz schön pfiffige Ideen dabei sein können. Die Maßnahmen müssen zudem in einem vernünftigen Kosten-Nutzen-Verhältnis stehen. Beachten Sie zudem, dass es typische Geschäftskunden- und typische Privatkundenmaßnahmen gibt.

Mailings

Wenn Unternehmen Ihre Zielgruppe sind und Sie keine persönlichen Beziehungen haben, dann können Mailingaktionen helfen, diese zu Ihren Kunden zu machen. Solche Mailings müssen mehrfach versendet werden, ein einzelner Kontakt mit einem noch so pfiffigen Werbebrief lockt allenfalls ein bis zwei von hundert angesprochenen Vielleicht-Kunden aus der Reserve. Als Freiberufler sollten Sie Mailings nach Möglichkeit mit Nachfasstelefonaten verbinden. Sie sind dann ein guter Anknüpfungspunkt für ein Gespräch, in dem Sie z.B. fragen »War das interessant für Sie?« und »Gerne würde ich Ihnen unsere Dienstleistung persönlich präsentieren.«

Die höchste Erfolgsquote, die ich je erlebt habe, betrug 10 Prozent. Diese gute Resonanz war der klaren Zielgruppenansprache zu verdanken: Der Werbebrief ging an Ärzte. Als sehr gewissenhafte Berufsgruppe reagieren sie oft selbst dann, wenn sie am Angebot kein Interesse haben. Da Praxen meist nur wenige Mitarbeiter haben, die Werbung ungefragt entsorgen, ist die Chance zudem größer, dass ein Brief auch wirklich auf dem Tisch des Angesprochenen landet.

Hohe Responseraten – wie man das Antworten auf Werbebriefe nennt – garantieren aber auch noch nicht Aufträge in ausreichender Zahl. In dem Beispiel versandete die so gut begonnene Aktion, weil das Freiberuflerteam nach der ersten Aktion frustriert war: So schwer hätte es sich den Verkauf seiner Dienstleistung »Beratung für Ärzte« einfach nicht vorgestellt. Sie sollten also nicht denken, die Kundengewinnung per Mailing sei leicht: Es ist mühsam, Sie müssen nachhaken, am Ball bleiben und die Aktion wiederholen. Ja, Wiederholung ist hier wie überall sonst das Geheimrezept. Dass es Sie gibt, muss den von Ihnen Angesprochenen erst einmal bewusst werden. Ein einzelnes Mailing reicht da oft nicht aus, seine Wirkung verpufft. Denken Sie an Ihr eigenes Verhalten: Da gibt es Postwurfsendungen, die Sie höchstens kurz beachten und dann sofort wegwerfen. Andere sind interessanter, diese bewahren Sie vielleicht auf. Wenn dann aber kein zweiter Kontakt oder eine Erinnerung erfolgt, ist das Angebot auch schnell wieder vergessen … Mailings brauchen also die Wiederholung, damit sie im Kopf des Empfängers hängen bleiben.

Sie sollten zudem zu einer passenden Zeit platziert werden. Wann ist der beste Zeitpunkt für eine Mailingaktion? Dies ist je nach Geschäftsmodell ganz unterschiedlich. Für Trainer und Berater gilt da beispielsweise: In der der zweiten Jahreshälfte, wenn die Entscheidungen über Projektbudgets des nächsten Jahres anfallen, machen Mailings wirklich Sinn. Allerdings manchmal eben auch früher, denn Entscheidungen für die Auftragsvergabe dauern lange. Manchmal liegt mehr als ein Jahr zwischen Mailing und Auftrag, nicht selten dauert es sogar noch länger.

Freie IT-Berater sollten potenziellen Klienten einmal im Jahr ein aktualisiertes Profil zusenden und Beratungsschwerpunkte und zeitliche Verfügbarkeit bekannt geben. Auf diese Weise behalten Sie einen Kontakt aktiv über viele Jahre. Und selbst wenn erst drei Jahre nach dem ersten Mailing ein Auftrag zustande kommt: Wenn Sie diesen gerade dann besonders gut brauchen können, hat sich Ihre Aktivität gelohnt. Und falls nicht, dann gibt es ja noch Ihr Kooperationsnetzwerk oder eigene Mitarbeiter, die verhindern helfen, dass es einmal ein »Zuviel« an Aufträgen geben kann.

Tipp: Regel für Mailings

- »Sehr geehrte/r Frau/Herr«, »Hallo, Frau/Herr« oder »Liebe/r« sind notwendige Anfänge. Darauf zu verzichten ist absolut nicht kreativ, sondern schlicht unhöflich.
- Sagen Sie, aus welchem Grund Sie schreiben und worum es Ihnen genau geht. Ein pfiffiger Aufhänger erhöht die Lesefreude.
- Ein Angebot pro Mailing – nicht mehr. Versuchen Sie nicht, über ein Mailing gleich mehrere Dienstleistungen zu verkaufen.
- Erläutern Sie den Nutzen, den der Adressat hätte, wenn er auf Ihr Schreiben reagieren würde. Die Antwort auf die Frage »Was bringt mir das?« steht im Vordergrund.
- Schreiben Sie in kurzen Sätzen, klar und verständlich.
- Eine lesefreundliche Formatierung Ihres Schreibens – das ist ein Basic.
- Schreiben Sie freundliche Grußformeln wie »Sommerliche Grüße aus München«.
- Sagen Sie eindeutig, wer Sie sind, und unterschreiben Sie persönlich.
- Für die E-Mail-Korrespondenz sind Absenderadressen wie vorname.nachname@firma.de selbstverständlich, GMX, Web.de und Co. eine Zumutung, wenn Sie als Unternehmer auftreten.
- Erleichtern Sie die Kontaktaufnahme durch die Angabe von Kontaktdaten mit Binde- oder Schrägstrichen in der Nummer.

Kurzcheck Mailing

Für wen?	Alle, die Firmenkunden haben
Welche Form?	Postbrief oder E-Mail. E-Mail nur an namentlich bekannte Personen
Länge	Nie mehr als eine Seite
Erfolgsrezept	Wiederholung, Nutzwert, nur ein Angebot pro Mailing
Erfolgsquote	Antwortquoten bei Freiberuflern zwischen 1 und 10 Prozent – sofern das Mailing gut ist
Bedeutung für Freiberufler	***

Akquise

Unter Akquisition versteht man die persönliche Kundengewinnung am Telefon oder auch den Telefonverkauf. Kaltakquise bedeutet, dass Sie einfach Anrufe starten, ohne jemanden zu kennen oder auf jemanden Bezug zu nehmen. Diese Form der Kundengewinnung eignet sich wiederum nur für Freiberufler, die mit Unternehmen zu tun haben. Für diese ist es aber neben dem Networking das zentrale Instrument, an dem kein Weg vorbeiführt.

Oft ist ein Mailing Teil der Akquise, wobei es zwei mögliche Ketten gibt:

Call-Mail-Call

und

Mail-Call-Call

Ersteres – also Call-Mail-Call – bedeutet, dass Sie zunächst einmal anrufen und das Interesse für Sie und Ihre Dienstleistung telefonisch wecken, um dann weitere Informationen zu verschicken.

Meist ist dies der bessere Weg, bietet er doch die Chance zu ermitteln, wer Ihr Ansprechpartner ist, und die Gelegenheit, dessen Interesse zu wecken. Sollten Sie also einigermaßen sicher am Telefon sein, empfiehlt es sich, den Akquiseprozess telefonisch zu beginnen.

Vielen Menschen gibt es aber mehr Sicherheit, auf ein Schreiben Bezug nehmen zu können, da es von der schwierigen Aufgabe, am Telefon neugierig zu machen, teilweise entbindet. Dann kommt Mail-Call-Call ins Spiel. Risiken dabei sind, dass Sie nicht sofort den richtigen Ansprechpartner erreichen oder dieser Ihr Mailing sofort in die Ablage P befördert bzw. in den virtuellen Papierkorb. Das wäre kein sehr ungewöhnliches Verhalten in Zeiten des Informations-Overkills. Auch Sie selbst werden vermutlich Mails und Schreiben von Personen und Unternehmen, die Sie nicht kennen, weniger beachten oder sogar als »Spam« umgehend löschen.

Machen Sie sich bewusst, dass der Erfolg Ihres Gesprächs weniger von den Sachargumenten abhängt, die Sie vorbringen, als vielmehr von Ihrer Fähigkeit, eine Beziehung zu ihm herzustellen. Damit er Sie positiv wahrnimmt, muss es in seinem Kopf »klick« gemacht haben. Dabei ist Ihre Einstellung Wegbereiter. Überzeugen Sie sich selbst davon, dass Sie ein tolles Produkt haben und dass es sich lohnt, mit Ihnen ins Gespräch zu kommen.

Machen Sie sich aber auch klar, dass Sie schauspielern können (und sollten). Es ist möglich, sowohl das Lächeln als auch die Worte zu proben. Gute Vorbereitung ist dabei alles!

Akquisetrichter

Der Akquisetrichter ist ein Tool, das Ihnen hilft, den Überblick über Ihre Akquisebemühungen zu behalten. Er verdeutlicht zudem den Prozess der Akquise. Und das ist schon sehr wichtig: Machen Sie sich klar, dass Akquise keinesfalls eine einmalige Sache ist, besonders nicht bei freiberuflichen Dienstleistungen. Stellen Sie sich vielmehr vor, dass Sie mit einem Anruf einen Ball ins Rollen bringen, der wie beim Minigolf über Hügel und Hürden langsam zum Ziel gerollt werden muss. Bis ein Auftrag erteilt wird, kann es fünf oder mehr, bis zu zehn Anrufe brauchen und vielleicht sogar ein oder mehrere persönliche Treffen. Der Trichter verdeutlicht Ihnen Ihre Fortschritte und zeigt, wie nah Sie am Ziel sind. Er zeigt Ihnen Schritt für Schritt und visuell, wie Sie aus einem ersten Kontakt einen »Kauf« oder »Auftrag« machen.

Malen Sie einen Trichter auf ein Blatt Flipchartpapier. Er ist oben breit und wird nach unten hin schmaler. Teilen Sie den Trichter in drei Bereiche: oben, Mitte, unten. Schreiben Sie neben den Rechts-oben-Bereich »10 %«, die Mitte kennzeichnen Sie mit »50 %« und »75 %«, die Spitze unten am Ende mit »100 %«. 100 % bedeutet: Diesen Kunden haben Sie im »Trichter«, also gewonnen.

Legen Sie sich daneben Post-its bereit, am besten in drei Farben. Jeder Kontakt kommt auf ein Zettelchen. Darauf vermerken Sie die Eckpunkte des Gesprächs und was Sie verabredet haben. Wie weit sind Sie in dem Gespräch gekommen? Ist ein erstes Interesse geweckt worden, sind Unterlagen verschickt? Dann haben Sie den Kunden zu 10 Prozent gewonnen und kleben die Notiz in den oberen Trichterbereich. Wenn Sie nachtelefonieren, kommt es vielleicht zu einem persönlichen Termin. Damit erhält der Kunde ein neues Zettelchen und klebt nun bei 50 Prozent. Fragen Sie sich dann, was der nächste Schritt sein muss, um aus 50, 75 oder gar 100 Prozent zu machen.

Gesprächsregeln

Einer der wichtigsten Ratschläge lautet: Gehen Sie auf Ihren Gesprächspartner ein! Fragen Sie nach, interessieren Sie sich für den anderen. Bemerkungen wie »Höre ich es richtig, dass Sie aus Köln kommen?« oder kleine Gespräche über das Wetter (»Haben Sie auch so viel Schnee, ach, es könnte doch endlich Frühling werden«) mögen Ihnen platt erscheinen, sind aber dennoch immer wieder wertvolle Gesprächsbereiter.

Ganz wichtig sind darüber hinaus Fragen. Sie können gar nicht genug stellen. Das Motto der Kommunikationswissenschaftler heißt auch deshalb »Wer fragt, führt«. Stellen Sie offene Fragen, um ein Gespräch aufzubauen. Das sind Fragen, die dem anderen eine Art Freitextfeld bei der Antwort geben. Offene Fragen lassen kein »Ja« oder »Nein« zu.

Beispiele:

- Die Website ist das wichtigste Mittel zur Kundengewinnung. Wie sehen Sie das?
- Das neue Gesetz zwingt Apotheken dazu, effektiver zusammenzuarbeiten. Wie ist Ihre Erfahrung?
- Welchen Stellenwert haben Kundengespräche für Sie?

Stellen Sie geschlossene Fragen, um den Gesprächspartner einzuwickeln und Termine dingfest zu machen: »Passt es Ihnen besser am Vormittag oder Nachmittag?« Nennen Sie zudem mindestens einmal den Namen des Kunden. »Das ist wirklich interessant, Herr XY.« Loben und bestätigen Sie den Kunden, so oft es geht. »Das sehe ich auch so …« Wenn der Kunde beispielsweise darüber klagt, wie teuer alles ist, steigen Sie darauf ein, indem Sie eine Erfahrung aus Ihrem Leben beisteuern.

Sprechen Sie immer mit freundlicher Stimme. Beim Telefonieren lächeln!

Mit all dem erreichen Sie, dass sich Ihr Gesprächspartner später mit einem guten Gefühl an Sie erinnert. Auch eventuell nachgeschickte Unterlagen werden anders aufgenommen werden, wenn Sie vorher eine positive Erwartungshaltung wecken konnten.

Einstieg

Wichtig ist ein schneller guter Einstieg, der einer sehr kurzen Selbstvorstellung folgt (»Guten Tag, mein Name ist XY, ich bin Experte für ABC«). Gehen Sie danach auf das vermutete Bedürfnis des Kunden ein.

- Haben Sie auch schon gelesen, dass …?
- Konnten Sie bereits feststellen, dass …?
- Ist Ihnen dieser Fall in der Praxis bereits begegnet …?

Solche Gesprächseinstiege locken den anderen aus der Reserve und bringen ihn ins Reden. Die jetzt fließenden Informationen sollten Sie für Ihr Angebot nutzen, das Sie im nächsten Schritt unterbreiten.

- Darf ich Ihnen vorschlagen …?
- Wie wäre es, wenn ich Ihnen das einfach einmal persönlich zeige?

Stellen Sie sich auf alle Facetten des »Neins« und alle möglichen Einwände ein. Denken Sie daran, dass 90 Prozent aller Neins in ein »Ja« umgewandelt werden können. Wie reagieren Sie, wenn …? Bedenken Sie Einwände im Voraus und überlegen Sie sich mögliche Formulierungen, mit denen Sie darauf reagieren können.

Gesprächsleitfaden

Diese Informationen gehören in einen Gesprächsleitfaden, den Sie nach folgendem Muster aufbauen können:

1. Mein potenzieller Empfehler ist (Name, Funktion):

   ___

   ___

2. Welche Informationen haben Sie über das Unternehmen bzw. den Gesprächspartner? Woran können Sie ein Gespräch anknüpfen?

   ___

   ___

3. Was ist Ihr Gesprächsziel? Was möchten Sie erreicht haben, wenn Sie den Hörer auflegen?

   ___

   ___

4. Wie möchten Sie den Gesprächspartner begrüßen und sich selbst vorstellen? (Nie mehr als maximal drei bis vier kurze und gesprächsrelevante Aussagen über sich selbst treffen!)

   ___

   ___

   ___

   ___

5. Was ist Ihr Aufhänger? Wie können Sie Interesse wecken?

   ___

   ___

6. Was ist Ihr Angebot? Was wollen Sie dem Gesprächspartner vorschlagen? Bitte vermeiden Sie Ich-Sätze. Besser: »Wie wäre es, wenn …?«

____

____

7. Welche Einwände könnte es geben? Wie könnten Sie darauf reagieren?

a) ______________________________________

____

b) ______________________________________

____

c) ______________________________________

____

d) ______________________________________

____

8. Zusammenfassung:

____

____

____

____

Wenn Sie nicht gerne telefonieren, mag Sie die Frage beschäftigen, ob Sie das lästige Telefonieren an einen Profi abgeben können. Dies ist sicher bis zu einem gewissen Punkt möglich. So kann Ihnen ein Profi das Ausfindigmachen des Ansprechpartners und die ersten Phasen bis zu einer Terminvereinbarung abnehmen. Je komplexer jedoch das Thema, je mehr Sie sich auf einer Fachebene bewegen, desto schlechter funktioniert das Delegieren.

Kurzcheck Akquise

Für wen?	Alle, die Firmenkunden haben
Welche Form?	Telefon und Mailing und/oder Profil
Länge	Nie mehr als eine Seite
Erfolgsrezept	Guter Einstieg, persönliche Ebene herstellen
Erfolgsquote	Je nach Thema bringt Sie mindestens einer von 10 Anrufen weiter
Bedeutung für Freiberufler	*****

Fallbeispiel:
Ein Berater hat sich auf eine bestimmte neuartige Methode spezialisiert, um Mitarbeiterwissen im Unternehmen zu sammeln und zu strukturieren. Er entscheidet sich, dieser Methode einen Namen zu geben, den er als Marke schützt. Nun bietet er den Unternehmen hausinterne Workshops an, um diese Methode vorzustellen. Diese sollen eine Art Trojanisches Pferd sein, um ihm den Einstieg bei den Unternehmen zu erleichtern und Vehikel für die Akquise größere Beraterauftäge sein. Vorteil dieser Herangehensweise ist, dass die Barriere, einen Workshop für 1.000 Euro zu veranstalten, deutlich niedriger ist als die, einen Auftrag für 50.000 Euro zu vergeben.

Der Workshop ist deshalb preislich günstig konzipiert, bei maximalem Nutzwert für das jeweilige Unternehmen. Der Berater entscheidet sich für den Telefonverkauf und entwickelt einen Gesprächsleitfaden sowie eine visuell aufbereitete Doppelseite für die Präsentation von Methode und Workshop. Die erste Akquisephase bis zur Diskussion von Details für die Workshopdurchführung delegiert er an eine kompetente Mitarbeiterin, die er stundenweise bezahlt. Etwa 30 Prozent der Angerufenen zeigen Interesse an dem Workshop, nach etwa einem Jahr konnte der Berater bei 10 Prozent der Angerufenen seinen Workshop realisieren.

Anzeigen & Co.

Anzeigen lohnen sich in der Regel für die meisten Freiberufler nicht. Eine Ausnahme sind Image-Anzeigen in zentralen Publikationen – etwa Ihr Eintrag im *Coachguide* der ManagerSeminare oder in der Publikation *Frauen unternehmen* (Norddeutschland, Westdeutschland etc.). Steuerberater, Rechtsanwälte und Ärzte weisen auf Geschäftseröffnungen hin oder auf Umzüge.

Anzeigen, die konkret verkaufen, sind diesen Zielgruppen ohnehin nicht erlaubt und für sie wie auch für andere Freiberufler in der Regel auch nicht sinnvoll. Denn: Anzeigen wirken nur bei häufiger Wiederholung. Zudem verkaufen sich die meisten Dienstleistungen über Menschen, die Anzeige bleibt wirkungslos.

Kurzcheck Anzeigen

Für wen?	Alle, die Privatkunden haben, Anwälte, Steuerberater, Heiltherapeuten etc.
Welche Form?	In der Regel Unternehmensdarstellung
Erfolgsrezept	Interessant, nicht einer von vielen, das richtige Medium, Wiederholung
Erfolgsquote	Oft gibt es keinen oder nur einen Anruf unmittelbar nach der Schaltung. Mitunter starke Zeitverzögerung – deshalb ist es gut, immer wieder an der gleichen Stelle präsent zu sein
Bedeutung für Freiberufler	*****

Gelbe Seiten

Für manche Berufsgruppen ist eine Präsenz in den Gelben Seiten nach wie vor sinnvoll. Auch wenn immer mehr Menschen im Internet suchen, so gibt es immer noch eine Gruppe von Menschen, die für bestimmte Zwecke eher auf dieses Medium zurückgreift.

Bestimmte Freiberufler, deren Zielgruppe Privatpersonen sind, können nicht so stark auf Empfehlungen setzen. Dazu gehören Eheberater und Psychotherapeuten der unterschiedlichen Schulen. Dass er bei einem Eheberater war, erzählt der Durchschnittsangestellte nicht dem Arbeitskollegen, sondern bestenfalls guten Freunden. Und längst nicht jeder gibt zu, dass er einen Psychologen aufgesucht hat. Mit Einschränkungen gilt das auch für Coachs und Karriereberater. Hier setzt sich allerdings mehr und mehr die Einsicht durch, dass es eher persönliche Größe zeigt als persönliche Not, wenn man professionelle Hilfe in Anspruch nimmt.

Auch Rechtsanwälte und Steuerberater berichten meist von guter Resonanz auf einen Eintrag, der zwischen 150 und 500 Euro im Jahr kostet. Je größer die Anzeige in den Gelben Seiten, desto mehr Zulauf. Dies sollte allerdings nicht dazu verleiten, den Kundenservice zu vernachlässigen. Oft höre ich von Kunden, dass Sie den Anwalt oder Steuerberater mit der größten Anzeige angerufen haben und sich besonders schlecht beraten fühlten. Hier nutzt der kurzfristige Zulauf dann wenig – der durch schlechte Beratung »verbrannte« Boden wird über kurz oder lang auch finanziell durch weniger Kunden spürbar sein.

Kurzcheck Gelbe Seiten

Für wen?	Alle, die Privatkunden haben
Aufbau	Schnell den Nutzwert und die Spezialisierung vermitteln
Erfolgsrezept	Sie stehen weit vorn und sind gut sichtbar
Erfolgsquote	Je nach Thema bringt Ihnen ein Eintrag drei bis mehrere Dutzend Anrufe im Jahr
Bedeutung für Freiberufler	**

Google-Anzeigen

»Paarberaterin in Berlin. Diplom-Psychologin, kompetent und vertrauenswürdig.« Anders als die meisten Zeitungsanzeigen können die kleinen Textanzeigen bei Google.de durchaus etwas bringen. Sie sind sachlich und weisen auf Ihre Dienstleistung hin – diese Möglichkeit zu nutzen empfiehlt sich vor allem, wenn Sie nicht sofort unter Ihrem Stichwort auffindbar sind.

Längst lassen sich diese Anzeigen regional begrenzen und nicht nur in Google, sondern auch auf Partner-Portalen schalten, die thematisch zugeordnet sind. Sie können das Budget für solche Anzeigen zum Beispiel auf ein Tagesbudget von 5 Euro reduzieren, sollten aber immer den Erfolg überprüfen. Dieser zeigt sich anhand einer Klickrate: Wenn mehr als 1 Prozent aller Personen, die Ihre Anzeige sehen, darauf klicken, so ist dies in vielen Branchen schon ein guter Wert. Mehr als 5 Prozent sind kaum zu erreichen.

Probieren Sie verschiedene Textvarianten aus und optimieren Sie am besten täglich, bis Sie sicher sind, dass Ihre Anzeige bestens läuft. Eine Alternative zu Google ist *http://searchmarketing.yahoo.com/de*, ehemals Overture. Dieser Anbieter schaltet die Anzeigen auf anderen Portalen und in anderen Suchmaschinen, so dass Sie, wenn Sie auf beide setzen, eine sehr hohe Reichweite im Internet erzielen.

Erwarten Sie keine Wunder. Ein Klick bedeutet oft noch lange nicht, dass der Interessent sich auch bei Ihnen meldet. Vielleicht dauert es, bis er aktiv wird, vielleicht muss er noch einen weiteren Kontakt mit Ihnen haben. Immer wieder dabei zu sein und gesehen zu werden – das ist das Erfolgsrezept.

7.7 Bekanntheit erhöhen

Freiberufler arbeiten mit ihrem Kopf und selten mit den Händen. Das prädestiniert sie dazu, Experte zu sein. Experten sind dabei heute längst keine abgehobenen Wissenschaftler mehr, sondern oft nur noch Menschen, die anderen Menschen ein bisschen Wissen und Erfahrung voraushaben. Für Freiberufler ist es deshalb oft erstrebenswert, sich als Experte zu positionieren. Dies erleichtert zudem das Marketing ganz erheblich. Zeitungen und Zeitschriften lieben Experten. Auf Tagungen und Kongressen sind sie auch sehr gern gesehen. Darüber können sich Experten langsam einen Namen aufbauen. Das nennt sich dann Expertenstrategie. Wenn Sie in einem Gebiet tätig sind, in dem Sie nur einer von vielen Experten sind, sollten Sie sich, wie im Kapitel »Positionierung« gelesen, in anderer Form abgrenzen – z. B. durch eine besondere Methode oder eine neue Herangehensweise. Oder Sie müssen sich einfach nach der Methode »steter Tropfen höhlt den Stein« bekannter machen als andere. Dann sind Sie zwar immer noch einer von vielen Experten, aber immerhin der bekannteste unter ihnen. Und das ist fast so, als wären Sie allein. Bekanntheit ist oft ein Marketingziel, das nach dem Markteintritt sinnvoll ist, also wenn Sie bereits Aufträge haben. Es ist immer langfristig angelegt, was den finanziellen Nutzen angeht. So mag es Ihnen gelingen, binnen eines Jahres spürbar bekannter zu werden. Das heißt indes oft noch nicht, dass dadurch auch Ihre Einnahmen direkt steigen. Der ökonomische Nutzen tritt meist zeitverzögert ein. Im nächsten Kapitel präsentiere ich Ihnen die typischen Maßnahmen für mehr Bekanntheit. Sie sind allesamt langfristig angelegt.

7.8 Vorträge, Fachartikel, Buch

Sicher ist ein Buch nach wie vor das beste Instrument, um Ihre Bekanntheit und Ihren Wert zu erhöhen. Dies gilt vor allem für erfolgreiche Bücher, aber nicht nur: Oft reicht es überhaupt, ein Buch geschrieben zu haben, das in einem richtigen Verlag veröffentlicht worden ist. Reich wird mit dem Schreiben kaum jemand, aber: Profireferenten legen mit jedem Buch an Honorar zu, verdienen darüber mehr als über Tantiemen.

In dieselbe Kerbe schlagen Fachartikel in einschlägigen Medien, die von der Zielgruppe gelesen werden. Zu den Medien zählen dabei durchaus auch Internetseiten wie *www.competence-site.de*, auf der Wissenschaftler und Praktiker publizieren. Überhaupt: Entscheidend ist auch die richtige Vermarktung Ihrer Artikel. Informieren Sie Ihre Kunden über Ihre Veröffentlichungen und tragen Sie diese überall ein, wo sie gesehen werden, etwa bei *www.brainguide.de*.

Am schnellsten wirken ganz ohne Frage Vorträge. Wenn Sie die Gelegenheit haben, vor Ihrer Zielgruppe zu sprechen, und dies interessant genug tun, haben Sie Aufträge fast sicher in der Tasche. Wer an dem Thema interessiert ist und persönlich sieht, wie gut Sie es ausfüllen, hat sich bereits ein sehr konkretes Bild machen können und wird Sie sicher gerne engagieren. Vorträge sind ein ideales Vehikel für Softwareexperten, Steuerberater, Rechtsanwälte, Personalentwickler – für alle, die aufgrund ihres Wissens und/oder ihrer Methodik gefragt sind.

7.9 Marketing im Web 2.0

Gerade für Freiberufler ist das Web 2.0 eine Riesenchance. Aus einem einfachen Grund: Im Web 2.0 wird jeder schnell zum Experten oder zur Kultfigur, wird ein No-Name durch pfiffige Werbeaktionen ohne viel Geldeinsatz von heute auf morgen bekannt. Da ist der Musiker mit seinem in einem Videoportal eingestellten Kultsong, den die Plattenfirma nicht haben wollte – denken Sie nur an *Schnappi, das kleine Krokodil*, ebenfalls ein Internetprodukt. Oder die Beraterin, die im Weblog Tipps gibt und sich dadurch eine eigene feste Leserschaft aufbaut (siehe als Beispiel *www.monika-birkner.de* oder auch mein eigener Blog auf *www.svenja-hofert.de*), sich einen hohen Bekanntheitsgrad erwirbt und fortan von den Medien auch gerne angesprochen wird. Eine richtige Erfolgsgeschichte ist auch die der Paartherapeutin, die mit einem online gestellten Test von heute auf morgen webweit bekannt wird, zu bewundern unter *www.egoload.de*. Wer auf das Internet setzt, sollte sich aber klar darüber sein, dass er entweder einen sehr langen Atem oder aber eine richtig gute Idee braucht – am besten beides. Blogs werden gelesen, aber oft kommt keine oder wenig direkte Reaktion. Umsonst ist das aktive Schreiben aber sicher nicht: Blogs erhöhen die Suchmaschinenpopularität bei Google und sorgen dafür, dass Sie besser findbar sind.

Die Chancen im Web 2.0 sind riesig, auch für verkammerte Freiberufler, die in ihrer Werbung die ernsthafte Information betonen und nicht emotional werben dürfen. Diese können auf Webportalen Tipps geben und sich ein eigenes Publikum aufbauen oder als »Blogger« ihre Zielgruppe erreichen.

Hinter Web 2.0 verbirgt sich die neue Generation des Internets, die dadurch gekennzeichnet ist, dass jeder mitmachen und mitdiskutieren kann. Der Business Club XING ist ein Web 2.0-Produkt, ebenso das Videoportal MyVideo. Auch Weblogs, eine Art Online-Tagebuch, sind Kennzeichen des Web 2.0.

Blogmarketing

Längst spricht man von der »Blogosphäre« im Internet. Viele lesen solche Tagebücher im Internet wie Zeitungen, erwarten hier, schneller als andere informiert zu werden. Blogs können schnell Kultstatus erreichen, Betreiber auf diese Weise Kunden gewinnen. Dies gilt vor allem für Berater im Privatkundenbereich, die eine sehr enge Kundenbindung brauchen. Aber auch alle anderen können sich per Blog schnell ein neues Thema erschließen und Experte werden.

Dabei reicht es allerdings nicht, einfach einen Blog zu einem bestimmten Thema, z.B. Arbeitsrecht, zu eröffnen. Sie müssen diesen auch regelmäßig und mit überdurchschnittlich interessanten oder ungewöhnlichen Beiträgen füllen. Zudem müssen Sie Ihre Sprache und die Artikellänge dem Internet anpassen – ein Textkurs macht Sinn!

Viele Blogger geben nach kurzer Zeit auf, weil die Reaktionen gar nicht oder nur sehr verhalten erfolgen. Die meisten Leser reagieren einfach nicht, am Anfang wird es auch wenige Trackbacks (Rückverlinkungen aus anderen Blogs) geben. Dabei setzen sich Blogger mit langem Atem durch – dies dauert aber sicher seine Zeit.

Ein Nebeneffekt des Blogs ist die Suchmaschinenpopularität, die auf jeden Fall gesteigert wird: Wer bloggt, wird über kurz oder lang auch bei Google besser gerankt sein. Einer der bekanntesten Anbieter von Software für Blogger ist Typepad, *www.typepad.de*.

XING

XING gehört ebenfalls zum Web 2.0 – und ist ein Muss für Freiberufler. Dieser Business-Club ist so besonders und beliebt, dass ich ihm ein eigenes Kapitel einräume. Kaum jemand, der XING, das früher OpenBC hieß, nicht kennt. Taugt es was oder nicht? Darüber streiten sich die Teilnehmer. Die einen sagen »ja«, die anderen »nein«. Wer hat nun recht? Ich sage: Wie immer beide. Denn entscheidend ist, wie Sie die virtuelle Kontaktbörse nutzen und mit welcher Strategie. Stimmt diese, dann taugt XING absolut.

Aber was ist XING überhaupt? Hinter der Adresse *www.xing.com* verbirgt sich:

- eine riesige Adressdatenbank
- ein umfangreiches Recherchewerkzeug, mit dem Sie z.B. nach Firmenzugehörigkeit, Position und Name suchen können
- eine Selbstdarstellungsplattform, auf der Sie Bild und Profil präsentieren können
- Informationen darüber, wie Menschen miteinander in Beziehung stehen
- Diskussionsforen zu nahezu allen denkbaren Themen

Wahrscheinlich beides. Komischerweise finden Sie bei der Stichworteingabe nur drei »Berater CRM«, aber 36 »Consultant CRM«, CRM-Consultants gibt es sogar 78 bei XING. Komischerweise sind es alles unterschiedliche XING-Mitglieder, die sich unter den Stichwörtern finden. Es wäre also schlau, alle Synonyme einmal ins Profil einfließen zu lassen, um immer dabei zu sein.

Dabei sollten Sie sich nicht von den XING-Kategorien »Ich suche« und »Ich biete« irritieren lassen. Wenn Ihre Berufsbezeichnung CRM-Consultant lautet, brauchen Sie diesen Begriff nicht zu wiederholen. Unter »Ich biete« könnte stattdessen »Beratung CRM« stehen. Wenn Sie schlau sind, lassen Sie zudem den deutschen Begriff »Kundenzufriedenheitsmanagement« in Ihre Darstellung einfließen.

Die Erfolgskontrolle Ihrer Maßnahmen ist möglich: Sie können sich jederzeit die »Mitglieder, die kürzlich mein Profil aufgerufen haben« anschauen und hier sehen, über welche Suchkategorie (z.B. Nachname, Ich biete) Sie gefunden worden sind. So wissen Sie immerhin, dass eines der Wörter in Ihrem Profil gefruchtet haben muss. Probieren Sie aus, ob sich die Quote durch Hinzufügen bestimmter Begriffe erhöht.

Kontakte machen

Bei XING können Sie Mitglieder auf zwei verschiedene Arten kontaktieren: Sie können eine Kontaktanfrage mit Nachricht senden oder eine Nachricht ohne Kontaktanfrage. Dann schreiben Sie das Mitglied direkt an, solange es das in seinen Grundeinstellungen zulässt. Einige beschränken die Kontaktmöglichkeiten, so dass Sie z.B. mindestens über drei oder vier Ecken (Wahlmöglichkeit) »bekannt« sein müssen, um eine Nachricht senden zu können.

Der Sinn einer Kontaktanfrage: Sind Sie mit bestimmten Personen verbandelt, zieht das vielleicht genau die Auftraggeber auf Ihre Profilseite, die sich für Sie interessieren sollen. Je mehr (qualifizierte) Kontakte, desto größer die Wahrscheinlichkeit, dass man aufmerksam wird. Beispiel: Wenn ein Trainer auffallend viele Kontakte zu Personalleitern großer Firmen hat, wäre es sinnvoll für Sie, mit diesem in Verbindung zu treten. Knüpfen Sie allerdings nicht wahllos Kontakte. Sollten dabei Personen sein, die bei einem Entscheider auf dem »Index« stehen, könnte das auf Sie zurückfallen.

Kontaktanfragen müssen Sie begründen. Die verschiedenen Gründe dafür lassen sich immer unter der Überschrift »Gemeinsamkeit« zusammenfassen, irgendetwas muss Sie verbinden. Einige Beispiele:

- Sie und die Wunschkontaktperson stehen zueinander in Beziehung über eine Person, die Sie gemeinsam kennen
- Sie arbeiten in demselben Umfeld
- die Person ergänzt Sie durch Ihr Profil
- die Person beschäftigt sich mit den gleichen Themen wie Sie
- die Person ist in demselben Netzwerk wie Sie

Beginnen Sie Mails höflich mit »sehr geehrter«, mit »hallo«, »liebe« oder »guten Tag« und verzichten Sie nicht auf die Grußformel zum Schluss. Die zahlreichen grußlosen Anfragen, die ich erhalte, zeigen mir, dass dies alles andere als ein überflüssiger Tipp ist. In der Anfrage-Mail stellen Sie sich interessant dar. Überraschen Sie und verzichten Sie auf eintönige Anfragen nach dem Muster »Ich würde Sie gern als Kontakt hinzufügen«. Sehr nervig sind auch die äußerst verbreiteten Anfragen vom Typ »Rufen Sie mich bitte einmal an«. Wenn ich so eine Anfrage erhalte, schalte ich auf stur. Da will jemand Kontakt zu mir aufnehmen, und ich soll ihn anrufen? Ganz schön frech. Wenn es etwas zu besprechen gibt, dann rufen selbstverständlich Sie an.

Beginnen Sie Ihre XING-Akquise nicht, bevor Sie nicht ein ordentliches Profil mit Foto haben. Nichts ist anonymer als ein leeres, fotoloses Profil. Kommt so eine Anfrage, lehne ich sie grundsätzlich ab.

Wenn der Kontakt für Sie wichtiger ist und es für Sie um mehr geht als eine Erhöhung der Findewahrscheinlichkeit, so sollten Sie erst eine Nachricht schreiben, bevor Sie gleich um »Verbindung« bitten. Ob Sie eine Antwort erhalten oder nicht, ist dabei von der XING-Aktivität des angesprochenen Teilnehmers abhängig. Nur, wenn der oder die Angesprochene einen 100-Prozent-Aktivitätsindex (grüner Balken) besitzt, sollten Sie diese Möglichkeit wählen. Haben Sie einen XING-Aktivisten gefunden, liegt nun alles an Ihrer Fähigkeit, Interesse zu wecken. Welchen Nutzen können Sie für die entsprechende Person stiften? Was können Sie bieten? Erläutern Sie dies, und zwar so, dass die andere Person es versteht. Ich bekomme beispielsweise oft Mails vom Typ »Ich habe Ihr Buch gelesen« oder »Habe von Ihnen gehört«. Da ich eine ganze Reihe von Büchern veröffentlicht habe und auf den unterschiedlichsten Ebenen von mir hören lasse, schaffen solche Mails immer einige Nachfragen, die überflüssig wären und Zeit kosten. Versuchen Sie die angesprochene Person in Ihrem Kontext zu sehen und auch so anzusprechen. Prüfen Sie jede Mail vor dem Verschicken auf Verständlichkeit, indem Sie sie mehrmals lesen.

LinkedIn (*www.linkedin.com*) ist der englischsprachige Bruder von XING, der für internationale Freiberufler sehr bedeutsam sein kann. Anders als XING besitzt LinkedIn eine Funktion, mit der Ihre Kunden Referenzen eingeben und Ihre Arbeit bewerten können. Dabei gilt: Eine gute Referenz sagt mehr als tausend werbende Worte, die Sie über sich selbst äußern könnten!

Second Life

Es ist wie ein zweites Leben, nur im Internet. Große Konzerne der Automobilbranche, Schuhspezialisten, Hotelketten, aber auch kleine Unternehmen haben Second Life (SL, *www.secondlife.com*), die virtuelle Welt, für ihre Marketingzwecke längst entdeckt: *DaimlerChrysler* eröffnete im zweiten Leben vor kurzem eine virtuelle Mercedes-Benz-Niederlassung und betreibt dort eine Teststrecke, auf der Autos virtuell ausprobiert werden können. Die Konkurrenz ist auch vertreten: BMW, Toyota, Nissan, Mazda, General Motors nutzen Second Life als interaktives Testgelände. Bei Deichmann oder Adidas kann man die neuesten Laufschuhmodelle ausprobieren und – bei Gefallen – im Onlineshop virtuell bestellen, um sie dann im Real Life (RL) zu tragen.

In der virtuellen Welt von Second Life kann Werbung nicht willkürlich platziert werden wie im Fernsehen, hier funktioniert das Prinzip Werbung »andersherum«: Die SL-Bewohner müssen – bei Interesse – die Marke selbst aufsuchen. Sie kommen freiwillig und sind deshalb sehr viel aufnahmebereiter für Werbebotschaften. Deshalb lassen sich Unternehmen mit virtuellen Dependancen in Second Life nieder: Für 1.500 Dollar können Sie eine Insel erwerben, die monatliche Miete beträgt ab 300 Dollar. Im Zentrum steht der Aufbau einer Community, einer Gemeinschaft.

Auch Freiberufler können sich in SL engagieren und damit sogar Geld verdienen. So schaffte eine Designerin ein eigenes Modelabel, existieren zahlreiche Zeitschriften. Auch Beratungsunternehmen können sich ideal in Second Life positionieren. Erste Anwälte haben sich niedergelassen und auch Architekten, die Häuser bauen. Noch verdient kaum jemand in der 3-D-Welt wirklich Geld, doch gehen alle Experten davon aus, dass sich dies schon sehr bald ändern wird. Selbst wenn SL irgendwann »out« sein sollte – das dahinterstehende System der 3-D-Welt wird im Internet erhalten bleiben.

7.10 Kunden binden

Wenn Sie die erste Phase der Kundengewinnung geschafft haben, dann verändern sich die Ziele. Es geht nicht mehr primär um Akquise, sondern darum, Kunden immer wieder neu für Ihre Dienstleistung zu begeistern, damit sie Sie als guten Dienstleister im Gedächtnis behalten.

Steuerberater haben es dahingehend gut: Einmal gewonnene Kunden gehen so schnell nicht weg, es sei denn, sie sind unzufrieden. Deshalb ist auch in solchen Fällen Kundenbindung wichtig. Bieten Sie den Stammkunden verlässlichen Service und immer mal wieder eine Veranstaltung an.

Für alle Freiberufler gilt: Sammeln Sie Adressen von Anfang an, und zwar bitte direkt in einer Datenbank. Die verbreitete Zettelwirtschaft ist unprofessionell! Nur so behalten Sie die Übersicht und haben außerdem eine wachsende Basis an Daten, die Sie etwa für einen Newsletter verwenden können – oder auch nur, um regelmäßig Geburtstagsgrüße zu verschicken. Deshalb: Immer nach den Daten fragen.

Haben Sie nur wenige Auftraggeber und keine Privatkunden, so sind diese umso wichtiger für Sie. Bedanken Sie sich für gute Zusammenarbeit, bringen Sie sich wieder in Erinnerung, bleiben Sie sichtbar: Das ist der beste Rat, den ich geben kann. Das kostet Zeit, aber es wird sich für Sie auszahlen. Seien Sie pfiffig und machen Sie immer etwas anders als Ihre Wettbewerber. Weihnachtskarten verschickt z. B. jeder – doch wer denkt an Frühjahrsgrüße?

Die Regel gilt: Gute Kontakte sollten vier Mal im Jahr von Ihnen hören, am besten mal telefonisch, mal per Mail, mal per Grußkarte. Weniger gute Kontakte erinnern sich ein bis zwei Mal sehr gern an Sie, wenn Sie etwas Interessantes zu bieten haben, auch öfter.

Kundenbindungsinstrumente

Was?	Wann?	Wie oft?
Geburtstagsgrüße	Zum Geburtstag	1 x Jahr
Gutschein	Wenn Ihr Kunde einen anderen Kunden wirbt	So oft wie dies vorkommt
Zufriedenheitsfrage nach Auftrag	Immer nach Abschluss eines Auftrags	–
Info über neue Angebote	Z. B. Jahresanfang/Ende	Mindestens 1 x Jahr
Kontakt einfach so	Zwischendurch	Bei guten Kunden 4 x im Jahr, sonst 1–2 Mal
Netzwerktreffen/ Event	Z. B. ehemalige Kunden und Freunde	Einmal im Jahr, am besten mit spannendem Rahmenprogramm
Newsletter	Am besten mitten in der Woche, Montag kommen zu viele Newsletter	Am besten alle 6 Wochen, mindestens 4 x im Jahr
Messeauftritt	Bei für Ihre Branche wichtigen Messen, vorhandene Kunden zu Extra-Events wie Partys einladen!	z. B. 1 x im Jahr
Termineinladung	Wenn Veranstaltungen anstehen	Mindestens 4 x im Jahr
Meinungsumfrage	Zwischendurch zu einem bestimmten Thema	Z. B. alle zwei Jahre
Weihnachtsgrüße	Rechtzeitig vor Weihnachten	1 x im Jahr, kann durch andere saisonale Grüße ersetzt werden, da Weihnachten oft schon sehr viele Grußkarten verschickt werden

7.11 Marketing-Controlling

Wie erfolgreich war ich? Dies können Sie nur überprüfen, wenn Sie das Ziel kennen. Deshalb sollten Sie Ziele immer an die Frage koppeln: Wie erkenne ich, ob sie erreicht worden sind? Beispiel: Wenn Sie bekannter werden wollen, könnten Sie Ihre Popularität bei Google als Indikator (wie viele Einträge finden sich zu Ihrem Namen, wo stehen Sie, wenn man Sie sucht) nutzen, die Zahl Ihrer Nennungen in Presseberichten oder die Anfragen für Vorträge.

Definieren Sie also immer Messgrößen. Dies können auch Umsatz und Gewinn sein, wobei sich gerade Pressearbeit, Networking und Empfehlungen oft nicht direkt, sondern meist sehr zeitverzögert positiv darauf auswirken. Grundsätzlich gilt: Keine Maßnahme ohne Ziel und ohne Definition, woran Sie erkennen, dass es erreicht ist.

Überprüfen Sie für sich, welche Messgrößen sich eignen und welche nicht. Machen Sie es sich zu einer Daueraufgabe, Maßnahmen nicht einfach anzustoßen, sondern deren Erfolg auch zu überprüfen.

Messgrößen für Ihr Controlling

Was?	Wie zählen?
Presseresonanz	Erwähnungen in der Presse, Organe gewichten!
Popularität bei Google	Auf welchem Platz sind Sie bei Eingabe eines Stichworts, wie oft sind Sie findbar?
Verlinkungen	Wie viele Seiten haben auf Ihre Site verlinkt?
Rücklaufquote	Antworten bei Mailings
Kosten-/Gewinnrechnung	Wie viel kostet eine Maßnahme, z. B. Eintrag in eine Datenbank/Gelbe Seiten, was bringt es?
Zahl der Anrufe	Auf Anzeigen, Presseaktionen etc.
Quote der Aufträge	Pro Anruf
Neukunden und Gewinnanteil nach Maßnahme	Z. B. Internet, Empfehlung, Networking
Zahl der Empfehlungen	Pro Empfehler
Auftragssumme	Pro Empfehler
Sonstiges:	

Extra: Marketing für Heilberufe

»Jegliche Werbung und Anpreisung für seine berufliche Tätigkeit ist dem Krankengymnasten untersagt« – so steht es in der aktuellen Berufsordnung für diesen Beruf. Werbung, nein danke: Wer einen Heilberuf frei ausübt, unterliegt sehr komplizierten rechtlichen Beschränkungen. Dabei soll der Patient geschützt werden. Dass gleichzeitig auch der Freiberufler in seiner Berufsausübung behindert wird, hat bereits verschiedene Male das Bundesverfassungsgericht auf den Plan gerufen.

Die berufsständischen Verbote sind in den letzten Jahren abgemildert worden. So ist inzwischen die Größe des Praxisschildes nicht mehr vorgeschrieben. Zudem darf der Arzt auch im Internet eine Präsenz haben, solange diese informierenden Charakter hat. Sie bestehen aber in eingeschränkter Form dennoch weiter und betreffen Arzt und Tierarzt, Hebamme und Heilpraktiker. Dabei ist nicht jede Berufsordnung so strikt wie die der Krankengymnasten. Oft wird – etwa bei den Medizinern – zwischen sachlicher Information und berufswidriger Werbung unterschieden. Die sachliche Information ist dabei selbstverständlich erlaubt, anpreisen darf er sich hingegen nicht. Die Grenzen sind da sicherlich nicht immer einfach zu ziehen. Dies führt dazu, dass Ärzte im Zweifel lieber auf die Internetsite verzichten. Durch die komplexen Regelungen ist zusätzlich eine regelrechte Beratungsindustrie entstanden, die dabei hilft, die Grenzen richtig zu ziehen.

Erlaubt ist Freiberuflern aus den Heilberufen:

- eine eigene Internetpräsenz,
- Angabe von Handynummer und E-Mail,
- Anzeigen, auch ohne speziellen Anlass wie »Praxiseröffnung«,
- das Auslegen und Verteilen von Flyern und Informationsbroschüren,
- Werbung mit organisatorischen Hinweisen, einer Übersicht des Leistungsspektrums sowie persönlichen Angaben,
- Artikel wie bedruckte Chipkartenhüllen, Kugelschreiber und Kalender,
- »Tage der offenen Tür«,
- Kunstausstellungen in den Praxisräumen,
- Hinweise auf Ortstafeln, in kostenlos verteilten Stadtplänen und über Bürgerinformationsstellen,
- Kultur-, Sport- und Sozialsponsoring,
- Geburtstagsglückwünsche an eigene Patienten mit Hinweis auf das eigene Leistungsspektrum,
- Hinweis auf Zertifizierung der Praxis,
- nicht aufdringliches Logo,
- sachliche Informationen in Medien.

Verboten ist z. B. für Mediziner und nach Heilmittelgesetz:

- Plakatierung, z. B. in Supermärkten,
- Trikotwerbung, Bandenwerbung, Werbung auf Fahrzeugen,
- Angabe von Referenzen,
- bildliche Darstellung in Berufskleidung bei der Berufsausübung, wenn ein medizinisches Verfahren oder eine ärztliche Behandlungsmaßnahme beworben wird,
- Werbung mit Gutachten und Zeugnissen oder fachlichen Veröffentlichungen sowie Hinweisen darauf,
- Werbung für Fernbehandlungen,
- Werbung mit Krankengeschichten,
- Werbung mit bildlicher Darstellung von Personen (z. B. Angehörige der Heilberufe und medizinischen Fachberufe in der Berufskleidung oder bei der Ausübung der Tätigkeit),
- Werbung mit Äußerungen Dritter,
- Werbung mit Preisausschreiben oder Gewinnspielen.

Bestimmte Krankheiten dürfen auch nicht beworben werden, das sind unter anderem Geschwulstkrankheiten, Stoffwechselerkrankungen außer Vitaminmangel, hämatologische Krankheiten außer Eisenmangelanämie, Erkrankungen des Nervensystems, Epilepsie, Geisteskrankheiten, Alkoholismus sowie krankhafte Komplikationen während der Schwangerschaft, der Entbindung und des Wochenbetts.

Spezialisierungsstrategie

Empfehlung spielt eine wichtige Rolle in den werbebeschränkten Heilberufen. Empfohlen werden Freiberufler, die besonders freundlich, kompetent und serviceorientiert sind – kurzum alle, die sich von den anderen Vertretern ihres Berufsstands abheben.

Eine Empfehlung kann aber auch sehr gut durch eine inhaltliche Positionierung motiviert sein. Diese birgt zudem ein höheres wirtschaftliches Potenzial, es lässt sich also – im Privatkundenbereich – durch eine inhaltliche Spezialisierung oft mehr Geld verdienen.

Je klarer die Nische, desto schneller spricht sich eine Dienstleistung auch über Grenzen hinweg herum. Zu unterscheiden sind drei Spezialisierungsstrategien:

1. die Primärspezialisierung (z. B. Körpertherapeut für die Herz-Gehirn-Methode oder für Akupunktur)
2. die Problemspezialisierung (Spezialisierung auf ein Problem, ein Bedürfnis, z. B. Heilpraktiker für Allergieerkrankungen)
3. die Zielgruppenspezialisierung (z. B. Heilpraktiker für Kinder)

Im medizinischen Bereich ist unter wirtschaftlichen Aspekten vor allem die Problemspezialisierung Erfolg versprechend, die fast automatisch auch mit einer Zielgruppenspezialisierung einhergeht und nicht selten auch die Primärspezialisierung (Methode) mit einschließt. Beispiel: Ein Arzt, der eine neue Heilmethode erfunden hat.

Information zuerst

Überall dort, wo Kunden »Patienten« sind, empfiehlt sich Freiberuflern ein stark informationsbezogenes Marketing. Vertrauensbildung steht hier im Vordergrund – und Vertrauen entsteht in dem sensiblen Gesundheitsbereich erst einmal durch Kompetenz. Die beste Methode, Kompetenz auszustrahlen, ist, Informationen zu vermitteln, die zeigen, dass Sie Experte sind. In Frage kommen:

- Moderation von Fachforen im Internet,
- Fachartikel schreiben,
- Vorträge halten,
- Patienteninformationen konzipieren,
- Informationen auf der Website bieten.

Gerade Letztere sollten – gerade wenn Sie überregional Patienten ansprechen wollen – sich in ihrer Qualität deutlich von den bisherigen Informationen im Netz abheben. So locken Sie erst einmal ein breites Publikum auf Ihre Seite, das dann automatisch an Ihnen als Experte hängenbleibt.

Ein sinnvolles Online-Marketing für die Homepage beinhaltet die Fokussierung auf den Patientennutzen. Wer einem Patienten auch außerhalb der Praxis – und zwar auf der Homepage – Dienstleistungen zur Verfügung stellt, trägt damit neben dem erzielten Imagegewinn dazu bei, diesen Patienten langfristig an sich zu binden.

Unter *www.berufsordnung.de* finden Sie alle marketingrelevanten Berufsordnungen der freien Berufe!

Spezial: Marketing für Anwälte & Co.

Anwälte müssen genauso für sich werben wie andere Freiberufler auch. Ja, sie unterliegen sogar noch einem sehr viel höheren Druck, da es seit einigen Jahren zu viele Anwälte gibt, die sich am Markt um Kunden bemühen. Da reicht es nicht mehr aus, nur im Telefonbuch zu stehen oder auf die Mundpropaganda zu setzen. Sie als Anwalt müssen ein besonders ausgefeiltes Werbekonzept ausarbeiten. Ganz ähnlich wie Ihre Kollegen, die Steuerberater.

Allerdings dürfen Sie dabei nicht alles tun, was möglich wäre. Sie müssen bei jeder Werbeaktion nur zwei Regeln beachten. Die eine: Erlaubt ist nur, was informiert. Die zweite: Der Anwalt darf nicht um ein konkretes Mandat werben.

Eine rein emotionale Ansprache werden Ihnen die Kollegen nicht durchgehen lassen. Seien Sie also auf der Hut und befolgen Sie die Vorschriften: »Werbung ist dem Rechtsanwalt nur erlaubt, wenn sie über die berufliche Tätigkeit in Form und Inhalt sachlich unterrichtet und nicht auf die Erteilung eines Auftrages im Einzelfall gerichtet ist« – so steht es in § 6 der Berufsordnung für Rechtsanwälte, der BORA.

Also zurück zu den Wurzeln, zu den Kompetenzen. Das ist Ihr Pfund, damit sollten Sie wuchern. Aber auch hier geht nicht alles. Interessenschwerpunkte darf nur benennen, wer besondere Kenntnisse auf dem benannten Gebiet nachweisen kann, die im Studium, durch vorherige Berufstätigkeit, durch Veröffentlichungen oder in sonstiger Weise erworben wurden. Tätigkeitsschwerpunkte darf nur benennen, wer zusätzlich auf dem benannten Gebiet nach der Zulassung seit mindestens zwei Jahren in erheblichem Umfang tätig gewesen ist. Seit neuestem ist dies nicht mehr verbindlich, das heißt, Sie müssen Ihre Interessenschwerpunkte und Tätigkeitsschwerpunkte nicht mehr mit diesen Begriffen belegen. Sie können sich beispielsweise auch Experte oder Spezialist für Arbeitsrecht nennen. Das klingt moderner und auch werblicher. Eine Einschränkung gilt allerdings: Ein Experte darf nicht Berufsanfänger direkt nach dem zweiten Staatsexamen sein.

Ihre Werbung muss nicht nur sachlich, sie muss auch wahr und informativ sein. Praxisbroschüren, Rundschreiben und andere Informationsmittel (dazu gehören Homepage, Kundenzeitschriften, Direct-Response-Anzeigen sowie Rundfunk- und Fernsehwerbung) dürfen Sie aber haben. Auch ein Kanzleiname, der den Fachanwaltsbereich konkretisiert und auffächert, ist erlaubt. Beispiel: »Art Lawyer« assoziiert einen Rechtsanwalt, der sich auf den Bereich Kunst spezialisiert hat. Das ist erlaubt. »Job + Recht« ordnet die Kanzlei im Bereich Arbeitsrecht ein – das geht. Erlaubt ist selbst ein Kanzleilogo mit Initialen oder einfache grafische Elemente, die bloße Zeichen zur Wiedererkennung sind.

In Ihrer Werbung müssen Sie indes wieder nur über Ihr Wissen und die fachliche Qualifikation argumentieren. Begriffe wie »kreativ«, »höchste Ansprüche«, »erfolgreich«, »kompetent«, »engagiert«, »leistungsstark« – sie alle sind verboten, da solche Aussagen nicht objektiv nachweisbar sind. Das müssen sie aber sein.

Als Anwalt dürfen Sie Mailings durchführen, auch an Nicht-Mandanten, solange Sie darin nicht überschwänglich werben, sondern z. B. zu einem Vortrag einladen. Das Ganze darf allerdings durch eine unaufgeforderte Mail erfolgen. Berechtigtes Interesse auf Seiten des potenziellen Kunden müssen Sie voraussetzen dürfen.

Im Bereich der Pressearbeit sind Berichte über ein Berufsjubiläum, auch mit Fotos, erlaubt. Selbstverständlich dürfen Sie auch Presseerklärungen herausgeben und sich als »Spezialist« oder »Experte« bezeichnen lassen. Allerdings dürfen Sie sich nicht so ohne Weiteres in eine Hitliste »schummeln« und sich als einer der besten Anwälte für Arbeitsrecht bezeichnen.

Ein schönes Mittel, um neue und alte Kunden zu gewinnen, sind Infoveranstaltungen und Vorträge von Ihnen oder von Referenten, die Sie gewinnen konnten. Dazu dürfen Sie selbstredend auch Nicht-Mandanten einladen. Erlaubt ist weiterhin ein Messestand auf einer Fachmesse oder auch Sponsoring, mit dem Sie darauf aufmerksam machen, dass Sie kulturelle Ereignisse finanziell unterstützen. Mit einer Kunstausstellung in Ihren Kanzleiräumen zeigen Sie sich als kulturell interessiert und kommen darüber leichter ins Gespräch mit anderen kulturinteressierten Entscheidern. Eine Vernissage mit Einladung außerhalb der Kanzleiräume ist ebenfalls erlaubt.

Neue Kundengruppen erschließen Sie sich nicht zuletzt auch durch die Zusammenarbeit mit anderen Unternehmen oder Kanzleien. Wenn jeder Partner in seinem Gebiet einen Expertenstatus für sich beanspruchen kann, bedeutet die Kombination für die Kundenbeziehungen einen echten Mehrwert. Wer gemeinsam auf Kundenfang geht, kann zudem mit geringerem Aufwand und in kürzerer Zeit neue Mandanten zu gewinnen.

Nicht zuletzt ist gute Arbeit das beste Marketinginstrument im Bereich der Kundenbindung. Wer mit seinem Anwalt zufrieden ist, wird seine Adresse auch gerne weitergeben. Das ist dann viel günstiger, als ständig über teure Anzeigen in Telefonbüchern für »Nachschub« zu sorgen.

Die oben beschriebenen Regeln gelten übrigens in ähnlicher Form auch für Steuerberater oder Notare.

Weitere Infos:

www.jure4you.de/pdf/econsult_Anwaltsmarketing.pdf
www.kanzleicoach.de/
www.jasis-consulting.de/
www.juracafe.de/kanzlei/management/index.htm
www.123recht.net/info/index.php?id=marketing
www.sfcom.de/rechtsanwaelte.html
www.abc-anwalt.de/index.php?id=188

Das beste Marketinginstrument für jeden Freiberufler

Instrument	Freie Mitarbeiter	Freelancer im IT-/Kultur-/Medienbereich	Therapeuten u. Ä.	Verkammerte Freiberufler (Anwälte etc.)
Anzeigen Zeitung	–	–	Als Praxisanzeige	Als Praxis/-Geschäftseröffnungsanzeige
Anzeigen andere Publikationen	Verzeichnisse	Verzeichnisse	Verzeichnisse	Verzeichnisse
Akquisition	Direktansprache von Auftraggebern	Direktansprache von Auftraggebern	–	Direktansprache von Auftraggebern, nur wenn es Unternehmen sind
Bewerbung	In Form eines Profils (Übersicht der Kompetenzen und des Angebots)	In Form eines Profils	Eventuell Ratgeber	Fachbuch
Buch	–	Eventuell Sachbuch	Eventuell Ratgeber	Fachbuch
Datenbankeinträge	Verzeichnisse wie *www.dozentenboerse.de*	Dienstleisterverzeichnisse	Dienstleisterverzeichnisse	Dienstleisterverzeichnisse
Empfehlungsmarketing	Empfiehlst du mich, empfehle ich dich	–	Infoabende, Workshops, Seminare etc.	Kundenveranstaltungen, Vorträge, Seminare, Workshops, Infoabende
Events	–	Kundenveranstaltungen aller Art, Vorträge, Workshops, Seminare	Infoabende, Workshops, Seminare etc.	Kundenveranstaltungen, Vorträge, Seminare, Workshops, Infoabende
Internet	Zur Selbstpräsentation, z. B. mit Arbeitsproben	Zur konkreten Kundenansprache, Dienstleistungsangebot, Service	Zur konkreten Kundenansprache, Dienstleistungsangebot, Service. Wichtig, da manche Therapeuten wenig Mundpropaganda bekommen	Zur konkreten Kundenansprache, Dienstleistungsangebot, Service. Wichtig: Sachinfo. Am besten zusätzliches Tool/Wissen bieten, das sich sonst so (noch) nicht findet

Instrument	Freie Mitarbeiter	Freelancer im IT-/Kultur-/ Medienbereich	Therapeuten u. Ä.	Verkammerte Freiberufler (Anwälte etc.)
Kooperationen	–	Mit sich ergänzenden Berufsbildern, die die gleiche Zielgruppe ansprechen	Z. B. Therapeuten mit versch. Kompetenzen	Mit sich ergänzenden Berufsbildern, die die gleiche Zielgruppe ansprechen, oder sich ergänzende Kompetenz
Mailing	–	Um Unternehmen anzusprechen	– (In der Regel Privatkunden, erlaubt rechtlich kein Mailing)	Falls Unternehmenskunden
Messen	– (Nur, um diese zu besuchen und Kontakte zu machen)	Branchenspezifisch, z. B. Gemeinschaftsstände	Branchenspezifisch, z. B. Gemeinschaftsstände	– (Nur, um diese zu besuchen und Kontakte zu machen)
Networking	In Verbänden, Interessengruppen etc.	Im Branchenumfeld	In Verbänden, Interessengruppen	Überall, wo sich die Zielgruppe aufhält
Pressearbeit	–	Als Experte positionieren	Als Experte positionieren	Als Experte positionieren
Second Life/ Internet	–	Um eine Dependance in Second Life aufzumachen, z. B. Zeitschrift dort herausgeben	– (wirkt vermutlich unseriös)	– (wirkt vermutlich unseriös)
Suchmaschinenmarketing/ Internet	–	Sehr wichtig, um gut findbar zu sein. Google-Adwords testen	Sehr wichtig, um gut findbar zu sein. Google-Adwords testen	Sehr wichtig, um gut findbar zu sein. Google-Adwords testen
Idealer Marketingschwerpunkt	Direktansprache, Networking	Internet, Networking, Direktansprache	Pressearbeit, Internet, Datenbanken/ Telefonbuch	Pressearbeit, Events

8 Steuern

In diesem Kapitel finden Sie zusammengefasst, was Freiberufler zum Thema Steuern, Steuern zahlen und Steuern vermeiden wissen müssen – und nicht mehr. Es kommen Besonderheiten der Einnahmenüberschussrechnung, Gewinnermittlungen für Freiberufler-GbRs und Partnergesellschaften und Vorsteuerpauschalen zur Sprache. Themen wie Gewerbesteuer und Gewinn-und-Verlust-Rechnung finden Sie nicht, da diese nur für Gewerbetreibende relevant sind.

8.1 Die wichtigsten Antworten auf Steuerfragen

Für den schnellen Überblick habe ich die wichtigsten Fragen gesammelt. Die Antworten helfen Ihnen, sich zu orientieren. Lesen Sie aber bitte weitere Details in den einzelnen Unterkapiteln dieses Abschnitts.

Frage	Antwort
Welche Steuern zahle ich?	Als Freiberufler zahlen Sie Einkommensteuer und Umsatzsteuer.
Welche Gewinnermittlungsart ist für mich relevant?	Freiberufler müssen nur eine Einnahmenüberschussrechnung (EÜR) einreichen, ganz gleich wie hoch ihr Umsatz ist.
Muss ich Steuern im Voraus bezahlen?	Am Anfang in der Regel nicht. Mit dem ersten Steuerbescheid werden Sie jedoch geschätzt und von da an quartalsweise vorauszahlen.
Muss ich auf der Rechnung eine Steuernummer angeben?	Ja, Ihre persönliche Steuernummer oder die sogenannte Umsatzsteueridentnummer gehört auf die Rechnung.
Wann zahle ich die Umsatzsteuer?	Die Umsatzsteuer wird mit der Umsatzsteuervoranmeldung fällig. Anders als bei der Einkommensteuer ist bei der Umsatzsteuer das Datum der Leistungserbringung entscheidend. Für die Erstattung und Zahlung der Umsatzsteuer ist deshalb dieser Zeitpunkt relevant. Als Freiberufler können Sie Umsatzsteuer deshalb unter Umständen schon abziehen, bevor Sie gezahlt haben. Umgekehrt müssen Sie eventuell schon Umsatzsteuer zahlen, bevor Sie diese erhalten haben.
Was ist eine Vorsteuerpauschale und lohnt sich diese für mich?	Bestimmte Berufsgruppen können Vorsteuerpauschalen geltend machen, müssen also Umsatzsteuereinnahmen- und -ausgaben nicht einzeln nachweisen. Dies lohnt sich nur in wenigen Einzelfällen. Bitte lesen Sie das entsprechende Kapitel.

8.2 Der Fragebogen zur steuerlichen Erfassung

Bevor Sie freiberuflich tätig werden, müssen Sie einen »Fragebogen zur steuerlichen Erfassung« ausfüllen, spätestens jedoch nach dem ersten Auftrag. Dieser Fragebogen gilt als Ihre Anmeldung beim Finanzamt, da Sie keine Gewerbeanmeldung brauchen.

Zutreffendes bitte ankreuzen ☒ oder ausfüllen

An das Finanzamt

Geschäftszeichen

Eingangsstempel oder -datum Finanzamt

Fragebogen zur steuerlichen Erfassung

☐ **Aufnahme einer gewerblichen, selbständigen (freiberuflichen) oder land- und forstwirtschaftlichen Tätigkeit**

☐ **Beteiligung an einer Personengesellschaft/-gemeinschaft**
- Bitte beantworten Sie nur die Fragen zu Abschnitt 1, Abschnitt 2 - nur Textziffer 2.8, Abschnitt 3 und Abschnitt 8 -

1 Allgemeine Angaben

1.1 Steuerpflichtige(r)/Beteiligte(r)

1 Vor- und Zuname (ggf. Geburtsname)

2 Geburtsdatum | Religion | Ausgeübter Beruf

3 Straße, Hausnummer | PLZ (Straßenadresse) | Wohnort

4 Postfach | PLZ (Postfachadresse) | Ort

5 Persönliches Identifikationsmerkmal (Personalausweis-/Reisepassnummer)

6 **Kommunikationsverbindungen**
Telefon (Festnetz, ggf. Mobiltelefon) | Telefax | E-Mail

7 **Familienstand**
verheiratet seit | verwitwet seit | geschieden seit | dauernd getrennt lebend seit

1.2 Ehegatte

8 Vor- und Zuname (ggf. Geburtsname)

9 Geburtsdatum | Religion | Ausgeübter Beruf

10 Straße, Hausnummer, PLZ, Wohnort (falls abweichend)

11 Persönliches Identifikationsmerkmal (Personalausweis-/Reisepassnummer)

1.3 Kinder mit Wohnsitz im Inland

	Vorname (ggf. abweichender Familienname)	Geburtsdatum
12		
13		
14		

1.4 Bankverbindung(en) für Steuererstattungen/Lastschrifteinzugsverfahren (LEV)

15 ☐ **Alle Steuererstattungen** sollen an folgende Bankverbindung erfolgen:
Kontonummer | BLZ | Geldinstitut (Name, Ort) | Kontoinhaber(in)

16 ☐ **Personensteuererstattungen** (z.B. Einkommensteuer) sollen an folgende Bankverbindung erfolgen:
Kontonummer | BLZ | Geldinstitut (Name, Ort) | Kontoinhaber(in)

17 ☐ **Betriebssteuererstattungen** (z.B. Umsatz-, Lohnsteuer) sollen an folgende Bankverbindung erfolgen:
Kontonummer | BLZ | Geldinstitut (Name, Ort) | Kontoinhaber(in)

18 Möchten Sie am **Lastschrifteinzugsverfahren**, dem für beide Seiten einfachsten Zahlungsweg, teilnehmen?
☐ Ja, die ausgefüllte Teilnahmeerklärung ist beigefügt.

1.5 Steuerliche Beratung

19 ☐ nein   Name und Anschrift
☐ ja ⇨ ____________________

Kommunikationsverbindungen

20 Telefon (Festnetz, ggf. Mobiltelefon)	Telefax	E-Mail (ggf. Internetadresse)

1.6 Empfangsbevollmächtigte(r) für alle Steuerarten (kann nur mit beigefügter gesonderter Vollmacht berücksichtigt werden)

21 Name und Anschrift

22 Zuständigkeit der/des Empfangsbevollmächtigten
☐ Feststellungs-/Festsetzungs- **und** Erhebungsverfahren
☐ **nur** Feststellungs-/Festsetzungsverfahren ☐ **nur** Erhebungsverfahren

1.7 Bisherige persönliche Verhältnisse

Falls Sie innerhalb der letzten 12 Monate zugezogen sind:

23 Zugezogen am	Frühere Anschrift (Straße, Hausnummer/Postfach, PLZ, Ort)

24 Waren Sie (oder ggf. Ihr Ehegatte) in den letzten drei Jahren für Zwecke der Einkommensteuer steuerlich erfasst?
☐ nein   Finanzamt, Steuernummer
☐ ja ⇨ ____________________

2 Angaben zur gewerblichen, selbständigen (freiberuflichen) oder land- und forstwirtschaftlichen Tätigkeit

2.1 Art des ausgeübten Gewerbes/der Tätigkeit - ggf. den Schwerpunkt angeben! -

25

2.2 Anschrift des Unternehmens

26 Bezeichnung

27 Straße, Hausnummer	PLZ (Straßenadresse)	Wohnort
28 Postfach	PLZ (Postfachadresse)	Ort

Kommunikationsverbindungen

29 Telefon (Festnetz, ggf. Mobiltelefon)	Telefax	E-Mail (ggf. Internetadresse)

2.3 Betriebsstätten

30 Werden in mehreren Gemeinden Betriebsstätten unterhalten? ☐ nein
☐ ja ⇨

Anschriften (PLZ, Ort, Straße, Hausnummer)	Telefon
31 1.	
2.	

32 Bei mehr als zwei Betriebsstätten: ☐ Gesonderte Aufstellung ist beigefügt.

33 **2.4 Kammerzugehörigkeit (Handwerks-/Industrie- und Handelskammer)** ☐ ja ☐ nein

34 **2.5 Handelsregistereintragung** ☐ ja ⇨ Bitte Handelsregisterauszug beifügen! ☐ nein

2.6 Ort der Geschäftsleitung (Bitte nur angeben, wenn diese von der Anschrift des Unternehmens abweicht!)

35 Straße, Hausnummer	PLZ (Straßenadresse)	Wohnort
36 Postfach	PLZ (Postfachadresse)	Ort

2.7 Gründungsform (Bitte ggf. die entsprechenden Verträge beifügen!)

37 ☐ Neugründung zum .... ☐ Verlegung zum ....

38 ☐ Übernahme
(z.B. Kauf, Pacht, Vererbung,Schenkung) zum .... ☐ Umwandlung zum ....

39 (Name und Anschrift des vorherigen Unternehmens bzw. der Vorinhaberin/des Vorinhabers, Finanzamt, Steuernummer)

2.8 Bisherige betriebliche Verhältnisse

Ist in den letzten drei Jahren schon ein Gewerbe, eine selbständige (freiberufliche) oder eine land- und forstwirtschaftliche Tätigkeit

40 ☐ nein

41 ☐ ja ⇨ Art, Ort und Dauer der Tätigkeit

Finanzamt, Steuernummer, ggf. Umsatzsteuer-Identifikationsnummer

3 Angaben zur Festsetzung der Vorauszahlungen (Einkommensteuer, Gewerbesteuer)

	3.1 Voraussichtliche Einkünfte aus	im Jahr der Betriebseröffnung (EUR) Steuerpflichtiger	Ehegatte	im Folgejahr (EUR) Steuerpflichtiger	Ehegatte
42	Land- und Forstwirtschaft				
43	Gewerbebetrieb				
44	Selbständiger Arbeit				
45	Nichtselbständiger Arbeit				
46	Kapitalvermögen				
47	Vermietung und Verpachtung				
48	Sonstigen Einkünften (z.B. Renten)				
	3.2 Voraussichtliche Höhe der				
49	Sonderausgaben und außergewöhnlichen Belastungen				
50	Steuerabzugsbeträge				

4 Angaben zur Gewinnermittlung

51 Gewinnermittlungsart

☐ Einnahmen-Überschuss-Rechnung

☐ Vermögensvergleich (Bilanz) Eröffnungsbilanz ☐ liegt bei. ☐ wird nachgereicht.

☐ Gewinnermittlung nach Durchschnittssätzen (nur für Land- und Forstwirtschaft)

52 Liegt ein vom Kalenderjahr abweichendes Wirtschaftsjahr vor?

☐ nein ☐ ja, vom ________________ bis ________________

5 Freistellungsbescheinigung gemäß § 48b Einkommensteuergesetz - EStG - („Bauabzugssteuer")

Zu Ihrer Information steht Ihnen das Merkblatt zum Steuerabzug bei Bauleistungen im Internet unter www.bff-online.de oder www.bff.bund.de zum Download zur Verfügung. Sie können es aber auch bei Ihrem Finanzamt erhalten.

53 ☐ Ich beantrage die Erteilung einer Bescheinigung zur Freistellung vom Steuerabzug bei Bauleistungen gemäß § 48b EStG.

6 Angaben zur Anmeldung und Abführung der Lohnsteuer

		Insgesamt:	a) davon Familienangehörige:	b) davon geringfügig Beschäftigte:
54	Zahl der Arbeitnehmer (einschließlich Aushilfskräfte)			

55	Anmeldungszeitraum (voraussichtliche Lohnsteuer im Kalenderjahr)	☐ **monatlich** (mehr als 3.000 EUR)	☐ **vierteljährlich** (mehr als 800 EUR)	☐ **jährlich** (nicht mehr als 800 EUR)

56 Die für die Lohnberechnung maßgebenden Lohnbestandteile werden zusammengefasst im Betrieb/Betriebsteil:
Name, Straße, Hausnummer, PLZ, Ort

7 Angaben zur Anmeldung und Abführung der Umsatzsteuer

57 **7.1 Gesamtumsatz (geschätzt)**

im Jahr der Betriebseröffnung (**EUR**)	im Folgejahr (**EUR**)

7.2 Kleinunternehmer-Regelung

58 ☐ Der Gesamtumsatz für das Gründungsjahr wird die Grenze von 17.500 EUR voraussichtlich nicht überschreiten.

59 ☐ Ich nehme die Kleinunternehmer-Regelung (§ 19 Abs. 1 Umsatzsteuergesetz – UStG) in Anspruch. Ich weise in Rechnungen keine Umsatzsteuer gesondert aus und kann keinen Vorsteuerabzug geltend machen.
Hinweis:
Angaben zu Tz. 7.3 bis 7.6 sind nicht erforderlich; Umsatzsteuer-Voranmeldungen sind nicht abzugeben.

60 ☐ Ich verzichte auf die Anwendung der Kleinunternehmer-Regelung. Die Besteuerung erfolgt nach den allgemeinen Vorschriften des Umsatzsteuergesetzes **für mindestens fünf Kalenderjahre** (§ 19 Abs. 2 UStG); Umsatzsteuer-Voranmeldungen sind monatlich in elektronischer Form abzugeben.

7.3 Soll-/Istversteuerung der Entgelte

61 Ich berechne die Umsatzsteuer nach

☐ vereinbarten Entgelten (**Sollversteuerung**). ☐ vereinnahmten Entgelten. Ich beantrage hiermit die **Istversteuerung**.

7.4 Dauerfristverlängerung

62 ☐ Ich möchte die **Dauerfristverlängerung** für die Abgabe der Umsatzsteuer-Voranmeldungen nutzen. Mir ist bekannt, dass bei **monatlicher** Abgabe der Umsatzsteuer-Voranmeldungen eine **Sondervorauszahlung** zu berechnen und zu entrichten ist. Bitte senden Sie mir den erforderlichen Vordruck USt 1 H zu.

7.5 Umsatzsteuer-Identifikationsnummer

63 ☐ Ich benötige für die Teilnahme am innergemeinschaftlichen Handel eine Umsatzsteuer-Identifikationsnummer (USt-IdNr.).

64 **Zusatzangaben** für Unternehmer,

- die nur steuerfreie Umsätze ausführen, die zum Ausschluss vom Vorsteuerabzug führen,
- für deren Umsätze Umsatzsteuer nach § 19 Abs. 1 UStG nicht erhoben wird,
- die ihre Umsätze nach den Durchschnittssätzen des § 24 UStG versteuern:

Ich beantrage eine USt-IdNr., weil

☐ innergemeinschaftliche Lieferungen ausgeführt werden (gilt nur für pauschalierende Land- und Forstwirte).

☐ innergemeinschaftliche Erwerbe zu versteuern sind, da die Erwerbsschwelle von 12.500 EUR jährlich

  ☐ voraussichtlich überschritten wird (§ 1a Abs. 3 UStG).

  ☐ voraussichtlich nicht überschritten wird, auf die Erwerbsschwellenregelung jedoch für die Dauer von mindestens zwei Jahren verzichtet wird (§ 1a Abs. 4 UStG).

neue Fahrzeuge oder bestimmte verbrauchsteuerpflichtige Waren innergemeinschaftlich erworben werden (§ 1a Abs. 5 UStG).

65 ☐ Ich habe bereits für eine frühere Tätigkeit folgende USt-IdNr. erhalten

USt-IdNr.	Vergabedatum

8 Angaben zur Beteiligung an einer Personengesellschaft/-gemeinschaft

66 Bezeichnung, Anschrift der Gesellschaft/Gemeinschaft

67 Finanzamt, Steuernummer der Gesellschaft/Gemeinschaft

(Fügen Sie bitte eine Kopie des Gesellschaftsvertrags bei!)

68 Ich versichere, dass ich die vorstehenden Angaben wahrheitsgemäß nach bestem Wissen und Gewissen gemacht habe.

Ort, Datum

Unterschrift des/der Steuerpflichtigen und ggf. des Ehegatten bzw. des/der Vertreter/s oder Bevollmächtigten

69 **Anlagen:**

☐ Teilnahmeerklärung für das LEV (Tz. 1.4)
☐ Empfangsvollmacht (Tz. 1.6)
☐ Handelsregisterauszug (Tz. 2.5)
☐ Verträge bei Übernahme bzw. Umwandlung (Tz. 2.7)
☐ Eröffnungsbilanz (Tz. 4)
☐ Gesellschaftsvertrag (Tz. 8)
☐ ____________________

Tipps zum Ausfüllen

Und so füllen Sie den Fragebogen zur steuerlichen Erfassung richtig aus: Ganz oben tragen Sie das für Sie zuständige Finanzamt und gegebenenfalls das Geschäftszeichen ein. Machen Sie ein Kreuz im ersten Kästchen, wenn Sie das Finanzamt von Ihrer Selbstständigkeit in Kenntnis setzen und eine Steuernummer für Selbstständige beantragen wollen. Das Kreuz gehört ins zweite Kästchen, wenn Sie sich mit einem Partner selbstständig machen wollen oder in eine bereits bestehende Gesellschaft als Gesellschafter einsteigen. Dann müssen Sie auch nicht den gesamten Fragebogen ausfüllen, sondern nur die Fragen unter 1, 2.8, 3 und 8.

1. Allgemeine Angaben

Tragen Sie unter 1.1 »Steuerpflichtiger Beteiligter« Ihre persönlichen Daten ein.

1.2 Hier setzen Sie die Angaben Ihres Ehepartners ein, sofern Sie verheiratet sind.

1.3 Tragen Sie an dieser Stelle die Angaben über Ihre Kinder ein.

1.4 Geben Sie bitte Ihre Bankverbindungen an und ob Sie per Lastschrifteinzugsverfahren Ihre Steuern entrichten wollen. Unter »Personensteuererstattungen« (also Einkommensteuer) gehört die Bankverbindung für Ihren privaten Haushalt und unter »Betriebssteuererstattungen« die Verbindung für Ihr Unternehmen (das ist das Geschäftskonto, auf dem auch die Umsatzsteuer zu- und abfließen sollte).

1.5 Haben Sie einen Steuerberater? Dann tragen Sie hier dessen Daten ein. Sonst: N.N. (nomen nescio, lateinisch für: den Namen weiß ich noch nicht).

1.6 Bezieht sich auf von Ihnen Bevollmächtigte und deren Zuständigkeiten.

1.7 Bei Wohnortwechsel in den letzten zwölf Monaten müssen Sie die alte Adresse angeben.

2. Angaben zur gewerblichen, selbstständigen (hier identisch mit freiberuflichen!) oder land- und forstwirtschaftlichen Tätigkeit

2.1 Hier tragen Sie die Art Ihrer freiberuflichen Tätigkeit ein. Bitte nach Möglichkeit eine akademische Bezeichung wählen, keine Agentur, Büro etc. – wird gern mit »gewerblich« assoziiert.

2.2 Die Adresse des Unternehmens.

2.3 Falls Sie verschiedene Betriebsstätten haben, müssen die jeweiligen Adressen hier angegeben werden.

2.4 Als Freiberufler gehören Sie nicht Handwerks- oder Handelskammer an – also frei lassen.

2.5 Handelsregistereintrag? Haben Sie als Freiberufler nicht.

2.6 Hier tragen Sie die Adresse Ihrer Geschäftsleitung ein, wenn sie von der Adresse Ihres Unternehmens differiert. Geht auch bei freiberuflichen GbRs.

2.7 Hier tragen Sie ein, ob Ihre Unternehmensgründung eine Neugründung, eine Übernahme, eine Umwandlung oder eine Verlegung ist, z.B. bei einer Arztpraxenübernahme.

2.8 Bezieht sich auf Ihre betrieblichen Verhältnisse: Haben Sie in den drei letzten Jahren bereits gegründet? Besitzen Sie bereits eine betriebliche Steuernummer?

3. Angaben zur Festsetzung der Vorauszahlungen

3.1 Hier tragen Sie Ihre voraussichtlichen Einkünfte ein aus Ihrem Unternehmen, gegebenenfalls auch aus nichtselbstständiger Arbeit (Angestelltentätigkeit bei nebenberuflicher Tätigkeit), Kapitalvermögen und Einkünfte aus Vermietung und Verpachtung an und auch die Einkünfte Ihres Ehepartners, wenn Sie gemeinsam veranlagt werden. Sie geben dann auch die voraussichtlichen Einkünfte für das zweite Betriebsjahr an. Schätzen Sie vorsichtig (z.B. 10.000 im ersten und 15.000 Euro im zweiten Jahr), damit das Finanzamt Sie nicht für Vorauszahlungen veranschlagt.

3.2 Hierher gehören Ihre voraussichtlichen Sonderausgaben (Versicherungen etc.) und außergewöhnliche Belastungen (wenn Sie z.B. aufgrund einer Allergie den Teppich in der Privatwohnung austauschen mussten) sowie voraussichtliche Steuerabzugsbeträge. Normalerweise kommen da schnell 5.000 Euro zusammen. Die Angaben hier müssen nicht genau sein, ein grober Überschlag reicht.

4. Angaben zur Gewinnermittlung

Als Freiberufler können Sie immer die Einnahmenüberschussrechnung nutzen, da Sie nicht bilanzieren müssen.

Rechnen Sie von Ihrer Gründung beispielsweise im August bis zum darauffolgenden August? Dann haben Sie ein Wirtschaftsjahr, das vom Kalenderjahr abweicht. Diese Angabe ist nur für bilanzierende Unternehmen relevant.

5. Freistellungsbescheinigung »Bauabzugssteuer«

Diese Freistellungsbescheinigung betrifft nur das Baugewerbe. Wenn Sie also nichts mit der Herstellung, der Instandsetzung und -haltung, der Änderung oder Beseitigung von Bauwerken zu tun haben, füllen Sie hier gar nichts aus.

6. Angaben zur Anmeldung und Abführung von Lohnsteuer

Beschäftigen Sie Angestellte, Familienangehörige und/oder Minijobber? Dann müssen Sie diese hier anführen und die voraussichtlich abzuführende Lohnsteuer.

7. Angaben zur Anmeldung und Abführung der Umsatzsteuer

7.1 Hier geben Sie Ihren geschätzten Gesamtumsatz im Jahr der Betriebseröffnung und im Folgejahr an.

7.2 Wollen Sie die Kleinunternehmerregelung in Anspruch nehmen? Das können Sie tun, wenn Sie im Gründungsjahr nicht mehr als 17.500 Euro Gesamtumsatz machen. Dann stellen Sie Ihre Rechnungen ohne Umsatzsteuer aus, können aber auch keinen Vorsteuerabzug geltend machen. Für Sie ist netto = brutto. Gut überlegen!

7.3 Soll-/Istversteuerung der Entgelte
Istbesteuerung ist für Freiberufler empfehlenswert. Dann bezahlen Sie die Umsatzsteuer aus einer Rechnung erst im Monat des Zahlungseingangs und nicht etwa bei »Vereinbarung«, also Rechnungsstellung.

7.4 Dauerfristverlängerung
Im ersten Gründungsjahr werden Sie die Umsatzsteuer für jeden Monat zum 10. des darauffolgenden Monats an das Finanzamt zu entrichten haben. Wenn Sie eine Dauerfristverlängerung beantragen, bis zum 10. Februar des

Jahres, können Sie jeweils einen Monat später Ihre Umsatzsteuervoranmeldung entrichten: Für den Monat Januar müssen Sie Ihre Meldung an das Finanzamt bis zum 10. Februar gemacht haben. Mit der Dauerfristverlängerung können Sie sie sich bis zum 10. März Zeit lassen.

7.5 Umsatzsteueridentifikationsnummer
Diese Nummer benötigen Sie, wenn Sie innerhalb der Europäischen Gemeinschaft tätig werden. Sollten Sie beantragen, sofern Sie die Kleinunternehmerregelung nicht beanspruchen. Vorteil: Auf der Rechnung können Sie die Umsatzsteueridentnummer gegen die Steuernummer tauschen. Das ist aus Datenschutzsicht besser.

8. Angaben zur Beteiligung an einer Personengesellschaft

Relevant, wenn Sie eine GbR oder eine Partnergesellschaft gründen. Hier tragen Sie bitte das für die Gesellschaft zuständige Finanzamt, Ihre Steuernummer ein und fügen den Gesellschaftervertrag bei.

8.3 Gewinn ermitteln

Ihren Gewinn ermitteln Sie anders als die gewerblichen Kollegen nicht durch eine Bilanz, sondern per einfacher Einnahmenüberschussrechnung, auch Einnahmen-und-Ausgaben-Rechnung genannt. Dies ist eine Rechnung, die auf einem sehr simplen und eingängigen Prinzip beruht:

Umsätze, also alle Einnahmen
– Minus betriebliche Ausgaben
= Gewinn
– Minus private, abzugsfähige Ausgaben
= zu versteuerndes Einkommen (ZvE)

Wundern Sie sich nicht, dass die Rechnung bei Ihrem Steuerberater oft komplexer und vor allem auch komplizierter aussieht. Er bucht in der Regel »doppelt«, also auf zwei verschiedene »Konten« wie bei einem Gewerbetreibenden, denn diese Art der Buchung ist die beste Basis für beide Gewinnermittlungsarten. Machen Sie sich nicht erst die Mühe, diese Buchführungsmethode zu verstehen. Sie brauchen es nicht und stecken Ihre wertvolle und durch die vereinfachte Buchführung gesparte Zeit besser in die Kundenakquise.

Als Freiberufler haben Sie die Möglichkeit, freiwillig eine Bilanz einzureichen. Einen Vorteil haben Sie allerdings nicht davon: Die Kosten für die Steuerberatung steigen mit dem höheren zeitlichen Aufwand. Allein der genauere Überblick über die Vermögensverhältnisse und klarere Aussagen über den geschäftlichen Erfolg könnten als Argumente herangezogen werden. Dies ist aber sicher nur in wenigen Ausnahmefällen und bei sehr hohen Gewinnen relevant.

Fragen zur einfachen Buchführung

Für wen relevant?	Freiberufler und PartnerG grundsätzlich. Gewerbetreibende ohne Handelsregistereintrag wie GbR, sofern der Umsatz unter 500.000 Euro oder der Gewinn unter 30.000 Euro liegt.
Was wird gebucht?	Nur reine Geldbewegungen sowie Abschreibungen laut Afa. Gebucht wird, wenn etwas auf Ihrem Konto oder in Ihrer Kasse eingeht. Ihre zu begleichenden Rechnungen zählen erst dann, wenn Sie das Geld überwiesen oder erhalten haben.
Wie wird gebucht?	Es gibt nur zwei Seiten: Einnahmen und Ausgaben. Sowohl Einnahmen als auch Ausgaben erscheinen erst mit dem Zeitpunkt des Geldflusses. Motto: Kein Geld, keine Buchung.
Gibt es Gestaltungsspielraum?	Durch die Art und Weise der Buchung entsteht Gestaltungsspielraum: Haben Sie in einem Jahr so viel verdient, dass die Steuerzahlung hoch ausfallen wird, können Sie weitere Rechnungen ins nächste Jahr verschieben und somit z. B. verhindern, in die nächste Progressionsstufe zu geraten. Erst wenn die Rechnung bezahlt ist, wird Sie für die Buchführung »sichtbar«. Natürlich können Sie auch Ausgaben vorziehen.
Was gilt in Bezug auf den Zu- und Abfluss von Umsatzsteuer?	Umsatzsteuer: Es gilt nur die tatsächlich erhaltene oder tatsächlich gezahlte Umsatzsteuer, sofern weniger als 250.000 Euro Umsatz in den alten Bundesländern und 500.000 Euro Umsatz in den neuen Bundesländern erzielt werden.
Wie wird die Umsatzsteuer versteuert?	Wenn Sie unterhalb der Grenze von 250.000 Euro / 500.000 Euro (alte Bundesländer/neue Bundesländer) liegen oder aber Freiberufler sind, können (und sollten) Sie mit dem Finanzamt die Istbesteuerung vereinbaren. Das bedeutet, dass Sie nur Umsatzsteuer für tatsächlich eingenommenes Geld zahlen, nicht für Geld, das Sie lediglich in Rechnung gestellt haben.
Was gilt für die Belege?	Sie müssen die formalen Vorschriften erfüllen (Datum, Rechnungsnummer, Mehrwertsteuersatz, Steuernummer oder Umsatzsteueridentifikationsnummer). Aufbewahrungspflicht: 10 Jahre. Es ist Ihre Pflicht, die Belege leserlich zu halten.
Wie ermittelt man den Gewinn oder Verlust?	Einnahmenüberschussrechnung (EÜR).
Wann ist das Jahr für den Abschluss zu Ende?	Maßgeblich ist das Kalenderjahr.

Belege verwalten

Wie Sie Ihre Belege verwalten, ist weitgehend Ihnen überlassen. Allerdings existieren berufsspezifische Regelungen, etwa für freiberuflich arbeitende Tierärzte. Alle Freiberufler müssen sich allerdings an gewisse Mindeststandards halten, die sich mit folgenden Tipps zusammenfassen lassen:

- Sammeln Sie alle Belege, die Ausgaben und Einnahmen dokumentieren, im Original.
- Müssen Sie Rechnungen ein zweites Mal ausstellen, gilt: Fertigen Sie eine Kopie an, etwa mit dem Stempel »Kopie«.
- Kopieren Sie schlecht leserliche Rechnungen und Rechnungen auf Thermopapier. Sind diese nicht leserlich gehalten, wird das Finanzamt sie bei einer Prüfung möglicherweise rückwirkend aberkennen.
- Bewahren Sie die Belege sicher vor Feuchtigkeit auf.
- Halten Sie sich selbst an die Rechnungsvorschriften (siehe unten).
- Achten Sie auf Ihrerseits auf Rechnungen, die den Vorschriften entsprechen.

Schaffen Sie sich mehrere Ordner für Ihre Buchhaltung und zugunsten der eigenen Ordnung an. Wenn Sie einen Steuerberater haben, sollten Sie diesem eine vorbereitete Buchhaltung überreichen. Üblich ist, dass die Unterlagen geordnet und nummeriert eingereicht werden, selbst wenn der Steuerberater die Buchung übernimmt. Bei der Übergabe sollten Einnahmen und Ausgaben anhand der Kontoauszüge überprüft sein und nur diejenigen Belege eingereicht werden, die auch bezahlt sind. Idealerweise heften Sie bei einer Einnahmen-und-Ausgaben-Rechnung die relevanten Belege hinter den jeweiligen Kontoauszug. Barbelege folgen erst danach. Es ist dabei sinnvoll, alle Belege durchzunummerieren. Mit Kontoauszügen zu arbeiten macht auch deshalb Sinn, weil Sie ohnehin verpflichtet sind, diese für eine eventuelle Betriebsprüfung zu verwahren.

Die Rechnung

Ihre Rechnungen sollten Sie hüten wie einen Schatz – besonders, wenn diese Ausgaben bezeugen (und natürlich auch sonst). Das Finanzamt will sie nämlich spätestens bei einer Betriebsprüfung sehen, der Steuerberater schon viel früher. Zehn Jahre lang müssen Sie Rechnungen aufbewahren. So lange müssen sie auch leserlich sein. Das bedeutet, dass Rechnungen auf Thermopapier am besten kopiert werden – dieses hält die Schrift nämlich oft nicht mal ein Jahr lang leserlich.

Achten Sie dabei darauf, dass Ihre Rechnungen den Anforderungen genügen. Die Rechnungen, die Sie erstellen, sollten Folgendes beinhalten:

- Den Namen und die Anschrift des Freiberuflers bzw. der freiberuflichen Gesellschaft. Achten Sie auf die korrekte Gesellschaftsbezeichnung, also auf die GbR oder Partnergesellschaft.
- Die Firmenbezeichnung, den Namen und die Anschrift des Empfängers.
- Die genaue Bezeichnung der Dienstleistung, inklusive Datum, an dem die Leistung erbracht worden ist. Ein »laut Auftrag vom« ist zwar nicht zwingend vorgeschrieben, aber hilfreich, um Ihre Ansprüche beim Rechnungsempfänger durchzusetzen.
- Das Rechnungsdatum.
- Eine fortlaufende, einmalige Rechnungsnummer. Diese kann bei 1 beginnen, muss es aber nicht. Sie können verschiedene Nummernkreise anlegen, falls Sie verschiedene Unternehmungen unter einem Dach anbieten.
- Das nach den geltenden Steuersätzen aufgeschlüsselte Entgelt, inklusive Angabe des gültigen Steuersatzes (0, 7 oder 19 Prozent).
- Den auf das Entgelt entfallenden Umsatzsteuerbetrag.
- Bei Kleinunternehmern: den Hinweis auf die Umsatzsteuerbefreiung.
- Die vom Finanzamt erteilte Umsatzsteueridentifikationsnummer oder die Steuernummer.

Rechnungen unter 150 Euro benötigen mindestens folgende Angaben:

- Den Namen und die Anschrift des Freiberuflers. Fertigen Sie einen Stempel mit Steuernummer an, falls Sie statt Rechnungen Quittungen ausstellen.
- Die Menge und Art des Gegenstandes der Lieferung oder die genaue Bezeichnung der Dienstleistung, inklusive Datum, an dem die Leistung erbracht worden ist.
- Das Entgelt in einem Bruttobetrag (ohne Ausweis des Umsatzsteuerbetrags).
- Den gültigen Mehrwertsteuersatz oder den Hinweis auf die Befreiung.
- Die vom Finanzamt erteilte Umsatzsteueridentifikationsnummer oder die Steuernummer.

Praxistipps für Online-Rechnungssteller und -empfänger

Fallbeispiel
Daniel Teixeira von Associated (*www.beastassociated.de*) macht es mit den Online-Rechnungen so: »Wenn die Rechnung nicht als PDF an die E-Mail angehängt, sondern online abrufbar ist – wie dies etwa bei den meisten großen Telekommunikationsanbietern der Fall ist –, umgehen Sie das Risiko. Die Website, von der Sie das das PDF herunterladen, ist ja SSL-verschlüsselt – damit ist auch die Echtheit des ›Lieferers‹ bestätigt. Eine Manipulation durch den Transport ist so auch nicht möglich.
Nun kann es aber immer noch sein, dass der Empfänger der Rechnung diese selbst manipuliert. Aber auch das Problem lässt sich simpel lösen. Am Ende eines Jahres stellen wir einfach eine Rechnungsübersicht aus. Diese drucken wir auf offiziellem Geschäftspapier und versenden sie mit der Post. Da stehen alle Rechnungen von einem Jahr mit dem Wert drauf.

Damit werden alle zuvor per Mail geschickten Online-Rechnungen noch einmal bestätigt. Eine Manipulation ist dadurch ausgeschlossen. Wichtig dabei: Die Rechnungsübersicht muss als solche deklariert sein und wird ohne spezielle Anforderung des Kunden verschickt. Das kostet dann nur einmal 55 Cent – und spart den mit der Postversendung einhergehenden Aufwand. So freuen sich die Kunden und Sie selbst. Ein bis zwei Kunden bei uns hatten auch bereits eine Steuerprüfung im Haus, wo dieses Verfahren durchgegangen ist. Für das noch offene Jahr haben diese Kunden einfach eine Zwischen-Rechnungsübersicht angefordert.«

Gewinnermittlung für Personengesellschaften

Arbeiten Sie als Freiberufler in einer Personengesellschaft – also entweder in einer GbR oder in einer Partnerschaft –, so müssen Sie eine gemeinsame und gesonderte Gewinnfeststellung einreichen. Auch Ihre Rechnungen müssen Sie gemeinsam als Gesellschaft ausstellen. Umsatzsteuer führen Sie zusammen an das Finanzamt des Ortes ab, wo Sie arbeiten. Die Gesellschaft selbst ist aber nicht einkommensteuerpflichtig. Einkommensteuer zahlen nur Sie als Person.

Damit die Finanzämter kontrollieren können, ob Sie auch wirklich den gesamten Gewinn versteuern, müssen Sie eine »einheitliche und gesonderte Gewinnfeststellung« abgeben: einheitlich, weil mit Wirkung für alle Partner, und gesondert, weil in einem der jeweiligen Einkommensteuerveranlagung vorgeschalteten Verfahren. Das geschieht im Rahmen der Einnahmenüberschussrechnung. Zusätzlich müssen Sie gegenüber dem Finanzamt am Arbeitsort, das diese Gewinnfeststellung erhält, erklären, wie der ermittelte Gewinn auf die einzelnen Mitunternehmer verteilt wird. Dabei kann es jedes Jahr einen Unterschied geben, Sie sind nicht für alle Zeiten an eine Aufteilung gebunden. Die genannten Gewinnanteile müssen sich aber in den persönlichen Einkommensteuererklärungen der Mitunternehmer wiederfinden. Die Finanzämter am Ort, an dem die GbR betrieben wird, melden das Ergebnis dann dem Finanzamt an Ihrem Wohnort. Dieses wiederum wird Sie dann zur Zahlung der Einkommensteuer heranziehen. Auch Einkommensteuervorauszahlungen sind dementsprechend Ihr eigenes »Ding«.

Nach der einheitlichen und gesonderten Gewinnfeststellung können Sie übrigens weitere betriebliche Kosten geltend machen: in Form des sogenannten »Sonderbetriebsvermögens«.

Fallbeispiel
Sie haben sich selbst einen superteuren TFT-Monitor angeschafft, den Ihre Mitgesellschafter Ihnen verweigert haben. Diesen haben Sie dann aus steuerlicher Sicht persönlich für die Gesellschaft getragen (womit er auch Betriebseigentum und nicht etwa Ihr persönliches Eigentum wird). Der Haken: Aus dem Sonderbetriebsvermögen können Sie keine Vorsteuer ziehen. Sie sollten sich die »Extratour« also gut überlegen.

8.4 Steuerhöhe

Erst einmal: Als Freiberufler zahlen Sie Einkommensteuer – also ganz genau dieselbe Steuer wie die angestellten Kollegen. Auch die Höhe unterscheidet sich nicht. Hier ist der Staat so gerecht, wie ihm dies das Grundgesetz auch vorschreibt. Relevant für Freiberufler sind »Einkünfte aus selbstständiger Arbeit«, zuständig zeichnet § 18 des Einkommensteuergesetzes (EstG).

Doch wie viel muss ich zahlen? Oft wird eine Pauschale angegeben: »Rechnen Sie mit 30 Prozent Ihrer Einnahmen.« Diese Pauschale vereinfacht das Rechnen allerdings etwas zu grob. Es ist vielmehr so, dass Freiberufler mit geringem Einkommen (unter 25.000 Euro) sehr viel weniger Geld zurücklegen müssen und Freiberufler mit höherem Einkommen durchaus mehr. Darauf sollten Sie sich einstellen.

In Deutschland gibt es aber eine progressive Steuerentwicklung und eine Steuer, die erst ab einem Einkommen von 7.664 Euro gezahlt werden muss. Dazu addieren sich Freibeträge und bis ca. 10.000 Euro Sonderausgaben, so dass eine vierköpfige Alleinernährer-Familie mit 25.000 Euro zu versteuerndem Einkommen gar keine

Steuern bezahlt. Alle Steuerzahler besitzen den Freibetrag von 7.664 Euro, auch die, die sechsstellige Gewinne haben.

Freiberufler zahlen Ihre Einkommensteuern in der Regel quartalsweise voraus. Dafür gibt es feste Termine, die Sie in unserem »Steuerkalender« ablesen können. Existenzgründer sind von diesen Vorauszahlungen erst einmal ausgenommen, wenn Sie bei der ersten Meldung beim Finanzamt einen Verlust oder nur überschaubare Gewinne angeben. Für Sie beginnt die Vorauszahlung nach dem ersten Steuerbescheid. Und hier kommt die Falle: Dieser geht oft erst zwei Jahre nach Ablauf das Gründungsjahres ein und überrascht nicht selten, weil sich der Gründer nicht auf die Vorauszahlung eingestellt hat und ihm oft nicht einmal bewusst ist, in welcher Höhe er dem Finanzamt Steuern schuldig ist. Hinzu kommen Nachzahlungen für ein weiteres abgelaufenes Jahr. So steht dann nicht selten plötzlich die ganze Steuerlast für drei Jahre ins Haus. Beispiel: Wir befinden uns im August des Jahres 2008. Sie haben im Jahr 2006 gegründet. Im Februar 2008 gibt Ihr Steuerberater die Steuererklärung ab, aus der sich eine Nachzahlung von 5.000 Euro ergibt. Nun müssen Sie auch für 2007 höchstwahrscheinlich zwei Zahlungen in der Gesamthöhe von 5.000 Euro leisten. Außerdem stehen vier Vorauszahlungen für 2008 an – wir sprechen also von 15.000 Euro. Noch dicker kommt's, wenn Sie 2006 Ihren Gewinn erneut erhöht haben und im nächsten Jahr 10.000 Euro nachzahlen müssen. Dann haben Sie vielleicht gerade 15.000 Euro bezahlt und müssen nun – weniger Monate später – wieder 10.000 Euro an Nachzahlung für 2007 berappen und zwei weitere Zahlungen für 2008 einplanen. 2009 erhöht sich die Vorauszahlung dann wieder.

Steuerkalender

Monat	Tag	Steuerart	Fälligkeit
Januar	10	Umsatzsteuervoranmeldung Dezember oder IV. Kalenderquartal des Vorjahres	10.01.
	10	Lohnsteueranmeldung Dezember oder IV. Kalenderquartal des Vorjahres oder Jahresmeldung	10.01.
Februar	10	Umsatzsteuer- und Lohnsteuervoranmeldung für Januar	10.02.
März	10	Umsatzsteuer- und Lohnsteuervoranmeldung für Februar	10.03.
	10	Einkommensteuervorauszahlung I. Quartal	10.03.
April	10	Umsatzsteuervoranmeldung März oder I. Kalenderquartal des laufenden Jahres	10.04.
	10	Lohnsteueranmeldung März oder I. Kalenderquartal des laufenden Jahres	10.04.

Monat	Tag	Steuerart	Fälligkeit
Mai	10	Umsatzsteuer- und Lohnsteuervoranmeldung für April	10.05.
	31	Abgabe der Einkommensteuererklärung und Umsatzsteuerjahresanmeldung für das Vorjahr	einen Monat nach Bekanntgabe der Bescheide
Juni	10	Umsatzsteuer- und Lohnsteuervoranmeldung für Mai	10.06.
	10	Einkommensteuervorauszahlung II. Quartal	10.06.
Juli	10	Umsatzsteuervoranmeldung Juni oder II. Kalenderquartal des laufenden Jahres	10.07.
	10	Lohnsteueranmeldung Juni oder II. Kalenderquartal des laufenden Jahres	10.07.
August	10	Umsatzsteuer- und Lohnsteuervoranmeldung für Juli	10.08.
September	10	Umsatzsteuer- und Lohnsteuervoranmeldung für August	10.09.
	10	Einkommensteuervorauszahlung III. Quartal	10.09.
Oktober	10	Umsatzsteuervoranmeldung September oder III. Kalenderquartal des laufenden Jahres	10.10.
	10	Lohnsteueranmeldung September oder III. Kalenderquartal des laufenden Jahres	10.10.
November	10	Umsatzsteuer- und Lohnsteuervoranmeldung für Oktober	10.11.
Dezember	10	Umsatzsteuer- und Lohnsteuervoranmeldung für November	10.12.
	10	Sondervorauszahlung für Dauerfristverlängerungen bei Umsatzsteuervoranmeldungen	10.12.
	10	Einkommensteuervorauszahlung	10.12.

Quelle: KFW Mittelstandsbank

Um hier nicht den Überblick zu verlieren, sollten Sie Ihren Steuerberater regelmäßig um eine Steuerschätzung bitten. Rechnen Sie nicht nur mit einem Drittel Ihrer Einnahmen für die Steuerzahlung. Wenn Sie über 50.000 Euro verdienen, sollten Sie sicherheitshalber sogar die Hälfte zurücklegen. Die Progression teilt die Steuerbelastung in Abschnitte und sorgt dafür, dass höhere Einkommen nicht nur prozentual, sondern auch absolut höher besteuert werden.

Grenz- und Durchschnittssteuersätze 2005

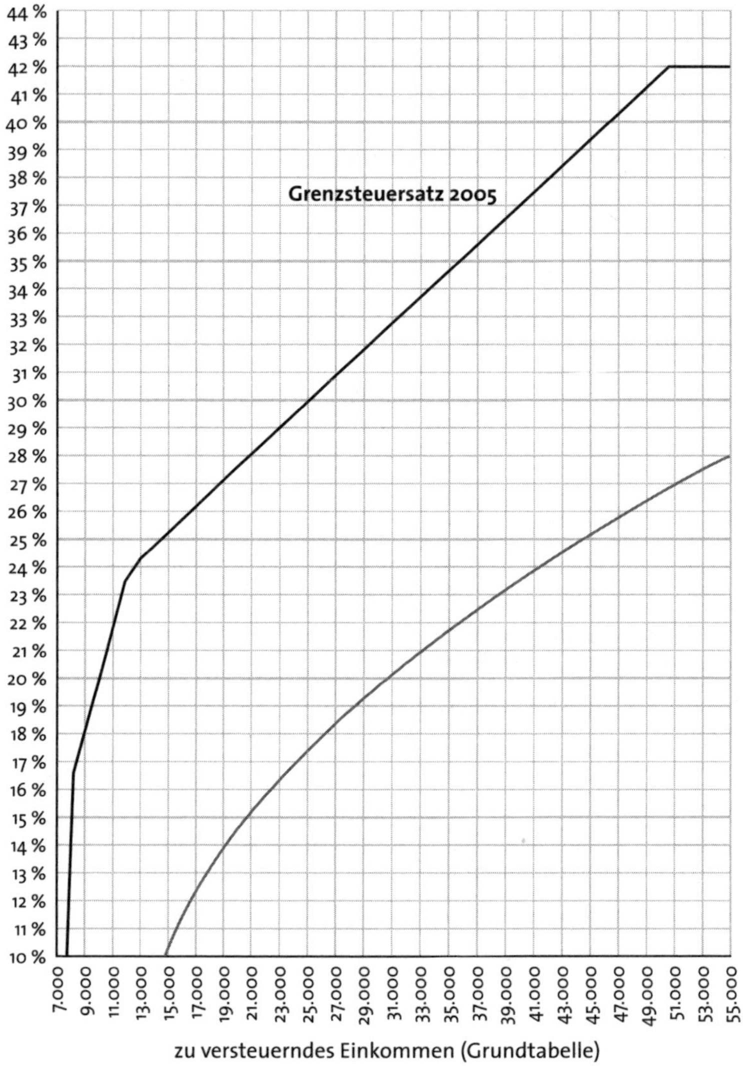

Zu unterscheiden sind zudem stets Grenz- und Durchschnittssteuersätze. Der Grenzsteuersatz ist die Steuer, die Sie mit Ihrem Einkommen an der Spitze zahlen. Dieser Satz gilt aber nicht für das gesamte Einkommen. Der Durchschnittssteuersatz ist die Steuer, die Sie im Durchschnitt auf Ihr gesamtes Einkommen zahlen. Bei 55.000 Euro sind dies 28 Prozent, während der Grenzsteuersatz bei 42 Prozent liegt.

Einkommensteuer – Beispiele
(jeweils Einkommensteuer inklusive Solidaritätszuschlag ohne Kirchensteuer, Stand 2007)

- Single mit 15.000 Euro zu versteuerndem Einkommen: 1.626,81 Euro
  Verheiratet mit 15.000 Euro zu versteuerndem Einkommen: 0 Euro
- Single mit 25.000 Euro zu versteuerndem Einkommen: 4.271 Euro
  Verheiratet mit 25.000 Euro zu versteuerndem Einkommen: 1.864 Euro
- Single mit 40.000 Euro zu versteuerndem Einkommen: 9.223 Euro
  Verheiratet mit 40.000 Euro zu versteuerndem Einkommen: 5.700 Euro
- Single mit 100.000 Euro zu versteuerndem Einkommen: 35.960,73 Euro
  Verheiratet mit 100.000 Euro zu versteuerndem Einkommen: 27.632,56 Euro
- Single mit 200.000 Euro zu versteuerndem Einkommen: 80.270.73 Euro
  Verheiratet mit 200.000 Euro zu versteuerndem Einkommen: 71.921,46 Euro

8.5 Steuertippkiste für Freiberufler

Kann man Steuern sparen, indem man Geld ausgibt? Im Prinzip natürlich nicht. Es ist aber so, dass Sie bei hohen Umsätzen durch gezielte und ohnehin nötige Ausgaben Ihren Gewinn so senken können, dass Sie letztendlich weniger Steuern zahlen. Zudem gilt die Faustregel: Je höher Ihr Steuersatz, desto günstiger ist ein Kauf für Sie. Klar, denn an der Spitze sparen Sie 42 Prozent der Kosten einer Anschaffung ein – durch Steuern, die Sie dann nicht zahlen. In Deutschland haben Sie dabei im Vergleich zu anderen Ländern sehr komfortable Abzugsmöglichkeiten. »Was man bei euch alles absetzen kann!«, wunderte sich einst ein selbstständiger Engländer, der sich hier niedergelassen hatte. »Bei uns hat man zwar einen niedrigeren Steuersatz, aber absetzen lässt sich dafür kaum etwas.«

Die hohe Steuerbelastung in Deutschland hat also durchaus noch eine andere Seite. Allerdings können Freiberufler nur einen kleinen Teil der weit über 400 Ausnahmeregelungen nutzen, die Unternehmen zustehen, da sie in der Regel nicht so offensiv investieren wie gewerbliche Kollegen. Sie haben allerdings – zahlreiche Urteile haben dies klargestellt – steuerlich die gleichen Abzugsmöglichkeiten, etwa bei der Nutzung eines Firmenwagens.

Im Folgenden möchte ich die gängigen Steuersparmethoden vorstellen, darunter Ansparabschreibungen, Verlustvor- und Verlustrücktrag sowie die Möglichkeiten, eines oder mehrere Autos steuerwirksam zu nutzen.

Je höher Ihr Gewinn, desto höher Ihr Steuersatz – und desto mehr »lohnt« sich das betriebliche Ausgeben oder vielmehr »Investieren«. Wenn Sie als Freiberufler Steuern am Spitzensteuersatz bezahlen, sparen Sie durch den Kauf von drei TFT-Bildschirmen zu je 400 Euro letztendlich 42 Prozent plus Solidaritätszuschlag. Strategisch unüberlegtes Ausgeben von Geld bringt dagegen keinen Steuervorteil. Was haben Sie von der 3.000 Euro teuren Ledercouch, die Sie nicht brauchen?

Beachten Sie: Zahlreiche Güter unterliegen der sogenannten AfA, der Absetzung für Abnutzung. Das bedeutet, dass diese Güter nicht auf einmal von Ihren Einnahmen abgezogen werden können, sondern nur über mehrere Jahre verteilt.

Abschreibungen

Kosten für Dienstleistungen können Sie voll und im Jahr ihres Entstehens absetzen. Für Wirtschaftsgüter gilt das nicht, hier gibt es Unterschiede: Sofort und im Jahr des Kaufes abziehbar sind nur Wirtschaftsgüter unter 410 Euro (netto).

Alle preislich darüberliegenden Anschaffungen werden nach der Absetzung für Abnutzung (AfA) abgeschrieben. Das ist die angenommene Dauer, mit der sich ein Gut abnutzt und in der es seinen Wert verliert. Der AfA liegt eine Tabelle zugrunde, die die Dauer für eine Abschreibung nahelegt. Computer (Anschaffungskosten von über 410 Euro) sind demnach über drei Jahre und Büromöbel über 13 Jahre abzusetzen.

Beispiel: Sie haben einen Designercomputer für 3.000 Euro erworben. Bei einer Abschreibungsdauer von drei Jahren setzen Sie in Ihren Steuererklärungen nun drei Jahre lang jeweils 1.000 Euro an. Das nennt sich dann lineare Abschreibung und bedeutet, dass alles gleichmäßig verteilt wird. Das kann ungünstig sein, weil Sie vielleicht in einem Jahr Ihren Gewinn »drücken« wollen. Dann besteht bislang die Möglichkeit, Ihr Wirtschaftsgut degressiv anzusetzen. Dabei können Sie den maximal zweifachen Satz des »normalen« Abschreibungswertes ansetzen. Das bedeutet, dass Sie den Computer im ersten Jahr mit 2.000 Euro steuermindernd einbringen und in den folgenden zwei Jahren nur noch mit jeweils 500 Euro. Allerdings soll die degressive Abschreibungsmethode im Zuge der Unternehmenssteuerreform 2008 abgeschafft werden.

Die aktuellen AfA-Tabellen erhalten Sie beim Bundesfinanzministerium unter *www.bundesfinanzministerium.de*.

Einige Beispiele:

- Auto: 6 Jahre
- Büromöbel: 13 Jahre
- Computer: 3 Jahre
- Kunstwerke: 15 Jahre
- Kühlschränke: 10 Jahre
- Fernseher: 7 Jahre
- Monitore: 7 Jahre
- Panzerschrank: 23 Jahre
- Autotelefonanlagen: 5 Jahre
- Teppiche: 8 Jahre

Ansparabschreibungen

Eine weitere Methode, Ausgleich zwischen unterschiedlichen Jahren mit unterschiedlichen Gewinnen zu schaffen, liegt in der Ansparabschreibung. Hier weisen Sie dem Finanzamt in einem Jahr mit gutem Gewinn nach, dass Sie in den nächsten zwei Jahren etwas kaufen möchten – sogenannte »bewegliche Wirtschaftsgüter«. Dies kann ein Designermöbel oder aber der Firmenwagen sein. Nicht in Frage für Ansparabschreibungen kommen Gebäude (anders als ein Anhänger etwa für einen Imbiss) und anderweitig fest Installiertes. Die Investition in eine Internetseite dagegen wird gemeinhin akzeptiert. Ansparabschreibungen werden vom Umsatz abgezogen und mindern deshalb den Gewinn. Sie können allerdings lediglich bis zu 40 Prozent der kalkulierten Kosten für die Anschaffung steuerlich absetzen. Zudem muss Ihre Ansparung auch wieder aufgelöst werden, das heißt im nächsten oder übernächsten Jahr Ihrem Gewinn wieder hinzugerechnet werden. Damit sich der Steuerspareffekt auch bei nicht eingelöster Ansparung lohnt – schließlich kann Sie niemand dazu zwingen, tatsächlich etwas zu kaufen –, sollte dies in einem Jahr mit niedrigem Gewinn erfolgen oder aber bei fallenden Steuersätzen.

Als Gründer – freiberuflich oder gewerblich – haben Sie in den ersten fünf Jahren Ihrer Gründung die Möglichkeit, die Ansparabschreibung wieder aufzulösen, ohne dem Finanzamt Zinsen zahlen zu müssen. Alle anderen Unternehmen müssen das gesparte Geld mit 6 Prozent pro Jahr verzinsen – ob Sie nun etwas anschaffen oder nicht. GbRs ziehen die Ansparabschreibung vom Umsatz ab.

Häufig werden in der Gründungsphase Anlaufverluste erwirtschaftet. Die Investitionen sind höher als die erwirtschafteten Umsätze. Aus diesem Grund ergeben sich meist Umsatzsteuererstattungen. Zur Erleichterung der Prüfung sollten Sie deshalb nicht nur die Voranmeldung abgeben, sondern auch eine kurze Erläuterung und gegebenenfalls Kopien der größten Eingangsrechnungen als Nachweis. Hierdurch vermeiden Sie Nachprüfungen, z.B. in Form von Umsatzsteuersonderprüfungen.

Außerdem erhöht sich für den Existenzgründer der Höchstbetrag für die Ansparabschreibungen von 154.000 Euro auf 307.000 Euro. Des Weiteren muss der Existenzgründer auch dann keinen Gewinnzuschlag bezahlen, wenn er trotz der Ansparabschreibungen nicht investiert.

Ausbildung

Für viele Tätigkeiten im freiberuflichen Bereich ist am Anfang eine Weiterbildung sinnvoll, etwa wenn Sie sich als Coach oder Supervisor selbstständig machen möchten. Die Weiterbildungskosten gelten dann als Anlaufkosten.

Achten Sie in diesem Fall darauf, dass Sie die Weiterbildung nicht schon während Ihrer Berufstätigkeit machen. In einem Fall verwehrte das Finanzamt einem Existenzgründer den Abzug der Weiterbildungskosten mit dem Hinweis, es handle sich um Ausbildungskosten, die mit einem Höchstbetrag von 920 Euro als Sonderausgaben abgesetzt werden können.

Es ist deshalb ratsam, zunächst die freiberufliche Tätigkeit anzumelden und nach außen hin als Unternehmer aufzutreten. Dann handelt es sich zweifelsfrei um betrieblich veranlasste Weiterbildungs- oder Ausbildungskosten, die als Betriebsausgaben voll abzugsfähig sind.

Auto

Um das Autofahren kommen Sie höchstwahrscheinlich nicht herum. Die dafür entstandenen Kosten können Sie von den Einnahmen abziehen.

Dieser Abzug funktioniert leider nur dann ohne Nachweis, wenn Sie die so genannte Ein-Prozent-Regel anwenden. Hierbei muss ein Nachweis erbracht werden, wenn der Wagen mindestens 51 Prozent betrieblich genutzt wird. Dazu reichen Aufzeichnungen in einem Terminkalender oder Fahrtenbuch über drei Monate. Wird ein neues Auto angeschafft, so verfällt der alte Drei-Monats-Nachweis, und Sie müssen wieder von vorne anfangen.

Die Ein-Prozent-Regel besagt, dass von den im Jahr entstandenen Kosten pro Monat 1 Prozent des Listenpreises des betreffenden Fahrzeugs für angenommene private Nutzung abzuziehen ist – und zwar gilt hier jeweils der Listenpreis für einen Neuwagen. Dieser wird auch dann Ihrem Einkommen zugerechnet, wenn Sie das Auto viel günstiger erworben haben. In den meisten Fällen ist diese Lösung zwar bequem, aber ungünstig. Fahren Sie einen Wagen zum Listenpreis von 28.000 Euro, so bedeutet dies, dass Sie jedes Jahr 3.360 Euro als Einnahmen verbuchen müssen. Da hilft es wenig, dass Sie auch die Kosten voll absetzen können ... Das Verfahren eignete sich bisher also nur für Unternehmer, die Ihren Wagen überwiegend privat nutzten und wenig Aufwand haben wollten. Vorteil: Die Umsatzsteuer aus den in Verbindung mit dem Auto entstandenen Kosten können Sie ebenso voll absetzen wie die Netto-Beträge der Kosten. So rentiert sich diese Methode oft, wenn Sie den Wagen relativ viel privat nutzen (z.B. 55 Prozent) und er einen niedrigen Listenpreis hat.

Übrigens: Kaufen Sie ein Auto neu oder leasen Sie es, so können Sie die Umsatzsteuer daraus voll geltend machen, sofern Sie den Wagen mindestens 10 Prozent beruflich nutzen.

Wer die Ein-Prozent-Regel vermeiden möchte, muss ein Fahrtenbuch führen, um dem Finanzamt nachzuweisen, wie viel er tatsächlich geschäftlich bedingt unterwegs war. Hierin muss jede einzelne Fahrt dokumentiert werden, und zwar zeitnah und fälschungssicher. Nach neueren Urteilen sind damit in Excel erstellte Fahrtenbucher ungültig, da diese manipulierbar sind. Die Finanzverwaltung besteht auf dieser Einschätzung, wohl wissend, dass auch handschriftliche Fahrtenbücher manipuliert und nachträglich erstellt werden können. Laut einem Urteil aus dem Oktober 2005 sind allerdings übertriebene Anforderungen nicht durchsetzbar. Damals hatte die Finanzverwaltung auch das Fahrtenbuch eines Fahrers akzeptiert, der nicht bei jedem Anlassen des Motors den Kilometerstand notiert hatte.

Eine dritte Methode, das Auto steuerlich geltend zu machen, liegt darin, jeden geschäftlich verursachten Kilometer aufzuschreiben und mit derzeit 30 Cent von der Steuer abzusetzen. Diese Methode rentiert sich oft bei älteren Autos, die wenig Sprit verbrauchen – allerdings dürfen Werkstatt- und Tankquittungen dann nicht eingereicht werden. Relevant ist jeder gefahrene Kilometer. Geht es um Fahrten zur Betriebsstätte, kann dagegen nur eine einfache Fahrt angerechnet werden.

Übrigens: Fahrten zur Betriebsstätte sind nur noch absetzbar, wenn die Entfernung mehr als 20 Kilometer beträgt. Ein unzumutbarer Zustand für Selbstständige, finden Sie nicht auch? Das Problem entfällt, wenn Sie Ihre Wohnung zur Betriebsstätte machen und ein externes Büro zur Filiale. Dabei ist es unerheblich, ob Sie das in der Wohnung befindliche Arbeitszimmer auch steuerlich absetzen können. Sie müssen dem Finanzamt nur belegen können, dass die »Verwaltung« Ihres Geschäfts zu Hause erfolgt – etwa anhand eines zeitweise geführten Kalenders.

Selbst wenn die Wohnung keine Betriebsstätte ist, gilt nur eine Fahrt am Tag als Pendelfahrt zur Arbeit. Alle anderen Touren sind absetzbar.

Möchten Sie einem Mitarbeiter ein Fahrzeug zur Verfügung stellen, muss dieser den darauf basierenden geldwerten Vorteil in der eigenen Steuererklärung angeben – und zwar ebenfalls 1 Prozent des Listenpreises. Das Führen eines Fahrtenbuchs ist jedoch ebenfalls möglich. Kann hier nachgewiesen werden, dass der Wagen tatsächlich nur oder weit überwiegend geschäftlich genutzt wird, so gilt dieser Nachweis.

Die folgende Tabelle gibt noch einmal einen Überblick darüber, welche steuerlichen Möglichkeiten Sie haben und welche für Sie die günstigste ist:

	Ein-Prozent-Regel	Nachweis per Fahrtenbuch	30 Cent pro Kilometer
Wie geht's?	1 Prozent vom Listenpreis pro Monat wird dem Gewinn hinzugerechnet. Alle übrigen Kosten, z. B. auch die Leasingrate sind voll abzugsfähig. Für Fahrten zwischen Wohnort und Arbeitsstätte: zzgl. pro Kilometer 0,03 Prozent des Listenpreises als Einnahme verbuchen.	Sie führen ein handschriftliches Fahrtenbuch, in dem Sie den Kilometerstand bei Abfahrt und bei der Ankunft, die gefahrenen Kilometer, das Ziel, den Grund der Fahrt und die besuchte Person/Firma/Institution zeitnah vermerken. So verzeichnen Sie alle Fahrten, auch die kleinsten und selbst die privat veranlassten.	Diese Pauschale deckt alle mit dem Auto verbundenen Kosten ab. Auch Leasingkosten etc. dürften bei dieser Variante nicht geltend gemacht werden. Die Pauschale betrifft Hin- und Rücktour.
Für wen?	Bei eher günstigen Wagen mit niedrigem Listenpreis und/oder teilweiser Privatnutzung (unter 50 %)	Bei teuren, neueren Wagen und »Spritfressern« und/oder hohem Anteil geschäftlicher Nutzung	Bei älteren, sparsamen Modellen, wenn Sie sich einen älteren Wagen teilen oder ihn auch viel privat nutzen

Bewirtung

Aufwendungen für die Bewirtung von Personen aus geschäftlichem Anlass dürfen Sie nur zu 70 Prozent gewinnmindernd ansetzen. Davor wurde zu viel Missbrauch mit dem Spesenabzug getrieben. Geschäftliche Anlässe sind beispielsweise Besprechungen, aber auch Treffen zum geschäftlichen Networking und zur Kontaktpflege.

Weiterhin zu 100 Prozent absetzbar sind Bewirtungskosten aus sogenanntem betrieblichem Anlass. Das sind Kosten zur Bewirtung von Arbeitnehmern und Kunden im eigenen Haus.

Wenn Sie außerhalb feiern (z. B. Jubiläum), kann es sich lohnen, Kosten in Mietkosten und in Kosten für Speisen und Getränke aufzuteilen. Vereinbaren Sie mit dem Restaurant oder der Kneipe, dass auf Speisen und Getränke Sonderkonditionen gewährt und im Gegenzug für den Besprechungsraum Mietkosten in Rechnung gestellt werden.

Rückwirkend Freiberufler

Sie hatten bisher gedacht, dass Sie Einzelunternehmer sind, und brav Gewerbesteuer bezahlt? Sie können das Rad zurückdrehen – genau wie man es in die andere Richtung drehen kann.

Auch im Nachhinein können Sie dem Finanzamt nachweisen, dass Sie eigentlich schon immer Freiberufler waren, und damit Gewerbesteuern zurückbekommen.

Es gilt eine Verjährungsfrist von vier Jahren ab dem Zeitpunkt der Abgabe der Gewerbesteuererklärung. Interessant ist diese Option beispielsweise für Freiberufler im IT-Bereich, wo sich die Rechtssprechung in den letzten Jahren zugunsten der Anerkennung als Freiberufler geändert hat.

Verlustvortrag und Verlustrücktrag

Das Leben ist ungerecht: Einem miserablen Jahr mit negativem Gewinn – kurzum Verlust – folgt eines mit dickem Plus. Einen Ausgleich schafft in diesem Fall der Verlustrücktrag. Damit können Sie Ihre Verluste aus dem einen in das andere Jahr übertragen. Das Gleiche ist auch umgekehrt möglich: Haben Sie in einem Jahr kräftig abgesahnt, müssen aber durch Investitionen im nächsten Jahr rote Zahlen schreiben, können Sie Ihren Gewinn »vortragen«. Das bedeutet, dass eine mittlere Steuerbelastung für Sie ermittelt wird. Beispiel: 2005 betrug Ihr Verlust 15.000 Euro, 2006 der Gewinn 40.000 Euro. Sie zahlen 2005 gar keine Steuern und 2005 Steuer für 40.000 minus 15.000 Euro, also 25.000 Euro. Anders als bei der Umsatzsteuer gibt es bei der Einkommensteuer für Freiberufler aber kein Geld vom Finanzamt zurück. Es kann nur verrechnet werden – auf die beschriebene Art und Weise.

8.6 Betriebsprüfung

Wann trifft das Los mich? Wie oft wird es in meinem Freiberuflerleben vorkommen? Und kann es sein, dass ich auch ohne ausgelost zu werden eine Prüfung bekomme?

Normalerweise werden Sie für die Prüfung ausgelost. Es ist also der Zufall, der Sie treffen und auch verschonen kann. Und zwar gleich mehrfach: Die Finanzämter prüfen die einzelnen Steuerarten getrennt, führen also Umsatzsteuer-, Gewerbesteuer- und Einkommensteuerprüfungen einzeln durch.

Doch wie häufig wird geprüft? Die Einteilung der Unternehmen in drei Größenklassen bestimmt die Prüfungshäufigkeit durch das Finanzamt. Für Freiberufler kommen zwei Klassen in Betracht – Klein- und Mittelbetrieb:

- Großbetrieb : > 3,7 Mio. Euro Umsatzerlöse
  oder > 485.000 Euro steuerlicher Gewinn
- Mittelbetrieb : > 700.000 Euro Umsatzerlöse
  oder > 111.000 Euro steuerlicher Gewinn
- Kleinbetrieb : > 145.000 Euro Umsatzerlöse
  oder > 30.000 Euro steuerlicher Gewinn

Konnten Freiberufler mit geringen Gewinnen vor einigen Jahren noch recht sicher vor den Prüfern sein, hat sich dies in den letzten Jahren deutlich geändert. Die Prüfungshäufigkeit steigt stetig an. Wurde ein Kleinbetrieb 1995 statistisch betrachtet nur alle 63,1 Jahre geprüft, so betrug die Prüfungshäufigkeit 2003 schon 24,8 Jahre, Tendenz steigend. Für Mittelbetriebe lag die statistische Prüfungshäufigkeit 1995 bei 14,5 Jahren und 2003 bei 6,9 Jahre. Da der typische Freiberufler in dieser Größenordnung »verdient«, müssen Sie also mehr oder weniger ständig mit einer Prüfung rechnen. Neben dem Los kann Sie aber auch der Fluch des Nachbarn treffen. So kann ein Verdacht das Finanzamt und dessen Mitarbeiter mobilisieren, sich Ihre Verhältnisse doch mal aus der Nähe anzusehen. Aus diesem Grund ist es unverständlich, warum so viele Gründer von ihrem Steuerbetrug wie von einem Kavaliersdelikt berichten. Es wäre sogar die Verantwortung desjenigen, der so etwas hört, das Finanzamt zu informieren.

Der Rechtsanwalt Dr. Grunewald aus Bremen (*www.dr-grunewald.de*) nennt neun Gründe, die eine Prüfung wahrscheinlicher machen:

1. Stehen Ihre Einkommensteuerbescheide unter dem »Vorbehalt der Nachprüfung«?
2. War die Höhe Ihrer Umsatzerlöse bzw. Gewinne in den letzten Jahren stark schwankend?
3. Haben Sie Ihre letzten Jahresabschlüsse ständig mit Verlusten abgeschlossen?
4. Sind bei Ihren letzten Jahresabschlüssen hohe Privatentnahmen oder auch hohe Privateinlagen erfolgt?
5. Sind Sie für eine im Ausland ansässige Firma als Berater tätig oder tätig gewesen?
7. Haben Sie Betriebsausgaben beim Finanzamt angegeben, deren Auslöser sich im Ausland befinden?
8. Haben Sie geschäftliche Auslandskontakte zu sogenannten Steuerparadiesen wie z.B. Schweiz oder Luxemburg?
9. Sind Ihre Geschäftspartner oder Geschäftsfreunde in den letzten Jahren kontrolliert worden, wodurch die Erstellung von Kontrollmitteilungen erfolgt sein könnte?
10. Sind Sie bereits geprüft worden und waren in diesem Zusammenhang erhebliche Nachzahlungen zu leisten?

Belege verschwinden lassen? Auch keine gute Idee: Dann wird eben geschätzt. Dazu haben die Finanzbehörden genug Erfahrungen gesammelt und können einigermaßen sicher sagen, was in der Branche durchschnittlich üblich ist. Und das gilt es dann zu bezahlen, Beleg hin oder her. Das ist auch deshalb ganz sicher die schlechtere Möglichkeit, weil die Umsatzsteuer ohne Belege gar nicht abzugsfähig ist. Im Zweifel müssen Steuerbetrüger also die geschätzte Umsatzsteuer abführen, ohne sie mit der eingenommenen verrechnen zu können.

8.7 Spezielle Steuerfragen für Freiberufler

Vorsteuerpauschalen für künstlerisch tätige Freiberufler

Viele Freiberufler haben nur sehr geringe Ausgaben, vor allem am Anfang ihrer Tätigkeit. Zudem rechnen sie ungern – und die monatliche Umsatzsteuervoranmeldung erfordert genau das.

Ein wenig rechnerische Entlastung versprechen §§ 23 und 24 des Umsatzsteuergesetzes. Demnach brauchen Künstler – also z.B. Journalisten und Publizisten – ihre Vorsteuerbelastung für die Umsatzsteuervoranmeldung und -erklärung nicht aus jedem einzelnen Beleg herauszurechnen. Sie dürfen auch einfach pauschal 4,8 Prozent ihres Umsatzes als Vorsteuer ansetzen, freie Rundfunk- und Fernsehmitarbeiterinnen nur 3,6 Prozent des Umsatzes, Kunstmaler und künstlerische Grafikerinnen 5,2 Prozent.

Das kann sich im Einzelfall lohnen. In jedem Fall sollten Sie vorher ermitteln, ob es sich in Ihrem individuellen Fall rentiert. Beispiel: Wenn Sie 2.000 Euro einnehmen und darauf 7 Prozent Umsatzsteuer zahlen, müssten Sie 140 Euro an Umsatzsteuer abführen. Kosten Sie im Gegenzug Büromittel und der Internetzugang 200 Euro netto, so sind 38 Euro obendrauf als Mehrwertsteuer zu zahlen. An das Finanzamt führen Sie folglich 102 Euro ab. Nutzen Sie die Vorsteuerpauschale, bekommt der Staat dagegen nur 96 Euro.

Haben Sie 1.500 Euro an 7-prozentigen Einnahmen (105 Euro) und 150 Euro an 19-prozentigen Kosten (28,50 Euro), so zahlen Sie normal 76,59 Euro und bei Vorsteuerpauschalennutzung 72 Euro. Hier ist der finanzielle Nutzen wirklich hauchdünn, und die Frage ist, ob sich das wirklich jeden Monat gleich rechnet. Kaufen Sie einen Laptop für 1.000 Euro, gerät die Rechung schon ins Wanken – Sie verschenken wahrscheinlich Geld, denn immerhin kommen zu 1.000 Netto-Euro immer noch 190 Euro für die Mehrwertsteuer, die ansonsten sofort abzugsfähig wären.

Noch ein Beispiel: Sie setzen 2.500 Euro um (175 Euro bei 7 Prozent) und haben weiterhin nur 200 Euro Ausgaben, die mit Mehrwertsteuer belastet werden (also 38 Euro). Normal müssten Sie 137 Euro abführen, bei Inanspruchnahme der Vorsteuerpauschale dagegen nur 120 Euro. Ein Plus für Sie, das bei 19-Prozent-Einnahmen (Grafikdesign o.ä.) fast drei Mal so hoch ausfällt – hier beträgt die Vorsteuerpauschale aber auch 5,3 Prozent.

Fazit: Je mehr Umsatz mit dem Regelsteuersatz und je geringere Kosten, desto mehr nützt die Vorsteuerpauschale. Die Sache hat einen Haken: Bei 30.678 Euro Umsatz im Jahr ist Schluss, die Vorsteuerpauschale nicht mehr möglich. Die Vorsteuerpauschale ist auch dann empfehlenswert, wenn Sie sehr wenig verdienen und minimale Ausgaben haben, also weder ein eigenes Büro haben noch voll für Telefon, Auto etc. zahlen.

Für alle anderen dagegen ist die Pauschale nachteilig: Wer für seinen Büroplatz 300 Euro zahlt, hat 57 Euro Umsatzsteuer zu zahlen. Damit sich bei dieser Summe die Vorsteuerpauschale rechnet, müssten Sie auf der anderen Seite weniger als 800 Euro einnehmen (56 Euro Umsatzsteuer bei 7 Prozent) und dürften keine einzige weitere 19-Prozent-Ausgabe haben …

Wenn Sie die Vorsteuerpauschale in Anspruch nehmen, so gilt dies mindestens für ein Jahr. Entscheiden Sie sich dagegen, müssen Sie sich fünf Jahre daran halten.

Umsatzsteuerbefreiung fürs Unterrichten und Heilen

Freiberufler, die in einem bestimmten Umfeld unterrichten oder ein Lehrinstitut betreiben, dürfen sich von der Umsatzsteuer befreien lassen. Steuerlich sanktioniert sind beispielsweise Schulen und Bildungsträger, kulturelle Einrichtungen, medizinische und pflegerische Einrichtungen wie Krankenhäuser oder Altenheime, aber auch Wohlfahrtsverbände und gemeinnützige, mildtätige, politische oder kirchliche Einrichtungen. Sie sollten die Möglichkeit zur Befreiung vor allem dann prüfen, wenn Sie Privatkunden haben.

Auch die Leistungen freiberuflicher Musiker, Schauspieler und anderer Künstler (soweit sie nicht als Einzelpersonen, sondern als Musik- oder Theatergruppen auftreten) sind gemäß § 4 Nr. 20 UStG umsatzsteuerfrei. Die Popband kann also umsatzsteuerfreie Rechnungen ausstellen – was ein Vorteil ist, solange noch kleine Umsatz-Brötchen gebacken werden. Sie können in einem ohnehin hart umkämpften Markt somit günstigere Preise anbieten und sind wettbewerbsfähiger.

In der Praxis heißt das: Sie brauchen Ihren Schülern, Teilnehmern, Besuchern, Kunden, Klienten oder Patienten keine Umsatzsteuer in Rechnung zu stellen und müssen diese auch nicht abführen. Ihre Preise gelten netto wie brutto.

Die Voraussetzungen müssen Sie im Einzelfall prüfen, denn pauschal gelten sie nicht. Gibt es Zweifel, schauen Sie selbst ins Umsatzsteuergesetz oder bitten Sie Ihren Steuerberater darum. Die Regel im Bereich Unterricht lässt sich nachlesen in § 4 Nr. 21 UStG. Danach können sich alle Privatschulen und andere allgemeinbildende sowie berufsbildende Einrichtungen von der Mehrwertsteuer befreien lassen, wenn sie »auf einen Beruf oder eine vor einer juristischen Person des öffentlichen Rechts abzulegende Prüfung ordnungsgemäß vorbereiten«. Dieses Kriterium kann auf Nachhilfeunterricht und manche Computerkurse ebenso zutreffen wie auf Fernlehrgänge und Seminare zur Existenzgründung; reine Hobbykurse werden jedoch nicht befreit. Schwierig wird es, wenn Sie sowohl EDV-Kurse für Senioren (nicht berufsvorbereitend) als auch Englisch-Coaching für Manager bieten, die dies beruflich nutzen. Unter Umständen kann es da eine Lösung sein, zwei Unternehmen zu führen und diese steuerlich zu trennen. Besprechen Sie dies mit Ihrem Steuerberater.

Die selbstständigen Lehrkräfte, die an umsatzsteuerbefreiten Schulen arbeiten, sind automatisch ebenfalls von der Umsatzsteuerpflicht befreit – genauso wie ihre Kolleginnen an öffentlichen Schulen und Hochschulen. Damit sind auch Lehrkräfte gemeint, die Privatunterricht geben – sofern dieser Unterricht nicht nur sporadisch im Wohnzimmer, sondern dauerhaft und in einem gewissen Rahmen (z.B. im eigenen Unterrichtsraum) stattfindet.

Beachten Sie folgende Regeln:

- Wenn Sie an einer öffentlichen Schule oder Hochschule unterrichten, ist keine Mehrwerststeuer fällig, was das Finanzamt weiß.
- Geben Sie Unterricht in einer privaten Bildungseinrichtung, die generell befreit ist, sind Ihre Honorare ebenfalls automatisch befreit. Sie brauchen aber eine entsprechende Bescheinigung des Auftraggebers!
- Wenn Sie an einer nicht generell befreiten Schule unterrichten, so sind Sie mehrwertsteuerpflichtig, es sei denn, eine einzelne Maßnahme ist befreit. So kann es sein, dass Sie bei derselben Einrichtung für verschiedene Kurse mal Rechnungen mit 19 und mal mit 0 Prozent ausstellen. Dies kann etwa passieren, wenn Sie für die Bundesagentur für Arbeit tätig sind.
- Wenn Sie Privatunterricht erteilen, dürfen Sie sich mit einer Bescheinigung der Schulaufsichtsbehörde befreien lassen. Dafür möchten die Bundesländer Geld haben: 10 bis 1.000 Euro. Unter Umständen können auch Coachs und »lehrende« Berater diese Befreiung erhalten.

Die Sache hat einen Haken: §15 Umsatzsteuergesetz legt fest, dass sich befreite Anbieter keine Vorsteuer vom Finanzamt zurückholen dürfen. Dies gilt zumindest für Ausgaben, die mit der befreiten Tätigkeit in Zusammenhang stehen. Arbeiten Sie zum Beispiel als Journalist und gleichzeitig als Nachhilfelehrer, so können Sie für Kosten aus dem Nachhilfeunterricht keine Umsatzsteuer abziehen, sehr wohl aber für Kosten, die die (nicht mehrwertsteuerbefreite) journalistische Tätigkeit mit sich bringt. Die Finanzämter akzeptieren hier Einzelnachweise oder prozentuale Pauschalierungen: Entfallen vom gesamten Jahresumsatz in Höhe von 30.000 Euro 9.000 Euro oder 30 Prozent auf umsatzsteuerfreie Honorare als Hochschullehrer oder Dozent in der Berufsvorbereitung, mindern Sie damit die abzugsfähige Vorsteuer um 30 Prozent.

Dozenten müssen deshalb fein unterscheiden und den Einzelfall betrachten. So sind »die unmittelbar dem Schul- und Bildungszweck dienenden Unterrichtsleistungen selbstständiger Lehrer« gemäß §4 Nr. 21b Umsatzsteuergesetz von der Umsatzsteuer befreit. Voraussetzung ist jedoch, dass sie ihre Dienstleistung an einer staatlichen (bzw. staatlich anerkannten) Schule oder Hochschule erbringen oder eine Bildungsveranstaltung durchführen, die auf einen Beruf oder eine vergleichbare öffentliche Prüfung vorbereitet. Das führt dazu, dass Nachhilfeunterricht befreit ist, ein Existenzgründerseminar aber nicht. Heikel sind Kurse der Volkshochschulen (VHS): Diese sind gemäß § 4 Nr. 22 UStG zwar generell von der Umsatzsteuer befreit. Die Leistungen umsatzsteuerpflichtiger VHS-Dozenten fallen jedoch unter die Umsatzsteuer, sofern sie nicht auf Berufs- oder öffentliche Bildungsabschlüsse vorbereiten. Geben Sie ein Kommunikationstraining, ohne Kleinunternehmer zu sein, so müssen Sie Umsatzsteuer berechnen, auch wenn Ihnen der Auftraggeber etwas anderes sagt. Da 19 Prozent auf der Rechnung für die Schule 19 Prozent mehr Kosten bedeuten, sehen Weiterbildungsinstitute mehrwertsteuerpflichtige Unternehmer logischerweise ungern – gerne speisen sie diese gleich mit einem Bruttohonorar ab. Das bedeutet dann, dass Sie 19 Prozent weniger verdienen. Ärgerlich.

Bevor Sie sich als Nicht-Kleinunternehmer auf umsatzsteuerfreie Rechnungen einlassen, benötigen Sie eine schriftliche Bescheinigung Ihres Auftraggebers, in dem dessen zuständiges Finanzamt den genauen Grund für die Umsatzsteuerbefreiung bestätigt. In Ihrer Rechnung bauen Sie den Hinweis auf den Grund der Steuerbefreiung ein, z. B. »Umsatzsteuerfrei nach § 4 Nr. 21b Umsatzsteuergesetz«.

Wer diese Bescheinigung ausstellt, ist von Bundesland zu Bundesland verschieden und kann beim zuständigen Finanzministerium oder der Oberfinanzdirektion erfragt werden: In Niedersachsen sind es die Bezirksregierungen, in Baden-Württemberg die Landratsämter bzw. Stadtverwaltungen (in Städten über 20.000 Einwohner), in Hamburg ist es die Schulbehörde.

Informationen zum Steuerrecht in Österreich und der Schweiz finden Sie im Anhang (Seite 258).

9 Recht

Wie gestalte ich ein Angebot und was ist ein Auftrag? Welche Art von Verträgen schließe ich als Freiberufler? Die Antwort ist schnell gegeben: Es sind Werk- oder Dienstverträge. Die Unterscheidung ist allerdings nicht ganz einfach – nichtsdestotrotz ist sie aber sehr wichtig für Sie. Das nächste Kapitel beschäftigt sich mit grundlegenden Rechtsfragen aus Freiberuflersicht.

9.1 Angebot und Auftrag

Wie schreibe ich ein Angebot? Und ab wann gilt etwas auch vor dem Gesetz als Auftrag? Das ist ein Thema, das vielen Freiberuflern Kopfzerbrechen bereitet.

Viele lassen sich deshalb einfach mündlich beauftragen und sprechen die Rahmenbedingungen nicht konkret ab. Hier ist es gut, sich bei den Kollegen Gewerbetreibenden umzusehen, den Kaufleuten. Eine kaufmännische Gepflogenheit liegt darin, mündliche Vereinbarungen schriftlich zu bestätigen: per Post, Fax oder E-Mail. Das sollten Sie immer tun, wenn es der Auftraggeber versäumt hat – und wenn es um nennenswerte Summen geht.

Rechtlich gesehen ist der Auftrag eine Vorstufe zum Vertrag: Also ist der Auftrag ein Angebot, das Ihnen ein Geschäftspartner macht. Es unterscheidet sich vom Dienst- und Werkvertrag nur dadurch, dass es zunächst unentgeltlich ist. Erst mit Ihrer Zustimmung wird aus einem Auftrag ein Vertrag. Inhaltlich ist es also dasselbe, nur rechtlich gesehen nicht.

Ein Vertrag setzt dabei ganz allgemein zwei übereinstimmende Willenserklärungen voraus – Antrag und Annahme. Als Dienstleister machen Sie ein Angebot und erhalten den Auftrag – alternativ macht Ihnen jemand ein Angebot, und Sie stimmen zu.

Damit sich beide Seiten nicht missverstehen, empfiehlt es sich, das Angebot kurz zu bestätigen und es zuvor zu präzisieren, falls Rahmenbedingungen nicht klar sind. »Schreib mir mal einen Artikel für 1.000 Euro die Seite« ist zwar ein Angebot, das Sie annehmen können, aber ein äußerst unkonkretes. Es sollte hier jedoch auch definiert sein, wie viele Anschläge die Seite enthält, ob Sie Bildmaterial liefern müssen, ob der Artikel exklusiv abgedruckt wird, wie viel Honorar Sie erhalten et cetera.

Die Bestätigung des Auftrags kann erfolgen, etwa indem Sie den Auftrag mit einem handschriftlichen »OK«, dem Datum und Ihrem Stempel zurücksenden oder -faxen. Damit gilt der Inhalt des Auftrags für beide Seiten als verbindlich und ist dann Vertragsgrundlage.

Ein Angebot könnte beispielsweise so aussehen:

Firma 18.12.2007

Verkaufsbüro Deutschland
Name
Straße
PLZ Stadt

Angebot für eine Karriereberatung

Sehr geehrte Frau Musterfrau,

herzlichen Dank für Ihr Interesse an unserer Beratung. Gerne unterstützen wir Sie beim Finden einer adäquaten neuen Beschäftigung. Karriere & Entwicklung ist ein seit vielen Jahren in Hamburg und Köln etabliertes Unternehmen im Bereich der Karriereberatung für die Medien- und IT-Branche.

Gerne unterbreiten wir ein Angebot entsprechend Ihren Vorstellungen:

- 3 Stunden Positionierung und Strategie: Nische finden, sich aufstellen und den Markt erschließen.
- 2 Stunden: Vorbereitung auf die Akquise, Akquisecoaching.
- Pro Stunde gelten 60 Minuten.
- Die Sitzungen finden in unseren Räumlichkeiten in der Friedensallee 50 statt.
- Sollte es sich ergeben, dass weniger Stunden nötig sind, werden auch nur diese Stunden berechnet.

Insgesamt bieten wir Ihnen 5 Stunden zu einem Gesamtpreis von 480 EUR an. Dieser Preis versteht sich zzgl. der gesetzlichen Umsatzsteuer von derzeit 19 %. Zahlbar ist der Betrag bis zu 10 Tage nach Rechnungsstellung.

Mit freundlichen Grüßen

Svenja Hofert

Tipp: Folgende Fragen sollte Ihr Angebot beantworten

- Welche Leistungen wollen Sie bis wann in welcher Form erbringen?
- Wann sollen die Leistungen erbracht werden?
- In welcher Form sollen die Leistungen erbracht werden?
- Wie sollen die Leistungen honoriert werden? (Stundenbasis? Tagessatz? Pauschal? Nettopreise mit Angaben zur Umsatzsteuer!)
- Was geschieht, wenn Sie nicht pünktlich liefern?
- Was geschieht, wenn der Auftraggeber Korrekturen fordert?
- Wie hoch ist das eventuelle Ausfallhonorar (zum Beispiel bei Journalisten, Textern, Designern), falls der Entwurf aus betriebsinternen Gründen nicht genutzt wird?

Achten Sie darauf, dass

- Sie eine sehr freundliche Ansprache wählen und sich mindestens für das Interesse bedanken.
- Sie Einzelbausteine auflisten, aus denen sich ein Gesamtpreis ergibt.
- Sie immer Netto-Preise nennen und den Mehrwertsteuersatz.
- Sie, z. B. auch in der IT, eine verständliche Sprache wählen.
- Sie eventuell auf ein Konzept im Anhang verweisen (lt. Konzept).
- Sie immer mindestens eine Alternativlösung anbieten (z. B. verschiedene Bausteine, die zusammen ein kleines, mittleres oder großes Paket ergeben).
- Sie genau sagen, welche Spesen auf den Auftraggeber zukommen (üblich: 0,30 Euro je gefahrenen Kilometer).
- Sie sich zu den Zahlungsmodalitäten äußern, z. B. Teilzahlung bis ...

Standardformulierungen für die Rechnung und ihre Bedeutung

Formulierung	Bedeutung
Sofort zahlbar ohne Abzug	Ohne Skonto sofort nach Erhalt der Rechnung: Schminken Sie sich's ab ... Sofort zahlt kein Unternehmen, erst recht kein größeres. Freiberufler stellen meist höhere Summen in Rechnung. 30 Tage sind das gesetzliche Zahlungsziel; und die sind bei Summen über 1.000 Euro angemessen. Sonst verkürzen auf 15 Tage.
Angebot ist freibleibend	Diesen Zusatz versteht kaum jemand wirklich. Letztendlich bedeutet er, dass der Anbieter kein Angebot im Rechtssinne machen will oder dass dieses der Zustimmung bedarf. Der Anbieter will sich nicht binden und beruft sich dabei auf § 145 BGB. Es ist also meist Blödsinn, eine solche Formulierung selbst aufzunehmen.

Angebot gilt bis ...	Der Adressat muss sich bis zum Datum entscheiden, ob er es annehmen will. Signalisiert einen Sonderpreis.
Rein netto	Noch so ein Wort, das kaum jemand versteht. Es heißt bloß, dass Sie kein Skonto bieten. Dann schreiben Sie es doch gleich ... damit der Auftraggeber es auch versteht.

Beispiel Auftragsbestätigung

In bestimmten Branchen arbeitet man nicht mit Auftrag, sondern auf Zuruf. Das ist rechtlich unsicher und führt immer wieder zu Ärger – denn wenn Auftraggeber aus irgendeinem Grund unzufrieden sind, selbst mit ihrem Vorgesetzten Ärger haben oder einfach nicht zahlen wollen, erinnern sie sich an nichts mehr. Unschöne Folge: Honorarausfälle. Deshalb sollten Sie zur eigenen Sicherheit den mündlichen Auftrag hinterher noch mal bestätigen.

Sehr geehrter Herr Bosbach,

herzlichen Dank für Ihren Auftrag. Ich freue mich sehr über die Zusammenarbeit und möchte noch einmal kurz festhalten, was wir vereinbart haben.

- *Ab sofort übernehme ich eigenverantwortlich auf Honorarbasis das Lektorat für Ihr Magazin Land & Leute einmal im Monat.*
- *Dieses beinhaltet das Redigieren von Autorenartikeln sowie die Rechtschreibkorrektur nach den Regeln der neuen deutschen Rechtschreibung, Grammatik und Zeichensetzung.*
- *Für diese Aufgaben berechne ich 50 Euro pro Druckseite (1500 Zeichen). Dieser Betrag versteht sich netto. Hinzu kommt die Umsatzsteuer von zurzeit 19 %.*
- *Die Korrekturen nehme ich in den Word-Dateien vor.*
- *Für die Schlusskorrektur erhalte ich Ausdrucke.*
- *Für die darauf folgende Schlusskorrektur habe ich nach Lieferung der Ausdrucke drei Tage Zeit.*

Ich freue mich über eine kurze Bestätigung, dass ich alles richtig verstanden habe. Bei Rückfragen stehe ich Ihnen jederzeit zu Verfügung.

Mit freundlichen Grüßen
Sara Küchner

Wenn Sie für Geschäftspartner tätig werden

Sind Sie im indirekten Auftrag über Unternehmen oder Agenturen für private oder kommerzielle Endkunden tätig, werden wahrscheinlich Sie derjenige sein, der etwas unterschreiben muss. Ihr eigenes Angebot – und gegebenenfalls die Allgemeinen Geschäftsbedingungen (AGB) – werden Sie in diese Konstruktion kaum einbringen können.

Immer wieder versuchen Auftraggeber Ihren Auftragnehmern Klauseln aufzuzwingen, die diese in ihrer Geschäftstätigkeit sehr stark einengen. Sie können sich damit trösten, dass ohnehin nicht jeder Vertrag gültig ist. Viele Unternehmen bauen ungültige Passagen in ihren Vertrag ein, die allein der Abschreckung dienen.

Sehr verbreitet sind beispielsweise Wettbewerbsausschlussklauseln, von Unternehmen und Agenturen gerne »Kundenschutzklauseln« genannt. Diese besagen, dass Sie innerhalb eines bestimmten Zeitraums bei Vertragsstrafe nicht für die Konkurrenz tätig werden dürfen oder bei Abwerbung eines Kunden mehrere zehn- oder gar hunderttausend Euro zahlen müssen.

Eine solche Klausel gilt nicht, wenn Sie nachweislich als Freiberufler unternehmerisch tätig sind und sicher keinen arbeitnehmerähnlichen Status einnehmen. Sie gilt gemäß derzeitiger Rechtssprechung nur, wenn Sie wie ein Angestellter, also als »arbeitnehmerähnlich« eingestuft werden können. Das sind Sie, siehe Seite 36, beispielsweise als freier Mitarbeiter, der auf Dauer (länger als ein Jahr) nur für einen Auftraggeber tätig ist.

9.2 Dienst- und Werkvertrag

Die wichtigste Unterscheidung für Sie ist die zwischen Dienst- und Werkvertrag. Der Unterschied: Während der Dienstvertrag, wie der Name schon sagt, nur zur Dienstleistung verpflichtet, verlangt der Werkvertrag das »Werk« oder anders ausgedrückt: das konkrete Ergebnis. Ein freiberuflicher Architekt, der ein Haus baut, schließt somit einen Werkvertrag. Ein Berater, der kaum zu Ergebnissen verpflichtet werden kann, einen Dienstvertrag. Ein Softwareentwickler kann sowohl einen Dienst- als auch einen Werkvertrag abschließen. Es gibt also Grenzfälle und Gestaltungsmöglichkeiten.

Wo die Grenzen fließend sind, haben die meisten Freiberufler ein Interesse daran, einen Dienstvertrag abzuschließen, während die Auftraggeber dem Werkvertrag den Vorzug geben. Nehmen wir die IT: Alle wissen um die Schwierigkeiten, IT-Projekte erfolgreich und störungsfrei durchzuführen oder fehlerfreie Software zu erstellen. Kein IT-Freiberufler möchte gern vertraglich zum Erfolg verdammt sein. Dies aber wäre das Interesse des Auftraggebers. Feinabstimmung ist deshalb nötig und oft auch der Rat eines Anwalts extrem hilfreich.

Der Dienstvertrag

Der Dienstvertrag nach BGB verlangt nur ein Bemühen. Plastisch vorstellbar wird dies beim Arztvertrag. Der Arzt schuldet im Rahmen seiner vertraglichen Leistungen nicht den Erfolg »Gesundheit«, sondern nur eine passende medikamentöse Behandlung. Auch Wirtschaftsprüfer, Steuerberater oder Personalberater schließen Dienstverträge ab. Somit ist der Dienstvertrag eine Art Tätigkeitsvertrag.

Auch ein Arbeitsvertrag fällt unter die Kategorie »Dienstvertrag«. Kein Mitarbeiter kann von Ihnen vertraglich zu einer bestimmten Leistung verpflichtet werden. Wie beim Arbeitsvertrag wird auch bei Dienstverträgen eine Bezahlung nach Zeitaufwand vereinbart, und auch für die Fälligkeit des Honorars gelten ähnliche Regeln: Bezahlt werden muss, wenn der vereinbarte Dienst geleistet ist – Qualität und Ergebnis spielen grundsätzlich keine Rolle. Auch eine Gewährleistung gibt es nicht.

Für Sie ist dieses Wissen Gold wert, wenn sie von den leider weit verbreiteten Honorarminderungen betroffen sind. Als Journalist oder Trainerin können Sie zwar miese Artikel schreiben und aufgrund didaktisch veralteter Lehrmethoden Schiffbruch erleiden – ein Grund für eine Honorarminderung ist das nicht. Vor allem aber kann Ihnen niemand ein Honorar kürzen, weil er nicht zufrieden ist.

Eine Hintertür gibt es doch: Haben Sie Ihre Vertragspflichten verletzt, indem sie zum Beispiel das Fotomaterial nicht mitgeliefert oder das vertraglich vereinbarte Schulungsmaterial nicht mitgebracht haben oder den Unterricht drei Stunden früher als vereinbart beendet haben, sind Kürzungen möglich. Lesen Sie also Ihre Verträge ganz genau durch. Gibt es keine, so gelten automatisch die Bestimmungen des BGB. Im Zweifel also nachlesen. Eine weitere Hintertür sind übrigens extrem schlechte Leistungen. Falschberatung, etwa durch einen Steuerberater, kann zu Schadensersatzansprüchen führen.

Werkvertrag

Beim Werkvertrag geht es um die Herstellung des Werkes als Hauptpflicht. Sie müssen dieses rechtzeitig und ohne Sach- und Rechtsmängel herstellen. Nicht nur das Architektenhaus, auch der Autorenvertrag ist beispielsweise ein Werkvertrag, denn Sie schulden das »Werk« des fertigen Buches und nicht des »Schreibens«. Wer Websites gestaltet, hat es auch mit Werkverträgen zu tun. Der Vertrag legt fest, wie viele Seiten, Grafiken, Fotos, Navigationsbuttons, Animationen, Eingabefenster usw. die Site enthält. Werkvertraglich gelöst wird in der Regel auch die Softwareerstellung. Bei Softwareverträgen gehören deshalb unbedingt »Pflichtenhefte« dazu.

Das wichtigste Abgrenzungskriterium ist der »Erfolg«. Hierzu gehört auch die Veränderung einer Sache z.B. durch Anpassung (Anpassung von Standardsoftware), Gutachten, im Einzelfall auch Studien.

Nicht immer ist es leicht, einen Werk- von einem Dienstvertrag zu unterscheiden. Die Bezeichnung eines Vertrags als Werk- oder Dienstvertrag allein reicht nicht aus. Nur weil ein Vertrag als »Werkvertrag« bezeichnet ist, muss es noch lange kein solcher sein. Bei Streitfällen prüfen die Gerichte immer die Idee bzw. den Willen hinter dem Vertrag.

Unterschiede zwischen Werk- und Dienstvertrag

Vertragsart	Dienstvertrag	Werkvertrag
Erkennungszeichen	Die Tätigkeit an sich wird geschuldet	Das Werk wird geschuldet.
Beispiele	Beratervertrag, Artikel, Lektorat, Training etc.	Hausbau, Autorenvertrag, auch für Software, Websiteerstellung, Logoentwicklung
Honorar	In der Regel Abrechnung auf Stundenbasis	In der Regel ein Endpreis oder Tantieme (Buch, Software)
Enthalten sein muss	Die Art der vereinbarten Dienstleistung, Liefertermin und Lieferart, Angaben zu Honoraren, Mehrwertsteuer und Spesen, Laufzeiten, Kündigung des Vertrags	Eine detaillierte Beschreibung des Werks, Preis, Angaben zur Mehrwertsteuer und Spesen, Zwischenabnahme, Vorauszahlungen
Abnahme	Bei Lieferung automatisch	Erfüllung des Vertrags erst mit offizieller Abnahme
Haftung	Keine	Haftung auch für unwesentliche Mängel
Korrekturen	Bei Nachbesserung muss neuer Vertrag geschlossen werden oder im Vertrag steht bereits, wie diese honoriert/behandelt werden	Kosten für Nachbesserung tragen Sie
Rücktritt vom Auftrag	nein	Rücktrittsmöglichkeit bei Mängeln
Schadensersatz	nein	Schadensersatz
Gewährleistung	nein	2 Jahre, bei Planungen 3 Jahre

Fallbeispiel
Hanspeter sollte einen Artikel mit einer Textlänge von 4.000 Zeichen zu einem bestimmten Termin liefern, inklusive Fotos. Er hat geliefert, doch die Redaktion ist mit dem Ergebnis nicht zufrieden. Der Umfang stimmt, das Fotomaterial ist auch fristgerecht eingegangen, die Redaktion ist aber mit dem Tenor des Artikels nicht einverstanden und zahlt deshalb nicht. Nachbesserung, bis der Auftraggeber zufrieden ist. Je konkreter die Absprachen über den »Lieferinhalt«, desto weniger Ärger gibt es hinterher.

9.3 Andere Verträge

Weitere Verträge, die Freiberufler eingehen können, sind z.B. Mietverträge und Kaufverträge. Kaufverträge schließen Sie als Freiberufler in der Regel nur als Konsument oder beim Einkauf ab – Sie gestalten diese nicht. Deshalb vernachlässigen wir dieses Thema hier. Nur so weit: Kaufverträge sind ähnlich wie Werkverträge, nur dass es dabei nicht um die Herstellung eines Werks, sondern um den Erwerb eines Produkts gibt – mit der damit verbundenen Gewährleistung, ähnlich wie beim Werk.

Als Freiberufler schließen Sie in der Regel gewerbliche Mietverträge ab. Dieses »gewerblich« muss Sie dabei nicht stören; es steht Ihrem Status nicht im Weg. Es dient lediglich der Abgrenzung zum privaten Mietvertrag. Normalerweise verlangt der Vermieter bei einem gewerblichen Mietvertrag Umsatzsteuer. Diese muss extra ausgewiesen werden und kann von Ihnen selbstverständlich als Vorsteuer abgezogen werden.

Gewerbliche Mietverträge können von der Umsatzsteuer befreit sein, wenn der Vermieter auch nicht für die Umsatzsteuer optiert hat, wie dies bei privaten Vermietern der Regelfall ist. Für Sie bedeutet das: Die Umsatzsteuer beträgt 0 Prozent. Achtung: Achten Sie auf das Recht zur Untervermietung, wenn Sie z.B. eine Bürogemeinschaft aufbauen möchten.

Beratervertrag

Wenn Sie als Berater tätig werden, empfiehlt sich ein Vertrag, sofern die Beratung mehr als eine einzelne Stunde umfassen soll. Bei einem Beratervertrag handelt es sich um einen Dienstvertrag. Wie schon gesagt bedeutet das, dass Sie Ihrem Geschäftspartner die definierten Leistungen, nicht aber den Erfolg der Beratung schulden.

Regeln Sie in Ihrem Beratervertrag:

- die Anzahl der einzelnen Termine,
- die Dauer der Termine (zum Beispiel 45, 60 oder 90 Minuten),
- die Abstände zwischen den einzelnen Terminen,
- die Gesamtdauer,
- den Ort, an dem die Beratung stattfindet,
- die Höhe des Honorars,
- eventuelle Aufwandsentschädigungen für Spesen,
- Haftungsfragen,
- Art und Zeitpunkt der Rechnungsstellung,
- Zahlungsweise.

Ganz wichtig sind die folgenden Punkte, auch wenn Sie keinen schriftlichen Beratervertrag schließen möchten:

- Vereinbaren Sie, was geschieht und welche Kosten anfallen, wenn ein Termin ausfällt.
- Besprechen Sie, bis wann der Klient einen Termin kostenfrei stornieren kann.
- Legen Sie fest, welche Kosten bei Verspätungen anfallen.

Über die letzten drei Punkte haben sich schon viele Berater mit ihren Klienten gestritten. Wenn Sie von Anfang an klarmachen, welche Regeln zwischen Ihnen gelten, vermeiden Sie unangenehme Konflikte. Seien Sie nicht zaghaft mit solchen Vereinbarungen. Bedenken Sie als Berater, dass jede Verspätung Einfluss auf Ihre weiteren Termine hat und Sie deshalb bares Geld kostet.

Wenn Sie als Klient mit einem Berater verhandeln, gilt dasselbe, nur aus der anderen Perspektive. Wichtig ist in jedem Fall, dass Sie sich über die Rahmenbedingungen einig sind. Spricht der Berater nicht alle oben genannten Punkte von sich aus an, fragen Sie danach.

Auch Vereinbarungen auf zwischenmenschlicher Ebene müssen Sie als Berater zur Sprache bringen, bevor die eigentliche Beratung beginnt. Dazu gehören:

- Welche Methoden verwenden Sie?
- Wie gestalten Sie Ihre Sitzungen?
- Welche Ziele sollen erreicht werden?
- Wo liegen Grenzen? Welche Erwartungen können nicht erfüllt werden?

Prüfen Sie, welche Vorstellungen Ihr Klient hat, damit an diesem Punkt keine Missverständnisse entstehen. Handeln Sie dabei nach dem Motto: »Dies sind unsere Regeln. Diese haben sich bewährt. Sind Sie damit einverstanden?« Nicht nur Berater, sondern auch andere Dienstleister tun gut daran, solche informellen Spielregeln zu besprechen. Sie sind ein wichtiger Schritt zu besserer Kundenzufriedenheit. Weiß der Kunde, was auf ihn zukommt, kann er sich darauf einstellen. Zu hohe Erwartungen sind von vornherein gedämpft. Es entsteht zudem kein Raum für Missverständnisse.

Als Kunde oder Klient sollten Sie auf klaren Regeln und Vereinbarungen bestehen. Nur wenn Sie diese kennen, können Sie auch darüber verhandeln. Immer wieder kommt es vor, dass Berater für Terminverschiebungen ein Honorar einfordern, ohne dies vorher besprochen zu haben. Wenn Sie von Anfang an wissen, was passiert, wenn Stunden ausfallen oder Sie sich verspäten, können Sie die Höhe dieses Ausfallhonorars verhandeln. Beachten Sie: Wenn eine Regel nicht besprochen worden ist, gilt sie nicht. Niemand darf Ihnen 90 Euro für eine kurzfristig ausgefallene Stunde berechnen, wenn Sie nicht vorher darauf hingewiesen worden sind, dass Sie eine Stornierung bis zu einem bestimmten Zeitpunkt vornehmen müssen.

Urheberrechtsvertrag

Als Autor von Büchern, Werbetexten oder Software, als Komponist, Designer oder Fotograf bleiben Sie stets Urheber Ihrer Werke. Sie können lediglich die Nutzungsrechte abtreten, das Urheberrecht gehört Ihnen ein Leben lang – und Ihren Erben sogar noch darüber hinaus. Diese zeitliche und räumliche Nutzungsabtretung geschieht in einem Urheberrechtsvertrag. Er regelt, auf welche Weise Ihre künstlerischen Werke verwendet werden dürfen – und auf welche Weise nicht. Jede über die ursprüngliche Vereinbarung hinausgehende Nutzung müssen Sie separat vereinbaren. Sie können also auch nicht einfach Texte oder Grafiken, die für einen Printprospekt entwickelt worden sind, in Ihre Website übernehmen.

Wenn Sie selbst Urheber sind, sollten Sie unbedingt darauf achten, die Nutzung ganz genau zu definieren. Treten Sie Ihre Rechte nicht »zeitlich und räumlich unbegrenzt« ab, wie dies in vielen Verträgen formuliert ist. Definieren Sie vielmehr ganz konkret, für welche Zwecke die Nutzung gelten soll. Urheberrechtsverträge sollten deshalb folgende Angaben enthalten:

- Welche Nutzungsrechte wurden übertragen?
- Für welchen Zeitraum werden die Nutzungsrechte übertragen – von einem einzigen Tag bis »zeitlich unbegrenzt«?
- Für welches Gebiet werden die Nutzungsrechte erteilt, zum Beispiel für eine deutschlandweite Veröffentlichung, für den englischen Sprachraum oder räumlich unbegrenzt?
- Darf der Verwerter die Nutzungsrechte an Dritte übertragen?
- Für welche Nutzung wird welche Vergütung fällig, zum Beispiel als Pauschalhonorar oder prozentuale Beteiligung an Verkaufserlösen?
- Welche Zahlungs- und Abrechnungsmodalitäten sollen gelten?

Wenn Sie selbst Texte oder Bilder einkaufen, sollten es Ihnen bewusst sein, dass Sie niemals Besitzer dieser Werke werden. Das gilt auch zum Beispiel für Internetseiten, die Ihnen ein Designer erstellt. Das Recht am Layout bleibt beim Urheber – unabhängig davon, was Sie mit ihm vereinbaren. Sie können sich nur Nutzungsrechte sichern – und das sollten Sie auf jeden Fall tun.

Tipp: Nutzung von fremden Texten oder Bildern

Jedes Werk, das eine kreative Eigenleistung erfordert, ist urheberrechtlich geschützt. Wenn jemand Bilder oder Texte im Internet veröffentlicht, ist das keinesfalls eine Aufforderung zur kostenlosen Nutzung! Falls Sie das Material einfach so verwenden, könnte Ihnen bald eine Rechnung des Autors ins Haus flattern – und eine Abmahnung noch dazu.

Lizenzverträge für Software

Wenn Sie heute Software erwerben, erhalten Sie mit dem Kauf nur ein eingeschränktes Nutzungsrecht. Sie dürfen die Software auf Ihrem Rechner installieren und nutzen, aber nicht weitergeben. Andernfalls ließe sich mit der Software kein Geld verdienen, oder die Preise müssten noch viel höher liegen, als sie ohnehin oft schon sind. Auch für einen Softwareautor empfiehlt sich ein Lizenzvertrag. Er regelt ganz genau, welche Rechte im Kauf inbegriffen sind und welche nicht.

Recht in Österreich und der Schweiz

Auch in Österreich und in der Schweiz gilt die grundsätzliche Unterscheidung zwischen Werk- und Dienstvertrag. Auch die beschriebenen Vertragsformen existieren hier, es gibt allerdings einige Unterschiede im Detail. Mehr Informationen finden Österreicher beispielsweise bei *www.jusline.at*. Eine der besten Linksammlungen zum Recht in der Schweiz bietet die Firma KPMG unter *www.kpmg.ch/links*.

10 Versicherungen

Für Sie als Freiberufler sind nur wenige Versicherungen wirklich überlebenswichtig: Da ist die Berufshaftpflicht (die teilweise als Betriebshaftpflicht daherkommt), die Krankenversicherung und die Rentenversicherung. Eine Berufsunfähigkeitsversicherung kann gegebenenfalls auch Sinn machen. Ein Riesenthema für Freiberufler in Kunst- und Kulturberufen ist schließlich die Künstlersozialkasse.

10.1 Berufshaftpflicht

Ihre private Haftpflicht gilt überall dort nicht, wo Sie arbeiten oder beruflich unterwegs sind. Bricht sich ein Kunde das Bein, weil er über den Vorsprung zu Ihrer Bürotür stolpert, müssen Sie für den entstandenen Schaden aufkommen. Zerkratzen Sie während eines Kundenbesuchs mit Ihrer alten Ledertasche versehentlich einen wertvollen Designerschreibtisch, kann der Auftraggeber Sie dafür zu Kasse bitten. Oder eben, besser, Ihre Versicherung.

Die berufliche oder betriebliche Haftpflichtversicherung sichert Sie ab – und kostet dabei nur ab rund 80 Euro im Jahr (z. B. für Trainer über die *www.trainer-versorgung.de*). Sie betrifft einen großen Teil Ihres Lebens, manchmal den größten, in fast jedem Fall den aktivsten.

Doch Berufshaftpflicht ist nicht gleich Berufshaftpflicht. Sie benötigen eine individuelle Risikoanalyse in Zusammenarbeit mit einem Fachmann. Es muss genau geprüft werden, welches Risiko Sie absichern müssen, damit Sie den Versicherungsschutz haben, den Sie brauchen, aber nicht mehr zahlen, als Sie müssen. Vertrauen Sie auf die Kompetenz der Berufsverbände und Kammern. Diese empfehlen und/oder vermitteln meist für die jeweilige Freiberuflergruppe die bestmögliche Absicherung.

Die Berufshaftpflicht, die jeder Existenzgründer abschließen sollte, unterscheidet sich von der Betriebshaftpflicht in einem sehr wesentlichen Punkt: Während die Berufshaftpflicht besonders risikobelastete Berufsgruppen absichert und auch so genannte Vermögensschäden mit einbezieht, sichert die Betriebshaftpflicht Unternehmer »nur« gegen Personen- und Sachschäden ab. Dies sind Schäden, die etwa durch falsche Beratung und/oder Behandlung entstehen. Die Berufshaftpflicht ist also die Versicherung für Freiberufler, da sie typische Freiberufler-Risiken abdeckt. Für bestimmte Berufsgruppen unter den Freiberuflern – etwa Ärzte und Rechtsanwälte – ist sie Voraussetzung für die Zulassung. Vermögensschäden sind Ersatzansprüche aus entgangenem Gewinn (oder Umsatz), der Verletzung von Persönlichkeitsrechten, Wettbewerbsrechtsverletzung, aber auch Ersatzansprüche wegen finanzieller Verluste, beispielsweise aufgrund einer Falschberatung durch einen Rechtsanwalt oder einen Steuerberater. Das sind die sogenannten »echten« Vermögensschäden. Davon abzugrenzen sind die »unechten« Vermögensschäden, auch »Vermögensfolgeschäden«. Dies sind Ersatzansprüche, die als Folge eines Personen- oder Sachschadens entstehen. »Unechte« Vermögensschäden sind auch in einer normalen Betriebshaftpflicht enthalten, echte müssen über eine Berufshaftpflichtversicherung speziell abgesichert werden.

Die Kosten für die Berufshaftpflicht richtet sich nach dem zu versichernden Risiko, liegt aber oft über der einer reinen Betriebshaftpflichtversicherung. Die Berufshaftpflicht ist anders als die Betriebshaftpflicht zudem meist personengebunden, kann aber auch für eine Gesellschaft, etwa eine Partnergesellschaft, abgeschlossen werden und schließt auf Wunsch selbstverständlich auch die Mitarbeiter mit ein. Das bedeutet, dass jeder aus Ihrem Team eine solche Versicherung abschließen muss, wenn etwa drei Steuerberater in einer Partnergesellschaft firmieren. Dies ist erst recht der Fall, wenn Freiberufler aus unterschiedlichen Berufen in einem Büro oder einer Gesellschaft zusammenarbeiten.

Eine häufige Frage ist diese: Brauchen Sie auch weiterhin eine private Haftpflichtversicherung? Die Antwort ist klar: Ja, denn schließlich kann auch in Ihrem privaten Umfeld eine Person oder eine Sache zu Schaden kommen.

Viele Berufs-/Betriebshaftpflichtpolicen bieten die Möglichkeit, den privaten Bereich gegen einen geringen Aufschlag mit zu versichern. Bei Teamgründern heißt das allerdings: Während die Betriebshaftpflicht meist gleich bis zu fünf Personen absichert, gilt die private »Mitversicherung« nur für den hauptsächlichen Versicherungsnehmer. Die anderen Gründer müssen also eine private Haftpflicht zusätzlich abschließen.

Betriebshaftpflicht

Die Betriebshaftpflicht bietet das, was auch die private Haftpflichtversicherung umfasst – nur eben für den betrieblichen Bereich. Sie eignet sich eher für Gewerbetreibende, denn sie sichert ausschließlich Sach- und Personenschäden ab. Sprich: Wenn Sie Dinge beschädigen oder Menschen Schaden zufügen, sind Sie abgesichert. Wenn Sie allerdings wegen einer falschen Beratung verklagt werden oder ein ganzes Unternehmen durch eine falsche Programmierung lahmlegen, dann sagt die Versicherung: Nein, danke. Suchen Sie also nach einer Berufshaftpflicht, es sei denn, Sie können keinen Vermögensschaden (z. B. durch Beratungsfehler) anrichten.

Vermögensschadenshaftpflicht

In der Betriebshaftpflicht ist, wie gesagt, die Vermögenshaftpflicht oft nicht enthalten. Zudem deckt auch nicht jede Berufshaftpflicht jedes denkbare Risiko ab. Vermögensschäden können vielfältig sein und z. B. auch Programmier- und Bedienungsfehler betreffen. Etwa, wenn Sie als IT-ler versehentlich alle wichtigen Daten Ihres Auftraggebers löschen. Beachten Sie: Versichert ist nur das, was im Vertrag geregelt ist. Deshalb helfen Begrifflichkeiten oft nicht weiter. Klären Sie im Einzelfall, welche Risiken Sie haben und was Sie absichern müssen. Dabei ist es entscheidend, dass Sie für diese Klärung einen Profi aus Ihrer Branche heranziehen, da »normale« Versicherungsmakler die einzelnen Risiken eines speziellen Berufs gar nicht kennen können.

10.2 Krankenversicherung

An dieser Versicherung geht wirklich gar kein Weg vorbei. Als Freiberufler sind Sie dabei in der Regel freiwillig versichert, es sei denn, Sie sind in der KSK: Dann sind Sie wie Angestellte pflichtversichert. Solange Sie freiwillig versichert sind, können Sie zwischen privater Krankenversicherung (PKV) und gesetzlicher Krankenversicherung (GKV) wählen.

Die Versicherung bei den Privaten ist dabei an keine Einkommenshöhe geknüpft, die bei den gesetzlichen schon. Dies heißt, dass Sie bei privaten Krankenversicherern den gleichen Satz bezahlen müssen, egal ob Sie monatlich 1.000 Euro Verlust oder 50.000 Euro Gewinn machen.

Verdienen Sie wenig (unter 1.837,50 Euro Gewinn/Monat – damit ist Ihr persönliches Einkommen gemeint, Umsatz abzüglich Betriebsausgaben), zahlen Sie je nach Krankenkasse und Beitragssatz bei den Gesetzlichen etwa 280 Euro Mindestsatz. Bezieher von Gründungszuschuss erhalten mit rund 170 Euro einen speziellen Satz. Dabei gehen die Krankenkassen von einer monatlichen »Bezugsgröße« – dem Durchschnittseinkommen eines Angestellten – aus und nehmen davon 3/4. Auch wenn Sie Verluste machen, müssen Sie dieses Geld bezahlen!

Viele private Versicherungen sind günstiger als die GKV; vor allem, wenn Sie viel verdienen. Bei den Privaten gilt: Je höher die Selbstbeteiligung und je geringer die Leistungen, desto preiswerter ist der Monatsbeitrag. Diese Rechnung geht allerdings nicht auf, wenn Sie zu Hause eine Familie ernähren müssen. Arbeitet Ihr Ehepartner nicht oder verdient er/sie weniger, müssen Sie die Kinder mit versichern. Und das wird dann wirklich teuer, weil jedes Familienmitglied einzeln Beiträge bezahlen muss.

Fallbeispiel: Beiträge zur gesetzlichen Krankenversicherung für Selbstständige 2007

Krankenversicherung	
Beitragssatz	14 %
Beitragsbemessungsgrenze/Jahr	42.750 Euro
Beitragsbemessungsgrenze/Monat	3.562,50 Euro
Höchstbetrag (Monat)	498,75 Euro
Mindestbeitrag	257,25 Euro

Für die Pflegeversicherung kommen noch mal bis zu 69,47 Euro dazu.

Monatliche Bezugsgröße 2007: 2.450 Euro, 3/4 davon: 1.837,50 Euro / Monat

Pflegeversicherung

Das Pflegeversicherungsgesetz gilt auch für Selbstständige, unabhängig davon, ob sie gesetzlich oder privat krankenversichert sind. Das bedeutet: Sie müssen zahlen, ob Sie wollen oder nicht: derzeit 1,7 Prozent der beitragspflichtigen Einnahmen, also des Gewinns bis zur Beitragsbemessungsgrenze. Bei privat Pflegeversicherten richtet sich der Beitrag nach Alter und gesundheitlichen Risiken, die Beiträge variieren stark.

Wer in einer gesetzlichen Krankenversicherung freiwillig versichert ist, wird automatisch bei der an die Krankenkasse angegliederten Pflegekasse pflegeversichert. Privat Krankenversicherte müssen auch eine private Pflegeversicherung abschließen. Ehepartner und Kinder sind in der gesetzlichen Pflegeversicherung kostenfrei mit versichert. In der privaten Pflegeversicherung sind nur die Kinder kostenfrei mit dabei.

Gesetzlich oder privat versichern?

	Private Krankenkasse (PKV)	Gesetzliche Kasse (GKV)
Wie teuer?	Ab ca. 100 Euro Monat pro Person, meist Selbstbeteiligung zwischen 300 und 3.300 Euro / Jahr	Ab ca. 250 Euro, wenn Sie weniger als 1.830 Euro verdienen. Als Selbstständiger mit hohen Verlusten oder geringem Gewinn (unter 350 Euro) können Sie sich beim Partner mit versichern
Familie	Familienmitglieder sind nicht mit versichert	Familienmitglieder sind im Rahmen der Familienversicherung mit versichert, sofern Ihr Partner nicht privat versichert ist und dauerhaft mehr verdient
Rückerstattungen?	Es gibt oft Beitragsrückerstattungen, wenn Sie nicht zum Arzt müssen oder Besuche aus eigener Tasche bestreiten	Keine Rückerstattungen
Eltern	Mütter bekommen nichts, müssen Beiträge weiter bezahlen	Zahlung von Mutterschaftsgeld, Freistellung von der Zahlung im Mutterschutz
KSK	Bei entsprechend hohen Verdiensten können Sie sich auf Antrag auch über die KSK privat krankenversichern lassen	Die KSK übernimmt 50 Prozent der Beiträge für die GKV
Rückkehr	Keine Rückkehr in die gesetzliche Kasse möglich, es sei denn, Sie werden sozialversicherungspflichtig tätig und liegen unter der Beitragsbemessungsgrenze (z. B. Einstellung als Geschäftsführer der eigenen GmbH kann Rückkehr begründen)	Jederzeit Übertritt in die private Kasse möglich

10.3 Sozialversicherungen

Alle staatlich verordneten »Versorgungssysteme« zählen zur Sozialversicherung. Auch die Krankenversicherung gehört dazu. Bei der Rentenversicherung haben Sie als Freiberufler meist die freie Wahl, können aber auch zur Mitgliedschaft verpflichtet sein (siehe Seite 220). Eine weitere Sozialversicherung ist die Arbeitslosenversicherung, die Sie nur interessieren muss, wenn Sie Mitarbeiter haben.

Die fünf Säulen der Sozialversicherung:

- Krankenversicherung (schwankender Beitragssatz zwischen 13 und 15 Prozent)
- Pflegeversicherung: 1,7 Prozent (Sachsen: 1,35 Prozent Arbeitnehmer), demnächst 1,95 Prozent
- Rentenversicherung: 19,9 Prozent
- Arbeitslosenversicherung: 6,5 Prozent
- Unfallversicherung bzw. Berufsgenossenschaft (je nach Branche)

10.4 Arbeitslosenversicherung

Als Existenzgründer – gleich, ob freiberuflich oder gewerblich – können Sie sich gegen Arbeitslosigkeit in der Gesetzlichen Arbeitslosenversicherung (GAV) versichern. Für Freiberufler lohnt sich das am ehesten, da die GAV auf Basis der Qualifikation zahlt – und diese ist bei Freiberuflern in der Regel hoch.

Die GAV ist eine Weiterversicherung in der Arbeitslosenversicherung, und Ihr Antrag muss spätestens einen Monat nach Ihrer Entscheidung zu gründen bei der Bundesagentur für Arbeit eingegangen sein. Für günstige 25,73 Euro im Monat erwerben Sie Ansprüche auf den Bezug von Arbeitslosengeld, das dann gestaffelt nach Ihrer Ausbildung gezahlt wird. Das lohnt sich vor allem für Selbstständige, die auf Honorarbasis arbeiten und sich vor plötzlichen Ausfällen schützen möchten.

Voraussetzung ist, dass Sie in den letzten 24 Monaten vor Beginn der Selbstständigkeit mindestens zwölf Monate sozialversicherte Beschäftigung nachweisen können oder unmittelbar vor Ihrer Existenzgründung wenigstens kurze Zeit Arbeitslosengeld I bezogen haben.

Der Anspruch auf Arbeitslosengeld aus dieser Versicherung wird frühestens nach zwölf Monaten Beitragszahlung erworben. Dann können Sie – falls Sie dazu auch nur noch weniger als 15 Stunden wöchentlich zu tun haben – Arbeitslosengeld beantragen und diese Leistung sechs Monate lang erhalten. Nach 24 Beitragsmonaten stünden Ihnen sogar zwölf Monate Unterstützung der Bundesagentur für Arbeit zu. Die Höchstdauer der Leistungszahlung beträgt 18 Monate.

Die Höhe des Arbeitslosengeldes orientiert sich am letzten Einkommen in abhängiger Beschäftigung (60 bzw. 67 Prozent) oder – wenn diese schon länger als zwei Jahre zurückliegt – an der beruflichen Qualifikation. Der Höchstsatz beläuft sich bei akademischer Ausbildung auf monatlich 1.364,10 Euro.

Allerdings sollten Sie, wenn Sie sich dafür entscheiden, dies nur als absolute Notlösung begreifen. Jeder Selbstständige hat Monate, in denen er mehr, und Monate, in denen er weniger verdient. Da Geld zurückzulegen, ist eine normale unternehmerische Handlung.

10.5 Gesetzliche Rentenversicherung

Hilfe! Die meisten Gründer nehmen Reißaus, wenn Sie GRV hören. Jeder weiß: Wer hier einzahlt, tut zwar Gutes, aber nicht für sich selbst – die Beiträge können Sie nicht annähernd zurückerwarten. Deshalb ist die staatliche Rentenversicherung höchst unbeliebt, und eine der meistgestellten Fragen, besonders von Freiberuflern, lautet: Wie komme ich da heraus? Dies hat damit zu tun, dass viele Freiberufler rentenversicherungspflichtig sind.

Bis Sie aus der gesetzlichen Kasse eine Rente – z. B. für Berufsunfähigkeit – beziehen können, müssen Sie mindestens fünf Jahre eingezahlt haben. Bei der Altersrente zählt sogar das Erreichen des Renteneintrittsalters (hier gilt derzeit: das 60. Lebensjahr muss erreicht sein). Eine sogenannte Regelaltersrente ohne Abschläge wird bei Renteneintritt erst ab dem 65. Lebensjahr gewährt, demnächst gar erst ab dem 67. Der Anspruch kann auch auf einen Ehepartner übergehen, so dass bei Ihrem Tod der Hinterbliebene eine Rente bezieht.

Die Rentenhöhe setzt sich aus einer komplizierten normierten Formel zusammen, die im Sozialgesetzbuch definiert ist. Eine wichtige Basis für diese Berechnung sind sogenannte Entgeltpunkte. Jeder Versicherungsnehmer führt aus seinem laufenden Gehalt einen bestimmten Prozentsatz als Beitrag an die Bundesversicherungsanstalt für Angestellte ab.

Wer genau so viel wie der Durchschnitt aller Einzahler (getrennt nach West- und Ost-Durchschnitt) überwiesen hat, bekommt jährlich einen Punkt. Wer nur die Hälfte des Durchschnitts einzahlt, bekommt dementsprechend nur 0,5 Punkte. Wenn Sie bis zur Beitragsbemessungsgrenze – diese liegt 2007 bei Angestellten bei 76.800 Euro im Jahr! – einbezahlen, erhalten Sie 1,8 Punkte. Weitere Punkte werden für Ausbildungszeiten und Kindererziehungszeiten angerechnet. Die jährlich erteilten Punkte werden bei Rentenbeginn (im Regelfall also mit Vollendung des 65. Lebensjahrs) addiert. Die Gesamtpunktzahl ist maßgeblich für die Höhe der Rente.

Pflichtmitgliedschaft

Viele Freiberuflergruppen kann die Rentenversicherungspflicht rufen: Journalisten als Künstler sind Mitglied der Künstlersozialkasse und damit zur Zahlung »verdammt«. Trainer und Coachs trifft, weil sie ähnliche Berufsgruppen wie der freie Lehrer sind, auch die staatliche Zwangsfürsorge.

Weitere Berufsgruppen, von denen die Deutschen Rentenversicherungsanstalt Bund Beiträge einhalten möchte:

- Berater, die nicht selbst Aufgaben lösen, sondern Wissen vermitteln (wie freie Lehrer)
- Dozenten
- Pflegepersonen in der Kranken-, Wochen-, Säuglings-, Kinderpflege
- Hebammen

Versicherungspflichtig sind zudem auch alle, die mehr als fünf Sechstel ihrer Auftragssumme mehr als ein Jahr lang aus einer Quelle beziehen – das betrifft auch sehr viele IT-Freelancer. Dabei können Sie sich bis zu drei Jahre von der Rentenversicherungspflicht befreien. Damit melden Sie sich allerdings bei der Deutschen Versicherungsanstalt Bund auch an und sollten fest planen, spätestens im vierten Jahr jemand einzustellen, der mehr als 401 Euro verdient.

Sie gehören nicht zu den beschriebenen Gruppen, aber möchten freiwilliges Mitglied werden? Das kann sinnvoll sein, um den Anspruch auf Berufsunfähigkeits- oder Erwerbsunfähigkeitsrente bestehen zu lassen. Anders als der Anspruch auf Rente verfällt dieser nämlich. Um ihn aufrechtzuerhalten, reicht die Zahlung des Mindestbeitrags von derzeit 79 Euro aus. Ob sich das Einzahlen dieser Summe wirklich lohnt, ist jedoch die Frage: Die Rente erhöht sich durch die Zahlung jedenfalls nur gering, und die ausgezahlte Berufsunfähigkeitsrente wäre vermutlich so niedrig, dass Sie unter dem Sozialhilfeniveau lägen und ohnehin auf Staates Hilfe angewiesen wären. Und 12 x 79 Euro gespart sind 948 Euro, in zehn Jahren fast 10.000 Euro, ohne Zinsen.

Rentenversicherungspflicht vermeiden

Die einfachste Methode, der Falle »Rentenversicherungspflicht« aus dem Weg zu gehen, es sei denn, Sie sind KSK-Mitglied: Stellen Sie Mitarbeiter ein. Mindestens 401 Euro müssen diese bei Ihnen dauerhaft verdienen.

Diese seltsame Regelung führt leider zu weiteren Komplikationen, denn suchen Sie mal einen Mitarbeiter für 401 Euro – Sie werden sicher Schwierigkeiten haben, so jemand zu finden. 400 Euro sind als Minijob deklarierbar und damit steuerfrei, selbst wenn es einen Hauptjob gibt oder wenn der Angestellte sonst als Freiberufler gutes Geld verdient. 401 Euro dagegen müssen versteuert werden, und auch Sozialabgaben werden fällig. Völlig paradox ist, dass jemand, der 500 Euro brutto verdient, mit 396 Euro netto weniger Geld erhält als ein Minijobber, der die gesamten 400 Euro unversteuert und abgabenfrei mitnehmen kann.

In dem sogenannten Niedriglohnbereich bis 800 Euro lohnt sich die Arbeit für den Angestellten kaum, denn die Abgaben sind unverhältnismäßig hoch. Für Sie als Arbeitgeber ist es dagegen völlig gleich, ob Sie 400 oder 401 Euro zahlen. Einzige Erschwernis: Ab 401 Euro können Sie das Geld nicht mehr bequem an die Minijobzentrale abführen, die Finanzämter halten die Hand auf. Abwicklungstechnisch ist dies etwas aufwendiger – Sie sollten diese Aufgaben aber ohnehin besser einen Steuerberater erledigen lassen.

In der Verwaltungspraxis hat sich herauskristallisiert, dass die gezahlten Gehälter einfach addiert werden. Beschäftigen Sie also einen Minijobber für 300 und einen für 150 Euro, sind Sie nach aktuellem Stand der Dinge »fein raus«.

Sie können auch Ihre Tätigkeit bewusst so gestalten, dass Sie nicht unter die Rentenversicherungspflicht fallen, indem große Teile der Arbeit in einem Bereich ausgeführt werden, der rentenversicherungsfrei ist. Entscheidend ist nämlich die gesamte Prägung Ihrer Tätigkeit: Nicht betroffen sind Sie etwa, wenn Sie 60 Prozent klassische Unternehmensberatung im Sinne der Deutschen Versicherungsanstalt Bund betreiben – also nicht nur einfach beraten, sondern auch Lösungen umsetzen.

10.6 Private Altersvorsorge

Wie Sie für Ihr Alter vorsorgen? Am besten mit einer gemischten Anlage, setzen Sie dabei nie auf nur ein Pferd. Als 40-jähriger Selbstständiger können Sie gut mit 500 Euro im Monat rechnen, die Sie zur Seite legen müssen, um sich ein einigermaßen gutes Überleben im Rentenalter zu sichern.

Ein mögliches Standbein Ihrer Altersvorsorge ist Ihre private Rentenversicherung – eine Kapitallebensversicherung ohne Todesfallschutz, d.h., Sie zahlen einmalig oder regelmäßig Beiträge ein und erhalten dafür ab einem festgelegten Zeitpunkt eine lebenslange monatliche Leibrente oder alternativ eine einmalige Kapitalausschüttung.

Die Rendite liegt aufgrund des nicht mit versicherten Todesfallrisikos höher als bei der Kapital bildenden Lebensversicherung. Versicherungen bieten oft jedoch die Möglichkeit, eine Garantiezeit zu vereinbaren (z.B. für fünf oder zehn Jahre). Im Todesfall erhalten die Hinterbliebenen innerhalb dieser Zeit die Monatsrente.

Riester-Rente

Riestern Sie mit? Als Freiberufler in der KSK können Sie das. Riester bedeutet, dass Sie vom Staat eine Zulage für Ihre private Rentenversicherung erhalten:

Die Förderhöhe ist begrenzt auf

- 2007 bis zu 1.575 Euro
- ab 2008 jährlich bis zu 2.100 Euro

Für Kinder erhält der Zulageberechtigte, der Kindergeld erhält:

- in den Jahren 2007 114 Euro
- ab dem Jahr 2008 jährlich 154 Euro

Rürup-Rente

Höchst umstritten ist die nach ihrem »Erfinder« Rürup genannte Rente, von notwendigen Nachbesserungen – wie sie auch per Rürup erfolgten – ist die Rede. Die Knackpunkte: Diese Rente lässt sich nur als monatliche Rente und nicht als einmalige Kapitalauszahlung beziehen. Außerdem ist der einmal gewählte Anbieter kaum wechselbar, das eingezahlte Kapital nicht auf einen anderen Anbieter übertragbar – womit Sie dem erstgewählten Versicherungsanbieter mehr oder weniger ausgeliefert sind.

In einer Übergangsfrist bis 2025 sind die Beiträge zur Rürup-Rente zudem nur begrenzt steuerlich absetzbar – im Jahr 2007 sind es 60 Prozent oder maximal 12.000 Euro für einen Single. Das hört sich erst einmal verlockend nach einem Steuersparmodell für Selbstständige an, weil Renten bisher nur bis zu einer geringen Höchstgrenze überhaupt abzugsfähig waren, als Sonderausgaben. Jedoch ist zu beachten, dass bei jüngeren Rürup-Sparern teilweise eine Doppelbesteuerung auftreten kann, beispielsweise wenn man im Jahr 2007 nur 60 Prozent seiner Beiträge absetzen kann, aber bei Rentenbeginn im Jahr 2040 die Auszahlungen komplett versteuern muss.

Ab dem Jahr 2040 werden 100 Prozent der ausgezahlten Rente steuerpflichtig sein. Die begrenzte Abzugsfähigkeit ergibt Nachteile für junge Steuerzahler – die unter 30-Jährigen –, die jetzt nur 60 Prozent abschreiben können, später aber alles versteuern müssen. Besonders ärgerlich, wenn der Steuersatz hoch ist. Der Abzug lohnt sich dagegen für ältere Selbstständige mit hohem Steuersatz, vor allem wenn sie nach der Rente ein geringeres Einkommen haben werden und folglich dann auch weniger Steuern zahlen müssen …

10.7 Die Künstlersozialkasse

Die Künstlersozialkasse (KSK) ist keine Versicherung, sondern eine öffentliche Einrichtung und »Tochter« der Deutschen Rentenversicherungsanstalt Bund. Die KSK übernimmt die Hälfte der Beiträge zu Ihrer Kranken- und Rentenversicherung. Als Teamgründer und sogar GmbH-Geschäftsführer können Sie Mitglied in der KSK sein, wenn Sie nicht mehr als einen vollzeitbeschäftigten Mitarbeiter haben.

Die Künstlersozialkasse nimmt »armen« Künstlern und Publizisten ein wenig von der Last der Sozialabgaben von den Schultern. Arm ist dabei eine Tatsache: Wer auf die Durchschnittseinkommen der Künstler schaut – gleich ob aus den Bereichen bildende oder darstellende Kunst oder Wort –, erstarrt: Kaum 10.000 bis 12.000 Euro Gewinn im Jahr werden da erwirtschaftet. Allerdings gibt die Autorin zu bedenken, dass dies die gemeldeten Jahreseinkommen sind. Und Überprüfungen von Seiten der KSK sind (noch) selten …

Die KSK, und nun kommen wir zum Nützlichen, springt bei Selbstständigen in Sachen Sozialabgaben für den nicht vorhandenen Arbeitgeber ein und übernimmt dessen Anteile an den relevanten Abgaben. Sie zahlt also 50 Prozent zu den Krankenkassen- und 50 Prozent zu den gesetzlichen Rentenversicherungsbeiträgen. Deren Höhe wiederum bemisst sich am gemeldeten Einkommen.

Beim Zahlen gibt es kein Wenn und Aber, und die unternehmerische Entscheidungsfreiheit ist dahin: Wer vom Staat als Künstler identifiziert ist, muss in die Rentenkasse zahlen, ob er will oder nicht. Es sei denn, er übt eine nicht-künstlerische Tätigkeit in mehr als geringfügigem Umfang aus. Damit verliert er allerdings auch den Anspruch auf Zuschuss zur Krankenversicherung, kann jedoch – solange er nicht mehr als 50 Prozent über nicht-künstlerische Arbeit erwirtschaftet –, via Künstlersozialkasse freiwillig in die Rentenversicherung einzahlen und erhält dabei auch den Zuschuss der KSK.

Die KSK ist dabei ausgerichtet auf Einzelkämpfer, aber auch für freiberufliche GbRs interessant. Jedenfalls dann, wenn der Geschäftszweck der Teamgesellschaft klar ein künstlerischer ist und alle Gesellschafter diesbezüglich am gleichen Strang ziehen.

Die Künstlersozialkasse hat allerdings nicht nur Vorteile. Je höher Ihr Gewinn ausfällt, desto mehr werden Sie sich – wenn Sie Ihr Einkommen ehrlich melden – vermutlich über die Mitgliedschaft ärgern. Bei einem Gewinn von ca. 25.000 Euro zahlen Sie nämlich bereits fast 500 Euro an Beiträgen zur Krankenversicherung und Rentenversicherung. Privat versichert kämen Sie, je nach Alter, mit etwa 250 Euro aus. Wenn Sie 80.000 Euro verdienen, liegen Sie über dem Höchstsatz und zahlen satte 1.000 Euro ein. Nun kommen Sie nicht mehr raus – denn die KSK verleiht Ihnen eine Pflichtmitgliedschaft. No exit – es sei denn, Sie übernehmen eine ganz andere Tätigkeit oder stellen anderthalb vollzeitbeschäftigte Mitarbeiter ein … Das macht einen Business-Plan so wichtig. Wenn hier steht und dies auch realistisch ist, dass Sie im dritten Jahr mehr als 25.000 Euro verdienen, sollten Sie sich den Antrag gut überlegen …

Künstlersozialkasse – ja oder nein?

Plus	Minus
Super, wenn Sie (weit) weniger als 25.000 Euro verdienen	Ein Ärger, spätestens wenn Sie 60.000 Euro und mehr Gewinn machen – oft kitzelt's schon ab ca. 25.000 Euro
Die Rentenversicherung ist dabei	Private Vorsorge rechnet sich oft mehr
Mütter, die mit Krankentagegeld versichert sind, bekommen Mutterschutzgeld	Andere nicht
Sie können so viel verdienen, wie Sie wollen, und dies offen zugeben ...	Dauerhaft Gefahr (Prüfung) in Verzug, wenn Sie falsche Einkommen melden
Familienmitglieder sind mit versichert, wenn sie nicht selbst arbeiten	Familienmitglieder müssen sich selbst versichern, wenn sie in der PKV sind

Die KSK verdient ihr Geld, indem sie von Unternehmen eine Abgabe fordert. Als Freiberufler müssen Sie in der Regel aber nicht in die KSK einzahlen. Dies betrifft nur Firmen, die KSK-pflichtige Freiberufler einsetzen und ihnen Honorare zahlen.

Bei welchem Einkommen kostet die KSK-Mitgliedschaft wie viel?

Diese Übersicht zeigt noch einmal im Einzelnen, wie sich die monatlichen KSK-Beiträge je nach Jahreseinkommen berechnen.

KSK-Beiträge

Einnahmen in Euro	7 % KSK-Anteil/Jahr	9,95 % Anteil Rente KSK/Jahr	KSK-Beitrag/Monat
10.000,–	700,–	995,–	141,25
15.000,–	1.050,–	1492,50	211,97
25.000,–	1.750,–	2487,50	325,25
40.000,–	2.800,–	3980,–	565,–
50.000,–	3.339,– (Bemessungsgrenze erreicht bei 47.700,–)	4.975,–	692,83
63.000,–*	3.339,–	6.268,50	800,62

*Ab diesem Betrag kann der monatliche Satz nur noch durch einen höheren Beitragssatz in Ihrer Krankenversicherung steigen, also wenn dieser mehr als die angenommenen 14 Prozent beträgt.

Fallbeispiele zur KSK

Wer kann sich versichern?
Jürgen Hoppe ist arbeitslos. Vor seiner Arbeitslosigkeit war er Webdesigner und betrieb – auf privater Ebene – einen eigenen Blog. Begonnen hat er, weil er Spaß am Programmieren hatte. Mittlerweile schreibt er regelmäßig, und sein Blog ist gut besucht. Da fragt ihn ein Bekannter, ob er vielleicht vier Wochen lang eine Urlaubsvertretung machen möchte. Dieser Bekannte ist Freiberufler und schreibt für ein Fachmagazin. Jürgen Hoppe überlegt, wie er in diesem Monat am besten vorgeht, um möglichst günstig versichert zu sein. Er erwägt, sich über die KSK zu versichern.

Leider geht das nicht. Eine Voraussetzung für die Versicherung bei der KSK ist, dass die Tätigkeit nicht nur vorübergehend ausgeführt wird. Würde Hoppe danach dauerhaft publizistisch tätig werden, sähe das anders aus.

KSK und zeitweise Arbeitslosigkeit
Ricarda Jacobsen ist selbstständige Bildhauerin. Aufgrund ihrer sehr wechselhaften Auftragslage überlegt sie, sich arbeitslos zu melden. Wichtig ist ihr jedoch, dass die Mitgliedschaft in der Künstlersozialkasse bestehen bleibt.

Es ist durchaus möglich, dass die Versicherung bei der Künstlersozialkasse auch bei zeitweiser Arbeitslosigkeit bestehen bleibt. Dabei wird unterschieden zwischen arbeitslos (= ALG-I-Empfänger) und *hilfebedürftig* (= ALG-II-Empfänger, der nicht arbeitslos ist, sondern mit seinem Einkommen unter den Sozialhilfesätzen liegt und daher ALG II zur Aufstockung bezieht).

Achtung! Bei Bezug von ALG I fliegt Frau Jacobsen nicht aus der Künstlersozialkasse, aber sie muss – obwohl die Agentur für Arbeit Rentenbeiträge abführt – in diesem Zeitraum selbst weiter Rentenbeiträge an die KSK zahlen. Die Beiträge für die Krankenversicherung entfallen jedoch für den Versicherten.

Ein »normaler« ALG-II-Bezug (d.h. wenn kein Anspruch auf ALG I besteht und keine Hilfebedürftigkeit im oben erläuterten Sinne vorliegt) schließt eine Versicherungsmöglichkeit über die KSK aus. Einzige Ausnahme: die beitragsfreie Mitversicherung.

Bei der Überlegung, ob Frau Jacobsen sich als hilfebedürftig oder arbeitslos meldet, ist für sie entscheidend, ob damit nicht ihre Versicherungspflicht bei der Künstlersozialkasse entfällt. Das wiederum hängt ganz von ihren bisherigen Umsätzen ab. Unter Umständen ist es möglich, unter die Mindesteinkommensgrenze zu fallen, ohne die Zugehörigkeit zur Künstlersozialkasse zu verlieren. Dazu ist jedoch eine Einzelfallprüfung notwendig.

KSK und private Krankenversicherung

Norman Schartau möchte sich als freier Lektor selbständig machen. Zurzeit ist er privat krankenversichert. Er fragt sich, ob er seine private Krankenversicherung beibehalten kann, wenn er in die Künstlersozialkasse wechselt. Herr Schartau kann seine private Krankenversicherung behalten. Für Berufsanfänger und Höherverdienende ist die Versicherung über eine private Krankenversicherung kein Problem – auch als Mitglied der Künstlersozialkasse.

10.8 Berufsunfähigkeit

Versicherungen schüren Ängste, indem sie sagen, jeder vierte Erwerbstätige würde vor Erreichen des Rentenalters berufsunfähig. Ihr Versicherer bezahlt Ihnen eine Rente, sollten Sie einmal nicht mehr in Ihrem Beruf arbeiten können. Dies ergänzt die Rente, die Sie aus der gesetzlichen Rentenversicherung – sofern Sie lange genug eingezahlt haben – ohnehin beziehen. Um monatlich jedoch auf eine angemessene Summe zu kommen, müssen Sie mehrere hundert Euro einzahlen. Wenig bringt nichts: Was haben Sie etwa von 500 Euro?

Zudem prüfen die Versicherungen akribisch, ob Sie wirklich unfähig sind, den Beruf auszuüben. Bei Freiberuflern ist die Unfähigkeit zur Berufsausübung noch unwahrscheinlicher, da Sie Kopfarbeiter sind. Als Steuerberater können Sie auch mit Behinderungen oder Allergien arbeiten. Kurzum: Oft lohnt es sich mehr, das Geld zu sparen oder clever anzulegen, um für Phasen der Berufsunfähigkeit selbst vorzusorgen. Lassen Sie sich gerade zu diesem Thema beraten, um Vor- und Nachteile genau abzuwägen.

11 Wachstum

In diesem Kapitel lernen Sie wirksame Strategien kennen, mit denen Sie nach mehreren Jahren freiberuflicher Tätigkeit wachsen können. So erfahren Sie, welche Tätigkeiten Sie delegieren sollten und welche besser nicht, welche Selbstmanagementstrategien Ihnen weiterhelfen, wo und wie Sie investieren können und wie Sie Mitarbeiter zu welchen Bedingungen einstellen sollten. Ebenfalls Thema ist, wie Sie eine Teilzeitexistenz zu einer Vollzeitexistenz ausbauen können.

11.1 Strategisch wachsen

Drei oder mehr Jahre im Geschäft sein heißt: Ich habe überlebt. Doch der Kampf ist damit nicht beendet, sondern tobt nur auf einem anderen Schauplatz: Sie haben kaum noch Zeit für das Wesentliche, das Geldverdienen. Der Kleinkram frisst Sie auf.

Während traditionelle Unternehmer sich nach einer Anlaufzeit aus dem operativen Geschäft zurückziehen können, um sich fortan strategischen Managementtätigkeiten zu widmen, können Sie Ihre Dienstleistung oft nicht oder nur sehr bedingt delegieren. Der Kunde will Ihr Grafikdesign, Ihre Beratung, Ihre Texte, Ihre Übersetzungen …

Vielleicht werden Sie spüren, was viele meiner Kunden spüren, wenn Sie es geschafft haben: Der Umsatz wächst kaum noch, die Gewinne schrumpfen – aufgrund höherer Ausgaben. So wie die Unternehmensberaterin Claudia, die mit drei Teilzeitkräften versucht, sich selbst Entlastung zu verschaffen. »Doch allein die Kundenanrufe binden mich jeden Tag gut zwei Stunden. Während ich früher vier Stunden am Tag fakturieren konnte, sind es jetzt nur noch zwei. Und dann bleibt immer noch viel zu viel liegen.« Das kann ganz schön frustrierend sein. Damit Sie für Ihr Wachstum gewappnet sind, lernen Sie hier einige wirksame Strategien kennen. Diese eignen sich auch dafür, wenn Sie den nächsten großen Schritt tun und aus einer Teilzeit- eine Vollzeitexistenz machen möchten.

11.2 Wachstumsstrategie Abgeben

Ich kann doch nicht … andere für mich Rechnungen schreiben oder Überweisungen tätigen lassen! So etwas höre ich oft. Allerdings stimmt das nicht. Das Schreiben von Rechnungen ist eindeutig eine delegierbare Aufgabe. Auch überweisen müssen Sie nicht selbst. Betrachten Sie es einfach einmal ökonomisch: Während Ihr Stundensatz höchstwahrscheinlich zwischen 35 und 250 Euro in der Stunde liegt, kostet eine gute Bürokraft kaum 15 Euro, und das inklusive der Sozialabgaben. Zudem ist das Gehalt Ihrer Office-Kraft steuerlich voll abzugsfähig, womit Sie nur ca. 55 bis 75 Prozent dieser Summe wirklich bezahlen.

Auch verantwortungsvolle Tätigkeiten lassen sich abgeben. In den seltensten Fällen sind Sie wirklich unersetzbar. So werden auch die Texte Ihrer Mitarbeiterin auf positive Resonanz stoßen, wenn Sie Ihre Aufgabe als Qualitätskontrolle wahrnehmen. Die Arbeit aus Ihrem Haus hat einen Ruf zu verteidigen – Sie sind allerdings ganz sicher nicht der Einzige, der dies kann.

Ich beobachte meist zwei gravierende Fehler beim Versuch, Aufgaben aus dem Kerngeschäft zu delegieren. Der erste liegt in der falschen Auswahl von Mitarbeitern. Diese sind nicht in der Lage, die anstehenden Aufgaben zu lösen. Beispiel: Ein PR-Berater wollte sich Entlastung verschaffen und vor allem das Recherchieren und Telefonieren abgeben. Er stellte eine Volontärin ein, die Angst vorm Telefon hatte und zudem überhaupt kein Interesse daran zeigte, Dinge anders als über das Internet in Erfahrung zu bringen. Freiberufler engagieren Mitarbeiter nicht selten per Handschlag, hinterfragen kaum und prüfen nicht.

Der zweite Fehler liegt im schlechten Briefing. Nur ein Mitarbeiter, der genau weiß, was er wie machen soll und was Sie von ihm erwarten, kann vernünftige Arbeit abliefern. Regelmäßige Gespräche gehören also ebenso dazu wie offenes Feedback.

Selbst ausgewiesene Experten können, nachdem Sie sich von den traditionell leicht delegierbaren Aufgaben getrennt haben, Arbeit abgeben. Ein Beispiel ist die Trainerin, die sich eine Co-Trainerin heranzog, die bald Gruppen übernahm und später »nach dem System von ›Melina Dart‹« Seminare gab. Dafür zahlte sie selbstverständlich eine Gebühr, die dann übrigens nicht mehr zu den freiberuflichen, sondern zu den gewerblichen Einnahmen zählt.

Tipp: Zeitfresser ausfindig machen und eliminieren

- Listen Sie alle Tätigkeiten auf, die Sie im Laufe eines Arbeitstags ausüben, indem Sie mindestens eine Woche ein Tätigkeitsnachweisbuch führen.
- Identifizieren Sie die Zeitfresser.
- Kennzeichnen Sie Tätigkeiten, die Sie sofort abgeben können, mit einem gelben Stift.
- Ermitteln Sie Tätigkeiten, die Sie nach einer Einarbeitungsphase abgeben können, und markieren Sie diese grün.
- Gehen Sie die übrig gebliebenen Tätigkeiten durch. Wie viel Zeit brauchen Sie dafür? Wie viel Zeit konnten Sie durch Delegieren gewinnen? Wenn es noch zu wenig ist, prüfen Sie die Aufgaben nochmals kritisch.

11.3 Wachstumsstrategie Selbstmanagement

An einem bestimmten Punkt Ihrer Selbstständigkeit müssen Sie anfangen, Grenzen zu setzen. Dieser ist spätestens dann erreicht, wenn Sie merken, dass Sie sich verzetteln. Vielleicht sind Ihre Telefonate zu ausführlich, stecken Sie zu viel Zeit in Konzeption, arbeiten Sie zu undiszipliniert: Wenn Sie sich nicht über die schmelzenden Gewinne ärgern wollen, ziehen Sie die Zügel an. Auch wenn die Kunden noch so nett sind, Sie können zum Beispiel nicht mehr mit jedem eine halbe Stunde reden. Vielleicht ist es genau das, das kurz Angebundene, was Sie bei anderen unsympathisch finden? Aber heißt das, seinen halben Arbeitstag für unbezahlte Gespräche aufzuwenden? Sicher nicht.

Lernen Sie Telefonate effektiv und zur Zufriedenheit Ihres Gesprächspartners zu Ende zu führen. Jeder hat Verständnis, wenn Sie eine wichtige Aufgabe lösen müssen und deshalb die Frage nach dem Wohlbefinden Ihrer Mutter jetzt nicht ausführlich beantworten möchten.

Bestimmen Sie Zeiten, in denen Sie sich von niemandem stören lassen, auch nicht vom Telefon. Diese sollten dem konzentrierten Arbeiten vorbehalten sein. Passen Sie die Zeit Ihrem Biorhythmus an, z.B. von 11 bis 13 Uhr.

11.4 Wachstumsstrategie Investieren

Viele Freiberufler denken, sie könnten ein Unternehmen ganz ohne Geld aufbauen. Investitionen kommen für sie erst recht nicht in Frage. Dabei müssen auch Freiberufler investieren, wenn auch in der Regel nicht in Maschinen und Material (Ausnahme sind z.B. bestimmte medizinische Berufe wie Podologen).

Trotzdem ist es auch für Freiberufler ganz logisch, dass Sie mehrere Komponenten verändern müssen, wenn Sie wachsen wollen. Sie benötigen großzügigere Räumlichkeiten, eine bessere Ausstattung oder auch schlicht einen neuen Computer mit einem bestimmten Softwareprogramm. Sie brauchen Werbematerialien oder einen eigenen PR-Berater.

Mir begegnet oft die Mehr-als-500-Euro-geb-ich-nicht-aus-Mentalität, selbst bei gestandenen Freiberuflern. Das betriebswirtschaftliche Denken gewerblicher Unternehmer fehlt oft, Sätze wie »das lohnt sich ja frühestens in einem Jahr« beweisen mir das. Wenn sich die Investition in einem Jahr bemerkbar macht, so ist dies doch genau das gewünschte Ziel.

Jede Investitionsstrategie sollte von einem Business-Plan begleitet sein, sofern sie über die Schaltung von drei Anzeigen hinausgeht. Dieser sollte folgende drei Fragen beantworten:

- Was kostet es?
- Was bringt es?
- Wann ist die Gewinnschwelle erreicht, also der Punkt, an dem die Einnahmen die Investitionskosten übertreffen?

11.5 Wachstum mit Mitarbeitern

Wachsen, größer werden, mehr verdienen – das geht nur mit Mitarbeitern und Outsourcing. Irgendwann wird nämlich das Maximum an Einnahmen für einen Freiberufler erreicht. Wie viel das ist, kann man sich leicht ausrechnen. Wenn etwa ein Therapeut 100 Tage je fünf Stunden arbeitet, so kommt er bei einem Stundenhonorar von 60 Euro auf 30.000 Euro. Umsatz, nicht Gewinn. Das ist, mit Verlaub, für einen Selbstständigen nicht viel.

Oft lohnt sich es nicht, qualifizierte Kräfte anzustellen. Wenn Sie beispielsweise einen Teilzeittherapeuten einstellen, dem Sie 600 Euro brutto bezahlen, ist das ein ziemlicher Hungerlohn, und außerdem ist es fraglich, ob Sie dafür jemand finden. Dieser Teilzeittherapeut könnte – anders als Sie – 224 Tage (365 minus 104 Tage für Wochenenden, 12 Tagen für Feiertage und 25 Tagen Urlaub) je zwei Stunden arbeiten (oder an zwei Tagen je fünf) und Ihnen damit bis zu 11.940 Euro zusätzlich einbringen. Sie zahlen auf der anderen Seite aber rund 8.856 Euro an Gehalt und Sozialabgaben (12 mal 600 plus ca. 23 Prozent). Sie müssen außerdem den Arbeitsplatz stellen und haben weitere Nebenkosten. Wiederum ein Argument pro: Das Geld können Sie außerdem von Ihrem Gewinn abziehen, so dass es steuermindernd wirkt. Sie sehen: Sie müssen hart kalkulieren, um zu sehen, ob sich Mitarbeiter wirklich rechnen.

In jedem Fall gilt: Angestellte Mitarbeiter kosten Sie weit mehr als das Gehalt. Auch der Staat hält die Hand auf. Wie sich das auswirkt, soll folgendes Beispiel verdeutlichen.

Die Sekretärin eines Unternehmensberaters erhält ein Bruttoeinkommen von 2.200 Euro. Sie zahlt 14 Prozent in die Krankenkasse. So viel kosten den Unternehmensberater die Sozialbeiträge:

- Krankenversicherung (14 Prozent, davon die Hälfte): 154 Euro
- Pflegeversicherung (1,7 Prozent, davon die Hälfte): 18,70 Euro
- Rentenversicherung (19,9 Prozent, davon die Hälfte): 218,90 Euro
- Arbeitslosenversicherung (6,5 Prozent, davon die Hälfte): 71,50 Euro
- Ihre zusätzlichen Kosten 462,20 Euro

Sie zahlen also letztendlich 2.662,20 Euro. Hinzu kommen Kosten für den Arbeitsplatz.

11.6 Beschäftigungsmöglichkeiten

Da viele Freiberufler (weit) unter 100.000 Euro Umsatz machen, ist eine angestellte Vollzeitkraft oft unrealistisch. Aber: Es muss nicht gleich die große Lösung sein. Die Palette reicht von der Honorarkraft über den Minijob bis zur voll sozialversicherungspflichtigen Tätigkeit.

Ihr Gestaltungsspielraum ist indes begrenzt: Eine Honorarkraft kann allerdings nicht Ihre Buchhaltung erledigen, das wäre scheinselbstständig – und Sie könnten auf die Zahlung von Sozialabgaben auch sieben Jahre im Nachhinein verklagt werden. Auch wenn es reizvoll scheint – lassen Sie es bleiben.

Beschäftigungsmöglichkeiten

Art der Beschäftigung	Bedeutet	Für welche Tätigkeiten	Sozialversicherung und Steuer	Kosten für Arbeitgeber	Achten auf
Minijob	Dauerhaft weniger als 400 Euro	Vom Sekretariat bis zur Buchhaltung	Pauschalierte Beiträge von 30 Prozent für die Kranken- und Rentenversicherung und pauschale Lohnsteuer	Bei 400 Euro 520 Euro	Meldung bei der Bundesknappschaft ist Pflicht (Minijobzentrale)
Aushilfe	Bis zu 2 Monate oder 50 Tage im Jahr beschäftigen	Saisonale Arbeiten	Keine Sozialabgaben	Lohn = Kosten, sofern die Beschäftigung 18 zusammenhängende Tage nicht übersteigt	Die Aushilfe darf nur bis zu 2 Monaten arbeiten
Azubi	Langfristige Bindung	Lehrberufe	Wie bei Vollzeitangestellten	Normalerweise gibt es einen Tarif	—
Praktikant	Sechs Wochen bis sechs Monate ist jemand da	Für alle Tätigkeiten, z. B. auch Projekte	Studenten, die das Praktikum benötigen, sind versicherungsfrei, arbeitslose Praktikanten sozialabgabenfrei (Praktikum aber nur sechs Wochen möglich)	Keine	Status

Art der Beschäftigung	Bedeutet	Für welche Tätigkeiten	Sozialversicherung und Steuer	Kosten für Arbeitgeber	Achten auf
Volontär	Kurzausbildung, für die es keinen Lehrberuf gibt, 6–24 Monate	Im Verlagswesen, in Agenturen, im PR-Bereich, 800–1200 Euro sind üblich	Bis 400 Euro wie Minijob, sonst wie bei Azubi und Vollbeschäftigten	Gehalt plus Sozialabgaben	Wenn Sie kein Gehalt bezahlen, muss das vertraglich vereinbart sein
Freier Mitarbeiter	Qualifizierte Aufträge für andere Freiberufler	Fachliche Kompetenz erforderlich	Der freie Mitarbeiter ist ein Geschäftspartner für Sie und muss sich selbst versichern	Stundenhonorare ab 20 Euro oder Tagessätze ab 200 Euro, zzgl. Umsatzsteuer	Vorsicht Scheinselbstständigkeit
Teilzeitkraft	Wie Vollzeitjob	Überall	Voll sozialversicherungspflichtig	Gehalt plus Sozialabgaben	Urlaubsanspruch beachten!
Vollzeitkraft	Qualifizierte Tätigkeiten, eigener Verantwortungsbereich	Überall	Voll sozialversicherungspflichtig	Gehalt plus Sozialabgaben	Tarifliche Bestimmungen

Ihre Pflichten

Sie müssen Ihren Angestellten, auch den Minijobbern, einen Arbeitsvertrag bieten. Den dürfen Sie nicht gestalten, wie Sie wollen. So müssen Sie Ihren Mitarbeitern bei einer Fünf-Tage-Woche mindestens 20 und bei einer Sechs-Tage-Woche mindestens 24 Tage Urlaub im Jahr gewähren.

Die Berechnung für Teilzeitkräfte ist kompliziert. Passen Sie hier bei der Arbeitsvertragsgestaltung ganz genau auf: Ihre Sekretärin soll drei Tage in der Woche beschäftigt sein? Ist sie die einzige Kraft in Ihrem Betrieb? Dann gehen Sie vom gesetzlichen Mindestanspruch von 24 Urlaubstagen aus, den Sie auf die drei Tage umrechnen: 24 : 5 x 3 = 14,4 Tage. Da ein Vierteltag schlecht zu nehmen ist, runden Sie großzügig auf 15 Tage. Haben Sie eine Vollzeitkraft angestellt, so muss sich der Urlaubsanspruch der Teilzeitkraft an dem Urlaub der »Vergleichsfrau« oder des »Vergleichsmannes« orientieren. Bekommt dieser 30 Tage, hat Ihre Drei-Tages-Sekretärin also Anspruch auf 30 : 5 x 3 = 18 Tage. Bezahlte Tage, versteht sich.

Sind feste Stundenzahlen, aber keine festen Arbeitstage vereinbart? Wenn Ihre Teilzeitkraft fünf Tage die Woche jeweils zwei Stunden arbeitet, hat sie auch Anspruch auf 24 Tage Mindesturlaub. Für Sie ist diese Lösung in der Regel also ungünstiger, weil sie dazu führt, dass die Teilzeitkraft insgesamt länger wegbleibt.

Urlaubsgeld müssen Sie nicht tragen, und auch das Weihnachtsgeld ist freiwillig. Zahlen Sie diese »Goodies« allerdings drei Mal hintereinander aus, so sind Sie verpflichtet, diese Leistungen den Mitarbeitern auch zukünftig zu gewähren. Vorsichtige Zurückhaltung ist mit Blick auf Krisenzeiten also angebracht ...

Darüber hinaus sind Sie verpflichtet, Ihre Mitarbeiter bei der Krankenkasse und der gesetzlichen Rentenversicherung – der Deutschen Versicherungsanstalt Bund – anzumelden und dort monatlich die Beiträge zu entrichten. Hierbei teilen Sie sich mit Ihrem Mitarbeiter die Kosten, behalten aber seinen Anteil automatisch mit ein und führen ihn zusammen mit dem Ihren ab. Beiträge für die Berufsgenossenschaft, auch dies eine Pflicht, zahlen Sie zu 100 Prozent. Sie sind zudem verpflichtet, die Lohnsteuer einzubehalten und an das Finanzamt zu überweisen.

Für freiberufliche Existenzgründer gibt es eine Sonderregelung bei der Befristung von Arbeitsverträgen: Bis zu vier Mal hintereinander dürfen Sie einen Arbeitsvertrag befristen, also maximal vier Jahre (sonst zwei Jahre). Allerdings ist dies bei der üblicherweise kleinen Größe eines Freiberufler-Unternehmens sowieso unwichtig. Der Kündigungsschutz gilt erst ab fünf Mitarbeitern, bis dahin müssen Sie sich an niemanden binden.

Was in den Arbeitsvertrag gehört:

- Zwischen welchen Parteien wird der Vertrag geschlossen?
- Welche Funktion oder Aufgabe soll der Arbeitnehmer ausfüllen? Bringen Sie zum Ausdruck, dass er neben dieser Tätigkeit auch zur Ausübung anderer Tätigkeiten herangezogen werden kann.
- Ist der Vertrag unbefristet oder befristet? Die Befristung eines Arbeitsvertrages ohne Vorliegen eines sachlichen Grundes ist bis zur Dauer von zwei Jahren zulässig. Auch wenn Sie mehrmals verlängern (z.B. nach einem halben Jahr), gilt die Gesamtdauer von zwei Jahren.
- Wie lange dauert die Probezeit? Wann darf in der Probezeit gekündigt werden?
- Welches Gehalt wird bezahlt und zu welchem Zeitpunkt? Sagen Sie, dass Weihnachtsgeld etc. kein Gehaltsbestandteil ist.
- Äußern Sie sich zu den Überstunden. Möchten Sie diese nicht bezahlen, so sagen Sie das.
- Was ist der Urlaubsanspruch? Minimum: 20 Tage bei einer Fünf-Tage-Woche.
- Welche Kündigungsfristen gelten. Üblich: Die gesetzliche Kündigungsfrist mit vier Wochen zum Monatsende oder zum 15. eines Monats.

Mitarbeiter bedeuten zusätzliche Arbeit für Sie. Wenn Sie dafür nicht gleich wiederum einen Mitarbeiter einstellen möchten, sollten Sie die Aufgaben im Bereich der Personalabrechnung an einen Steuerberater oder einen Lohnbuchhalter abgeben.

Ein solches Büro übernimmt die Meldungen an die Versicherungsträger und erstellt Gehaltsabrechnungen mit Sozialversicherungsnachweisen. Das kostet Sie in der Regel nur wenige Euro pro Mitarbeiter, wobei Ihr externer Dienstleister mehr Mitarbeiter entsprechend günstiger abrechnen wird als nur einen einzigen.

Minijobber

Der erste eigene Angestellte ist oft ein Minijobber, also jemand, der mit bis zu 400 Euro im Monat minimales Geld bekommt und maximale Arbeit leisten sollte. Warum die kleinen Minijobs bei Arbeitgebern so beliebt sind? Sie sind unkompliziert: Sie zahlen auf jeden Minijob lediglich pauschale Abgaben in Höhe von 30 Prozent des Gehalts, bei 400 Euro also 120 Euro. Lassen Sie sich die Lohnsteuerkarte vorlegen, können Sie die 2 Prozent sparen. Ob Ihnen der Aufwand die 8 Euro allerdings wert ist ...?

An den Ausgaben beteiligt sich der Mitarbeiter nicht. Für einen 400-Euro-Job zahlen Sie damit 520 Euro – und dürfen nicht etwa die Hälfte an den Mitarbeiter weitergeben. Ein 450-Euro-Job wäre für Sie mit 24,55 Prozent Gesamtabgaben bei einer Krankenversicherung mit Satz 14 Prozent im Einzelfall günstiger (siehe Rechenbeispiel bei Vollzeitkräften), allerdings komplizierter abzurechnen. So müssen Minijobs lediglich bei der Bundesknappschaft gemeldet werden. Mit dem Finanzamt haben Sie nichts zu tun.

Ein Minijobber muss übrigens kein gleichbleibendes Einkommen bekommen. Er kann auch in dem einen Monat mehr und im anderen weniger arbeiten und verdienen – z.B. in einem Monat 200 und im nächsten 600 Euro. Hauptsache, aufs Jahr gesehen bleibt es im Mittel bei 400 Euro. Die Auszahlung auf das Konto sollte allerdings immer nur 400 Euro betragen oder aber stets darunter liegen.

Ganz wichtig: Eine Nebentätigkeit bis 400 Euro wird nicht mit einer versicherungspflichtigen (Haupt-)Beschäftigung zusammengerechnet. Bis auf die Pauschalabgabe von 25 Prozent bleibt die Nebentätigkeit neben einer Haupttätigkeit also versicherungsfrei. Es lohnt sich also für einen Angestellten mehr, einen Minijob anzunehmen, als die Gehaltserhöhung in der Hauptbeschäftigung anzustreben. Übrigens gilt das auch für Selbstständige: Wenn diese einen Minijob nebenbei annehmen, erhöht das Ihren Gewinn nicht.

Die Ungerechtigkeit: Mehrere Minijobs werden hingegen zusammengerechnet. Übersteigt der Verdienst danach die 400-Euro-Grenze, entsteht Versicherungspflicht für beide Minijobs.

Ein solcher Arbeitsvertrag für Minijobber ist im Download-Bereich der Minijobzentrale (*www.minijobzentrale.de*) der Bundesknappschaft kostenlos erhältlich:

Arbeitsvertrag über eine geringfügige Beschäftigung

Zwischen ____
[Ihr Name, Firmenname]

im folgenden Arbeitgeber genannt,

und ____
[Name des Arbeitnehmers]

wohnhaft in ____

____

im folgenden Arbeitnehmer genannt

wird folgender Teilzeit-Arbeitsvertrag auf Basis einer 400 Euro-Beschäftigung (Minijob) geschlossen.

§ 1 Inhalt und Beginn des Teilzeit-Arbeitsverhältnisses

1. Tätigkeitsbereich

Der Arbeitnehmer wird als Büro-Teilzeitkraft eingestellt. Der Mitarbeiter hat auch andere zumutbare Arbeiten auszuführen, wie z.B. die Unterstützung bei der Durchführung von Seminaren seitens des Arbeitgebers, vorbereitende Buchhaltung und das Korrekturlesen.

2. Beginn des geringfügigen Beschäftigungsverhältnisses

Das Teilzeit-Arbeitsverhältnis beginnt am ... und ist auf unbestimmte Zeit abgeschlossen. Die ersten sechs Monate gelten als Probezeit. Während der Probezeit beträgt die Kündigungsfrist 2 Wochen.

3. Arbeitszeit

Die Arbeitszeit beträgt monatlich maximal 40 Stunden.

Die Arbeitszeit wird kurzfristig entsprechend dem tatsächlichen Bedarf vereinbart und vergütet.

Der Arbeitnehmer führt einen tagesaktuellen schriftlichen Stundennachweis.

§ 2 Vergütung

Der Arbeitnehmer erhält ein Arbeitsentgelt von EURO 10,– pro Stunde.

§ 3 Nebenbeschäftigung

Der Arbeitnehmer informiert vor Antritt des Beschäftigungsverhältnisses den Arbeitgeber über alle schon bestehenden Arbeitsverhältnisse. Über Änderungen seiner Arbeitssituation informiert er den Arbeitgeber rechtzeitig. Bei Verstoß gegen diese Mitteilungspflicht wird der Mitarbeiter verpflichtet, eventuelle Ansprüche des Sozialversicherungsträgers und des Finanzamtes an den Arbeitgeber zurückzuerstatten.

Der Arbeitnehmer wird vom Arbeitgeber darauf hingewiesen, dass er volle Rentenansprüche erwerben kann, wenn er monatlich 7,5 % seines Arbeitsentgelts an den Rentenversicherungsträger entrichtet.

§ 4 Arbeitsverhinderung

Bei Verhinderung des Mitarbeiters ist der Betrieb darüber unverzüglich zu informieren. Bei Krankheit ist eine ärztliche Bescheinigung innerhalb von 2 Tagen vorzulegen. Die Bescheinigung kann vom Arbeitgeber auch verlangt werden, wenn die Krankheit weniger als 3 Tage dauert.

Freistellungen aus persönlichen Gründen im Sinne von § 616 BGB werden nicht vergütet.

§ 5 Urlaub

Der jährliche Urlaubsanspruch richtet sich nach den gesetzlichen Regelungen. Der tatsächliche Urlaubsanspruch wird auf der Basis von 20 Urlaubstagen/Jahr bei einer angenommen 5 Tage-Woche mit 40 Stunden errechnet, beträgt also bei durchschnittlich 10-Stunden/Woche 5 Tage im Jahr.

§ 6 Verschwiegenheitspflicht

Die Mitarbeiterin verpflichtet sich, während der Dauer des Beschäftigungsverhältnisses und auch nach Ausscheiden, über alle Betriebs- und Geschäftsgeheimnisse Stillschweigen zu bewahren.

§ 7 Kündigung des Arbeitsverhältnisses

Maßgeblich sind die gesetzlichen Mindestkündigungspflichten des § 622 BGB.

§ 8 Schlussbestimmungen

Alle Ansprüche aus dem Arbeitsvertrag müssen beidseitig innerhalb von drei Monaten nach Fälligkeit geltend gemacht werden. Änderungen dieser Vertragsbedingungen bedürfen der Schriftform.

Hamburg, ______________ ____________________ ____________________

(Arbeitnehmer) (Arbeitgeber)

Gleitzonen-Jobber

Die Gleitzone zwischen 400 und 800 Euro ist für Arbeitgeber kompliziert und eine Art »Schreckensgebiet«. Wollen Sie es leicht haben, stellen Sie also besser zwei Minijobber ein ... Gesetzlich ist geregelt, dass bei Arbeitnehmern, die bis 800 Euro verdienen, nicht die vollen Sozialversicherungsbeiträge anfallen. Zwar sind die Arbeitgeberanteile voll abzuführen, die Arbeitnehmeranteile aber nicht. Diese steigen ab 400,01 Euro mit zunehmendem Einkommen sukzessive an.

Das bedeutet für Sie als Arbeitgeber: Ab einem Einkommen von 400,01 Euro zahlen Sie als Arbeitgeber Sozialabgaben wie für jedes andere Arbeitsverhältnis auch – der Prozentsatz kann aber je nach Krankenkassenbeitrag variieren.

Den Anteil des Arbeitnehmers müssen Sie errechnen. Das geht mit einer mehr oder weniger komplizierten Formel:

$$F \times 400 + (2 - F) \times (AE - 400)$$

AE ist dabei das Brutto-Arbeitsentgelt, F ist ein Faktor, der sich folgendermaßen bestimmt: 0,25 geteilt durch den durchschnittlichen Gesamtsozialversicherungsbeitragssatz des Kalenderjahres, in dem der Anspruch auf das Arbeitsentgelt entstanden ist. Dieser wird in jedem Jahr bis zum 31.12. für das Folgejahr im Bundesanzeiger bekannt gegeben und beträgt beispielsweise 2007 0,5952.

Wir rechnen also:

$$238{,}08 \text{ Euro} + 1{,}4048 \times 200 \text{ Euro} = 519{,}04 \text{ Euro}$$

Freie Mitarbeiter

»Dann stellen wir doch mal freie Mitarbeiter ein«, denken sich manche freien Mitarbeiter, die groß geworden sind. Der Widerspruch liegt schon im Wort: einstellen. Freie Mitarbeiter sind Selbstständige, aber keine Arbeitnehmer. Und darin liegt auch schon das Problem. Arbeiten freie Mitarbeiter auf eigene Rechnung bei Ihnen, müssen Sie unbedingt sicherstellen, dass diese Tätigkeit auch tatsächlich unternehmerisch ist.

Ein freier Mitarbeiter, der an seinem eigenen Arbeitsplatz sitzt und von Ihnen Weisungen entgegennimmt, ist – wie Sie, wenn Sie in einer ähnlichen Situation sind – kein freier Mitarbeiter mehr, sondern de facto Angestellter. Diesen Status kann er – auch lange im Nachhinein, nach bis zu vier Jahren – einfordern und zur Not auch einklagen. Doch das ist nicht das einzige Risiko:

»Ich bin mir mit meinem Mitarbeiter ja einig!«, sagen Sie. Schön und gut, aber wie lange? Verliert der Mitarbeiter seinen Job oder hat er vielleicht keine Lust mehr und plant eine Auszeit, kann er schnell auf den Gedanken kommen, dass ein Arbeitnehmerverhältnis jetzt von Vorteil wäre. Geht er zum Anwalt, können Sie sicher sein, dass dieser ihm den Rat gibt, sich möglichst arbeitnehmerähnlich darzustellen. Das bietet dem Mandanten nämlich die Aussicht auf Arbeitslosengeld, das er als freier Mitarbeiter nicht bekommen würde. Er genießt auch Kündigungsschutz und kann auf Wiedereinstellung wirken – oder auf eine saftige Abfindung. Sie zahlen dann die gesamten Versicherungsbeiträge nach und haben noch weiteren Ärger. Lohnt sich das? Sicher nicht. Und bitte bedenken Sie: Betriebsprüfungen kommen plötzlich und unerwartet. Hinweise von ehemaligen Mitarbeitern, Kunden und sogar von eifersüchtigen Wettbewerbern können diese auslösen …

Vom Umgang mit Bewerbern

Gerade Freiberufler sind oft sehr unkompliziert. Sie fragen herum, wer jemanden kennt, der sich z.B. für einen Minijob eignet, und stellen dann ohne langes Federlesen ein. Das ist toll und unkompliziert. In der Praxis zeigt sich jedoch oft, dass es dann doch Ärger gibt: Typisch bei Minijobbern etwa ist das Durchreisesyndrom. Sie suchen übergangsweise einen Job, sei es, weil sie arbeitslos sind, oder sei es, weil sie als Freiberufler zu wenig verdienen. Sobald sich das ändert, sind sie weg. Und das bedeutet für Sie: Wieder jemand neu anlernen – das kostet auch Zeit und Geld, wenn es »nur« um Tätigkeiten wie Telefonannahme und vorbereitende Buchhaltung geht.

Sprechen Sie also mit den Bewerbern, hinterfragen Sie kritisch. Sympathie reicht nicht! Fragen Sie, wie die Lebensumstände sind, und werden Sie hellhörig, wenn nicht ganz klar ist, dass sich ein Minijob dauerhaft in diese einfügt! Sprechen Sie offen an, dass Sie jemanden für länger suchen (sonst könnten Sie ja gleich einen Praktikanten nutzen) und was Ihnen wichtig ist.

Wachsen mit Externen

Bürodienste sind durch die Bank sehr teuer. Aber: Wer viel unterwegs oder in Beratungen ist und nie am Telefon, muss sie allerdings in Anspruch nehmen, Rechtsanwälte oder Steuerberater etwa.

Kunden sprechen nicht auf Anrufbeantworter. Sie rufen auch nicht drei Mal hintereinander an, sondern nehmen den nächsten Dienstleister, wenn Sie bei Ihnen nicht erfolgreich waren. Wenn das Gerät um 15 Uhr läuft, dann wirkt das unprofessionell.

Sie brauchen in vielen Berufen diese Dienste, vor allem wenn Sie mit vielen kleinen Auftraggebern zu tun haben. Rechnen Sie mit dem Geld als Kosten. 500 Euro und mehr im Monat kommen bei drei bis fünf Anrufen pro Tag schnell zusammen. Dafür ist der Apparat aber rund um die Uhr besetzt. Sie bräuchten sonst vier bis fünf Minijobber, um das zu erreichen.

Das Geld lässt sich zudem als Betriebsausgabe absetzen. Informieren Sie Ihre wichtigsten Kontaktpersonen über den Bürodienst und wählen Sie z.B. die Einstellung, dass erst beim fünften Läuten auf den Dienst weitergeleitet wird. Sagen Sie Bekannten und Freunden, dass Sie auflegen sollen, wenn Sie nicht beim vierten Klingeln ans Telefon gehen – dann sind Sie nicht da. Oder wählen Sie zwei verschiedene Telefonnummern.

Bürodienste, Preise und Angebote

Bürodienst	Angebot	Preise	Webdadresse
Ebuero	Telefon- und Postservice	Grundgebühr im Monat ab 39 Euro sowie Gebühr für verbrauchte Telefonminuten	*www.ebuero.de*
Excellent Business Center	Voll ausgestattete Büros in allen großen Städten im Zentrum, Virtual Office, Telefon- und E-Mail-Service. Plus: Call Center, auch für Reklamationen, Bestellannahmen, Help Desk etc.	409 Euro im Monat, eigene Telefon- und Internetadresse, 25 Anrufannahmen, Weiterleitung von Post und incl. 4 Tage Nutzung eines Tagesbüros, Sonderaktionen zu günstigeren Preisen	*www.excellent-bc.de*
Instant Offices	Sucht voll ausgestatte Büros und Virtual Offices	Service ist kostenlos	*www.instant-offices.de*
Pedus Office	In 12 Großstädten, zentrumsnah. Voll ausgestatte Büros, Virtual Office, stundenweise Vermietung	Pro Stunde und Person ab 8 Euro. Büros ab 358 Euro im Monat. Virtual Office ab ca. 100 Euro	*www.pedus-office.de*
Regus	In allen Großstädten im Zentrum. Außerdem in allen Ländern der Welt vertreten. Bietet Büroräume zum Festpreis und mit kurzen Kündigungsfristen. Büros und Konferenzräume lassen sich auch stundenweise mieten. Zudem kann das Center als Büroadresse dienen und Anrufe entgegennehmen (Virtual Office)	Pro Stunde und Person ab 7 Euro. Büros für 1 bis 10 Personen ab 900 Euro im Monat. Virtual Office ab ca. 100 Euro	*www.regus.de*
Topbuero	Telefonservice	Ab 79 Euro im Monat plus Kosten pro Minute (1,29 Euro) sowie die Übermittlung der Gesprächsnotizen	*www.topbuero.de*

12 Wenn das Geld nicht reicht

Funktioniert es? Schaffe ich es, von meinen Einnahmen zu leben? Was tun, wenn das Geld nicht ausreicht, ich zeitweise nicht genug Geld habe? Wie Sie mit den Risiken einer Freiberuflichkeit umgehen können und welche Hilfen und Tricks es gibt, zeigt Ihnen dieses Kapitel.

12.1 Risiko Freiberuflichkeit?

Freiberuflichkeit birgt logischerweise immer ein Risiko. Es ist aber weitaus kleiner als gedacht. Ja, ich persönlich bin sogar der Meinung, dass eine solide aufgebaute und ständig gepflegte Selbstständigkeit sicherer ist als jedes Angestelltenverhältnis. Denn bei mehreren Auftraggebern und einem guten Ruf ist es nahezu unmöglich, dass alles auf einmal und zur gleichen Zeit wegbricht. Sie müssen eben nur wachsam sein und Ihre Geschäftsentwicklung ständig beobachten.

Ich weiß auch, dass das viele nicht tun. Man denkt ja auch nicht dauernd an schlechte Zeiten. Und es liest ja auch nicht jeder so ein Buch, das Sie darauf bringt, vielleicht doch etwas besser vorzusorgen …

Mir ist klar: Fehler werden gemacht, oft einfach nur, damit man Sie nicht wiederholt. Und manchmal halten Sie die Fäden auch nicht wirklich fest in der Hand. Da kann es sein, dass einmal ein großer Auftrag wegen Insolvenz des Auftraggebers nicht bezahlt wird oder der wichtigste Auftrageber plötzlich abspringt. Da kann man im Nachhinein natürlich sagen: Hätten Sie doch nach der Regel gehandelt, nie mehr als 20 Prozent des Umsatzes aus einer Quelle zu beziehen und sich Vorschüsse zahlen zu lassen … Wenn das Kind in den Brunnen gefallen ist, ist es dennoch gut zu wissen, dass es einen Aufzug nach oben gibt.

12.2 Aufstockendes Geld für Selbstständige

Für Freiberufler ist es sehr beruhigend zu wissen, dass der Staat sie im Notfall auffängt. Denn wenn das Geld nicht reicht, gibt es aufstockendes Arbeitslosengeld II. Alle Bürger erhalten es, gleich ob angestellt oder selbstständig, Freiberufler oder Gewerbetreibende, sofern sie – wie es der Gesetzestext wenig charmant ausdrückt – »hilfebedürftig« sind. Sie bekommen dann einen Zuschuss zum Lebensunterhalt – so lange, bis es besser läuft.

Hilfebedürftig ist laut ARGE – so heißen die dafür zuständigen Stellen in vielen Regionen –, wer seinen Lebensunterhalt nicht ausreichend aus eigenen Kräften sichern kann und wer nicht von Angehörigen die erforderliche Hilfe erhält. Haben Sie in Ihrem Ort keine ARGE, ermitteln Sie vor Ort, wer der für Sie zuständige Ansprechpartner ist, am besten durch einen Anruf bei der örtlichen Bundesagentur für Arbeit. Mitunter heißt das übrigens nicht, dass Sie Ihr Vermögen antasten oder direkt auflösen müssen. Auch wenn Sie ein Haus besitzen oder 100.000 Euro fest angelegt sind, so dass sie nicht sofort darüber verfügen können, springt die ARGE ein. In diesen Fällen allerdings nur mit einem Darlehen, aber auch das ist ja schon ganz schön hilfreich.

Einen Haken gibt es: Leben Sie mit jemandem zusammen oder sind Sie verheiratet, muss dieser seine eigenen Taschen umdrehen – das Einkommen wird mit berechnet. Andererseits ist das aber auch selbstverständlich.

Ob Sie aufstockendes Arbeitslosengeld II erhalten können, entscheidet ein kompliziertes Rechenmodell. Erst einmal müssen Sie im Voraus Ihr Einkommen schätzen. Dazu und erst recht im Nachhinein, wenn es darum geht, die Schätzung zu belegen, müssen Sie erst einmal alle Einnahmen aus selbstständiger Tätigkeit, aber auch aus anderen Quellen in einen Topf werfen. Das Ganze verteilen Sie dann auf zwölf Monate, wobei Sie größere Einmalzahlungen gerecht auf die Monate verteilen.

Entscheidend ist dabei, wann das Geld auf Ihrem Konto eingeht: Die Tantieme für ein lange vor dem Antrag erschienenes Buch, die dem Konto des Autors erst sehr viel später gutgeschrieben wird, kommt in einen Topf mit der Steuerrückzahlung, falls Sie Geld zurückbekommen. Auch das Kindergeld ist Geld, das als Einnahme zählt.

Konsequenz daraus: Treiben Sie vorhandene Außenstände vor dem Antrag ein.

Einige Einnahmen werden allerdings auch nicht angerechnet, z.B. das Elterngeld, die Übungsleiterpauschale oder der Gründungszuschuss.

Für freiberufliche Selbstständige gilt als maßgebliches Einkommen der Gewinn im Sinne des Einkommensteuergesetzes, also Betriebseinnahmen minus Betriebsausgaben. Dabei wird alles anerkannt, was auch das Finanzamt akzeptiert. Dazu gehört selbstredend Ihre Büromiete und Entfernungspauschale von 30 Cent für den Weg von der Wohnung zum Arbeitsplatz, sofern dieser (nach derzeitigem Stand) mehr als 21 Kilometer beträgt.

In der Praxis habe ich auch erlebt, dass die ARGE sogar Nahrungsergänzungsmittel abgenickt hat. Außerdem rechnet Sie bei Anschaffungen offenbar teilweise nicht nach der Absetzung für Abnutzung (AfA), sondern zieht die Gesamtkosten für eine Investition ab. Dies scheint aber auch von Amt zu Amt verschieden zu sein. Hinzu kommt, dass das betriebswirtschaftliche Know-how bei der ARGE nicht sehr ausgeprägt ist – das hat leider zur Folge, dass Sie nicht immer mit zuverlässigen Auskünften rechnen dürfen.

Tipp:

Betriebsausgaben können auch pauschal mit 20 Prozent vom Umsatz angesetzt werden – für Freiberufler mit ihren in der Regel geringen Kosten kann sich das lohnen. Verdienen Sie weniger als 400 Euro, müssen Sie sogar die Pauschale nehmen. Die genaue Rechnung mit Pauschale ist leider noch viel komplizierter, denn eigentlich gilt sie nur zwischen 100 und 800 Euro, zwischen 800 und 1.200 Euro gelten nur noch 10 Prozent – für Leute mit mindestens einem Kind zusätzlich 10 Prozent der Einkünfte zwischen 1.200 und 1.500 Euro. Alternativ bleibt, wie gesagt, der Einzelnachweis, der möglicherweise für Sie günstiger ist.

Nachdem Sie die Betriebseinnahmen um die Betriebsausgaben gekürzt haben, machen Sie sich an die abzuziehende gezahlte Umsatzsteuer und die Pflichtbeiträge zur gesetzlichen Sozialversicherung (z.B. zur Künstlersozialversicherung). Die ARGE rechnet mit einer Pauschale von 100 Euro für die Versicherungen von Beiträgen bei KSK-Versicherten, alle anderen ziehen in voller Höhe ab.

Bleibt am Ende von Ihren Einkünften weniger übrig als das, was man ohne jede Einnahme von der ARGE erhalten würde, erhalten Sie die Differenz als aufstockendes Arbeitslosengeld II.

Übrigens: Im Sozialgesetzbuch 2 steht, dass Selbstständige ihren Auftraggeber vom Bezug dieser Hilfeleistung informieren müssen, was Gott sei Dank in der Praxis nicht passiert – obwohl es für manchen Verlag, der seine freien Mitarbeiter mit geringen Honoraren ausbeutet, vielleicht auch mal heilsam wäre zu erfahren, auf welches Niveau sie ihre Mitarbeiter zwingen. Letztendlich führt diese in manchen Bereichen betriebene Honorarpolitik dazu, dass der Staat Zuschüsse zahlen muss. Und das sind immerhin wieder unsere Steuergelder. Mit Verlaub, ich halte das für eine Form des Steuerbetrugs.

Normalerweise wird diese Hilfeleistung »unter dem Vorbehalt der Rückforderung« bewilligt. Die Abrechnung kommt spätestens, wenn der Steuerbescheid vorliegt. Deshalb: Hände weg von Trickserein, denn wenn es doch nicht so übel aussah wie gedacht, müssen Sie nachzahlen.

Rechenbeispiel

Das ganze Verfahren ist recht kompliziert. Hilfreich bei der Berechnung ist ein ALG-II-Rechner, den Sie unter *http://www.sozialhilfe24.de/alg2-rechner.html* nutzen können. Meine Eingaben: Miete 350 Euro kalt, 900 Euro Bruttoeinnahmen (Umsatz), 200 Euro Abzüge wie Werbungskosten. Dieser »Fall«, keine Kinder, kein Ehepartner, hätte Anspruch auf sagenhafte 286 Euro.

Beispiel-Rechnung für Ihr aufstockendes Arbeitslosengeld II

1	**Leistungen Regelleistungen/Sozialgeld**	
	Antragsteller (Hamburg):	345.00 €
	Summe der Leistungen:	**345.00 €**
2	**Kosten für die Unterkunft**	
	Kaltmiete:	350.00 €
	Heizkosten minus 18% Warmwasserzuschlag:	41.00 €
	Summe der Unterkunftskosten:	**391.00 €**
3	**Einkommen**	
	Erwerbseinkommen:	900.00 €
	Abzüge (Steuern, Sozialvers., Werbungskosten, usw.)	-200.00 €
	Freibetrag Erwerbseinkommen:	-250.00 €
	Summe der Einkünfte:	**450.00 €**
	Berechnung des Anspruchs	
	Summe der Leistungen:	**345.00 €**
+	**Summe der Unterkunftskosten:**	**391.00 €**
-	**Summe der Einkünfte:**	**450.00 €**
+	**befristeter Zuschlag durch Arbeitslosengeld:**	**0.00 €**
=	**Ihr vermutlicher Anspruch:**	**286.00 €**

Ergebnis drucken

Quelle: *www.sozialhilfe24.de*

Fallbeispiele

Herr Schreiner ist seit zehn Jahren selbstständig. Seine Auftragslage ist schlecht. Er hat nun zwei Möglichkeiten:

Variante 1

Er meldet sich arbeitslos. In diesem Fall wird Herr Schreiner kein ALG I erhalten, da er Anwartschaftszeiten auf ALG I nur als Angestellter erwerben kann. Da er aber in den letzten zehn Jahren nicht angestellt war, wird er entsprechend ALG II erhalten. In diesem Fall wird nicht nur seine Einkommenslage betrachtet, sondern die der sogenannten Bedarfsgemeinschaft (§§ 7 III, 9 II SGBII). Dazu zählen der Partner, Kinder und Eltern (sofern sie in häuslicher Gemeinschaft leben bzw. bei Antragstellern unter 25 Jahren). Seine Frau und die gemeinsamen Kinder gehen also in die Berechnung mit ein.

Herr Schreiner muss also folgende Unterlagen mitnehmen

- seinen Personalausweis
- einen Lebenslauf (beim ersten Kontakt mit dem Arbeitsamt fragt das Arbeitsamt auch alle Ausbildungen und früheren Arbeitsverhältnisse ab)
- eventuelle Verdienstbescheinigungen der Ehefrau
- den Kindergeldbescheid
- den letzten Steuerbescheid
- Unterlagen über weitere Vermögensverhältnisse (Lebensversicherungen, Aktien, Kapitalanlagen etc.)
- Nachweis über Miet- und Heizkosten (am besten auch den Mietvertrag mitnehmen)
- Nachweise über Betriebsausgaben
- Nachweise über die Kosten von Kranken- und Sozialversicherung

Nun wird zunächst einmal der Bedarf der Familie errechnet. Sollte Frau Schreiner weit darüber hinaus verdienen, so ist klar, dass Herr Schreiner keine ALG-II-Leistungen erhalten wird. In diesem Fall ist Frau Schreiner aber Hausfrau, die die dreijährigen Zwillinge versorgt. Also wird Herr Schreiner ALG II erhalten. Die Sache hat jedoch einen Haken: Frau Schreiner wird – da sie erwerbsfähig ist – vom Arbeitsamt ebenfalls mit Angeboten versorgt werden. Das kann z. B. auch heißen, dass sie einen 1-Euro-Job annehmen muss. Da die Kinder mit drei Jahren ein Recht auf einen Kindergartenplatz haben, kann sie sich nicht darauf berufen, dass sie die Betreuung vorerst lieber selbst übernehmen will, und muss den Kindern gegebenenfalls auch einen Kindergartenplatz besorgen.

Variante 2

Herr Schreiner möchte sein Geschäft nicht komplett aufgeben, sondern nur vorübergehend sogenanntes aufstockendes ALG II beziehen. Das bedeutet, dass er weiterhin Aufträge annehmen wird, jedoch in der Zeit, in der in seinem Betrieb Flaute herrscht, ALG II bekommt. Die Unterlagen, die Herr Schreiner mitnimmt, sind dieselben wie in Variante 1. Allerdings muss er sich vorher genau überlegen, was er verdienen wird und wann die Einnahmen fließen werden. In diesem Fall wird ALG II nämlich aufgrund der vergangenen Werte und der geschätzten Einnahmen gezahlt.

Diese können monatlich differieren – dann wird das Einkommen geschätzt und als Durchschnittswert umgelegt. Die ALG-II-Genehmigung geschieht in diesem Fall vorläufig und vorbehaltlich der Nachberechnung, sobald die Steuererklärung für den betreffenden Zeitraum vorliegt. Erst wenn ungeplant höhere Summen eingehen als in der Schätzung angegeben, ist die Arbeitsagentur zu unterrichten.

Auch hier ist der Haken allerdings, dass Frau Schreiner – wie in Variante 1 – als Mitglied der Bedarfsgemeinschaft in alle Rechte (ALG-II-Zahlung) und Pflichten (Arbeitspflicht) mit aufgenommen wird. Darüber hinaus ist die ALG-II-Berechnung, die sowieso schon ein Kampf mit Bescheinigungen und Formularen ist, in diesem Fall besonders schwierig. Denn teilweise handhaben die Arbeitsagenturen die Vorschriften für das aufstockende ALG II auf nicht eben kundenfreundliche Weise.

Variante 3:
Familie Schreiner hat beschlossen, auf keinen Fall ALG II zu beantragen, da Frau Schreiner nicht den Forderungen des Arbeitsamts ausgesetzt werden soll. In diesem Fall gibt es die Möglichkeit, Wohngeld und Kinderzuschlag zu beantragen. Dies fällt vermutlich geringer aus, aber Familie Schreiner ist bereit, die Differenz zu tragen. Aber Vorsicht! Für die Beantragung des Wohngelds ist ein ähnlicher Aufwand an Formularen und Unterlagen nötig wie für die Beantragung von ALG II!

12.3 An- und Abmelden bei der Arbeitsagentur

Schauspieler tun es, freie Lehrer und viele andere Berufsgruppen auch: Solange noch Anspruch auf Arbeitslosengeld I besteht, kann man diesen verlängern, indem man freie und arbeitslose Zeiten sich abwechseln lässt. Beispiel: Sie sind Fotograf und im Juli arbeitslos, da gibt es ohnehin wenig Aufträge. Zum 1. August erhalten Sie einen Auftrag, zwei Wochen Fotoshooting auf den Malediven. Das bringt 15.000 Euro. Melden Sie sich zum 31. Juli aus dem Bezug ab und am 16. August wieder an. Somit vermeiden Sie, das eingenommene Geld mit der Bundesagentur zu verrechnen. Und zwar ganz legal. Wären Sie nämlich arbeitslos, dürften Sie nur 165 Euro behalten. Sehen Sie allerdings zu, dass das verdiente Geld dann auch innerhalb der abgemeldeten Tage Ihrem Konto gutgeschrieben wird.

Fallbeispiel

Erwin Müller ist Buchbinder. Er war die letzten drei Jahre bei der Universität Mannheim angestellt und ist nun mit einer Frist von sechs Monaten gekündigt worden. Herr Müller hat sich bereits nach einem neuen Arbeitsplatz umgesehen, aber nichts gefunden. Nun will er sich arbeitslos melden. Dabei muss er gleich zwei Regeln beachten: Er muss sich persönlich arbeitslos melden, und er muss dies drei Monate vor Eintritt der Arbeitslosigkeit tun.

Die Arbeitsagentur wird eine Menge Dinge von Herrn Müller wissen wollen. Es ist also gut, sich vorzubereiten. Das sollte er mitnehmen:

- seinen Personalausweis
- seine Verdienstbescheinigungen des letzten Jahres vor Eintritt der Arbeitslosigkeit
- einen Lebenslauf (beim ersten Kontakt mit dem Arbeitsamt fragt das Arbeitsamt auch alle Ausbildungen und früheren Arbeitsverhältnisse ab)
- seine Krankenkassenkarte
- die Kündigung

Herr Müller wird Arbeitslosengeld I erhalten. Nun plant er, sich selbstständig zu machen, und hat auch einen Auftrag in Sicht. Er möchte aber noch nicht den Sprung ins kalte Wasser wagen und gleich Gründungszuschuss beantragen. Lieber noch etwas warten. Schließlich braucht er mit dem Gründungszuschuss auch das Arbeitlosengeld I auf. Herr Müller meldet sich zwei Tage ab, um einen Auftrag für eine Buchrestauration zu erledigen. Er kassiert das vereinbarte Honorar und meldet sich danach wieder bei seiner Arbeitsagentur.

Er sollte sich allerdings bei seiner Krankenkasse melden, um in dieser Zeit versichert zu sein. Normalerweise kommt die Krankenkasse erst sehr viel später auf die »Aussteiger« zu und wird in jedem Fall fragen, was in diesen beiden Tagen passiert ist. Sie wird Ihre Einnahmen sehen wollen und daraufhin berechnen, wie viel Beitrag für die Zeit fällig war, oder alternativ vom Höchstsatz ausgehen.

Künstlersozialkasse und arbeitslos

Viele Freiberufler in kreativen Berufen machen sich Sorgen: Was passiert, wenn ich mich arbeitslos melde, mit der KSK? Meist ist das kein Grund, sich schlaflose Nächte zu bereiten, denn zeitweise Arbeitslosigkeit und KSK-Versicherung sind gute Partner.

Oft ist die Versicherung ein Riesenvorteil, bezogen auf das Fallbeispiel (Seite 248) etwa: Wäre Herr Müller bereits in der Künstlersozialkasse versichert – Buchbinder gehören allerdings nicht zu diesem Kreis –, wäre er trotz vorübergehender Arbeitslosigkeit (oder vorübergehender Selbstständigkeit ...) weiterhin über die KSK krankenversichert gewesen.

Bei zeitweisem Bezug von Arbeitslosengeld I und bei Bezug von aufstockendem Arbeitslosengeld II können Sie die KSK-Versicherung problemlos aufrechterhalten. Lediglich der volle Bezug von ALG II schließt die KSK-Mitgliedschaft aus – schließlich ist diese auf Dauer angelegt und setzt auch Mindestumsätze in Höhe von 3.900 Euro voraus.

12.4 Optimierungscheck

Was können Sie verbessern? Oft müssen Sie nur an kleinen Rädchen drehen, um Krisen zu verhindern oder einzudämmen. Hier ein paar Ideen:

Optimierungsmaßnahmen

Bereich	Wirkung setzt ein	Optimierungspotenzial	Mögliche Maßnahmen
Rechnung + Preis	Sofort	Riesig, zwischen 30 und 50 Prozent mehr Umsatz	Beratungszeiträume verkürzen, angefangene Stunden berechnen, Anrufe und E-Mails zwischendurch berechnen, kostenlose Vorbesprechungen abschaffen
Produktentwicklung	Mittel- und langfristig	Hoch	Neue Dienstleistungen entwickeln, die vielleicht auch eigene Marken werden. Dies können Workshops, Seminare und Methoden sein.
Angebot erweitern / Idee variieren	Mittel- und langfristig	Hoch	Weitere Dienstleistungen aufnehmen, z. B. neben klassischer Beratung auch Coaching, bestimmte Methoden, neue Trainingskonzepte, Online-Beratung etc.
Cross-Selling	Sofort	Mittel	Verkaufen Sie obendrauf: Tests, Bücher, Formulare etc. Vorsicht: Trennen Sie steuerlich Verkauf als gewerbliche Tätigkeit von der freiberuflichen Arbeit

Bereich	Wirkung setzt ein	Optimierungspotenzial	Mögliche Maßnahmen
Investition	Langfristig	Hoch	Nur wenn Sie in Aufbau investieren, kann am Ende mehr herauskommen. Investieren Sie in Ihre eigene Weiterbildung, in Mitarbeiter und in den Aufbau von neuen Dienstleistungen, die der Kunde hinterher bezahlt
Rechnungswesen	Sofort	Hoch	Zahlungsfristen verkürzen, mit Skonto Anreize schaffen, Raten- und Abschlagszahlungen vereinbaren
Mahnwesen	Sofort	Hoch	Unmittelbar nach Ablauf von Zahlungsfristen mahnen, Inkasso nach zwei Mahnungen einschalten, nicht lange warten
Kundenpflege	Mittelfristig	Riesig	Es ist eine unternehmerische Regel, dass die Stammkunden nach dem Aufbau des Geschäfts 80 Prozent des Umsatzes ausmachen. Gilt auch und erst recht für Freiberufler
Neukundengewinnung	Mittelfristig	Riesig	Hören Sie nie auf, neue Kunden zu gewinnen, sei es, um Schlechtzahler zu ersetzen, sich eine zahlungswilligere Klientel zu erschließen, wegfallende Kunden zu ersetzen oder Expansion zu ermöglichen
Mitarbeiter	Mittel- und langfristig	Groß	Delegieren Sie Aufgaben, die Sie daran hindern, sich Ihren Kernaufgaben (Akquise, Produktentwicklung, Marketing, Training/Beratung) zu widmen
Kaufmännische Kontrolle	Mittel- und langfristig	Riesig	Nur wenn Sie Ihre Kennzahlen kennen, wissen Sie, mit welchen Aufgaben Sie zu viel Zeit verschwenden bzw. was unrentabel ist
Zeitmanagement	Kurz-, mittel- und langfristig	Groß	Kürzere Telefonate, zielgerichtete Verhandlungen, klarere Prioritätensetzung: im Zeitmanagement steckt viel Optimierungspotenzial!

Insolvenz

Wenn Sie nicht zahlen können und auch keine Einigung mit Gläubigern möglich ist, können Sie als Freiberufler Insolvenz – die Regelinsolvenz – anmelden. Sie können Ihre Tätigkeit dann fortführen, müssen sich aber 6 Jahre in »Wohlverhalten« üben, d.h. weiter Geld verdienen, einen geringen Sockelbetrag zum Leben für sich behalten und den Rest den Gläubigern überlassen. Danach sind Sie schuldenfrei. Mehr Infos unter *www.insolvenzrecht.de.*

Anhang

Freiberufleranalyse – könnten Sie erfolgreicher sein?

Manchmal reicht es schon, in bestimmte Ecken zu schauen, um dort Staub zu entdecken. Deshalb möchte ich Ihnen einige Fragen präsentieren, mit denen Sie selbst analysieren können, ob Sie erfolgreicher sein könnten, wenn …? Denken Sie einfach mal darüber nach. Ich bin sicher, es bringt Sie auf neue Ideen.

Persönlichkeit

- Wo sehen Sie selbst Ihre größten Stärken, was können Sie am allerbesten?
- Wo sehen Sie selbst Ihre größte Schwäche, wo fehlt (vielleicht) Potenzial (z.B. Akquise, Selbstmanagement, sich selbst verkaufen etc.)?
- Können Sie Ihrem potenziellen Kunden in wenigen Worten sagen, wofür Sie stehen und was Sie im Vergleich zu anderen besonders macht?
- Wissen Sie, was Kunden über Sie und Ihre Arbeit sagen, wenn ein Auftrag beendet ist?

Dienstleistung

- Bieten Sie konkrete Dienstleistungen wie ein Produkt an? Beispiel: »Wertecheck« oder »Visionscoaching« (Dienstleistung eines Coachs).
- Listen Sie alle Produkte und Dienstleistungen auf. Welches davon sind Ihre »Cash Cows«: Was bringt den größten Umsatz und/oder Gewinn beim geringsten Zeiteinsatz?
- Gibt es ungenutzte Umsatzpotenziale?
- Beobachten Sie sehr genau, was Ihre Kunden sonst noch wünschen (z.B. durch eine Umfrage: An welchen Dienstleistungen hätten Sie über unser derzeitiges Angebot hinaus Interesse?)?
- Bieten Sie mindestens einmal im Jahr ein neues Produkt oder eine neue Dienstleistung an? Dies kann ein Workshop sein, ein Infoabend oder ein neues Dienstleistungsangebot.
- Verändern Sie Ihr Produkt entsprechend der Kundenwünsche? Beispiel: Wenn Sie merken, dass manche Kunden eine eintägige Potenzialanalyse für zu lang und zu umfangreich erachten, könnten Sie parallel eine Kurz-Potenzialanalyse einführen.

Honorare

- Liegen Ihre Honorare im Branchenvergleich im unteren Drittel, im Mittel oder im oberen Segment?
- Wann stellen Sie Rechnungen?

- Gibt es ein professionelles Mahnwesen?
- Wie viele Rechnungen wurden im letzten Jahr nicht bezahlt?
- Könnten Sie die Honorare erhöhen?
- Könnten Sie schlecht zahlende Auftraggeber abgeben?
- Könnten Sie besser zahlende Auftraggeber gewinnen?
- Könnten Sie weniger Zeit für einen Auftrag verwenden und effektiver sein?

Kunden

- Wie viele Kunden haben Sie genau?
- Haben Sie eine Kundendatenbank?
- Wie viele Kunden sind Stammkunden?
- Welche Kundengruppe hatte den größten Umsatzanteil in der letzten Zeit?
- Wie viele Kunden kommen jährlich neu dazu?
- Betreiben Sie systematische Kundenneugewinnung (Kaltakquise, Mailings, Networking etc.)?
- Betreiben Sie systematisches Empfehlungsmanagement (z. B. Kunde bekommt für die Empfehlung ein Dankeschön in Form von Geschenk oder Prozenten)?

Kundenbindung

- Bringen Sie sich bei Ihren vorhandenen Kunden mindestens 4 Mal pro Jahr in Erinnerung? Wie?
- Informieren Sie Ihre Kunden regelmäßig über neue Angebote?
- Bleiben Sie immer mit Kunden/Mandanten in Kontakt?

Werbung

- Wie viel investieren Sie monatlich in Werbung? Welche Werbung? Wie viel kommt pro investiertem Euro zurück?
- Welche Werbemaßnahmen haben Sie in der Vergangenheit genutzt? Mit welchem Erfolg?
- Betreiben Sie systematische Pressearbeit (z. B. alle 6 Wochen eine Meldung)?
- Schalten Sie systematisch Anzeigen?
- Haben Sie Kooperationspartner, die Sie aktiv empfehlen?
- Betreiben Sie regionales Suchmaschinenmarketing im Internet (Google Adwords etc.)?
- Begleiten Sie Ihren Marketingerfolg mit einem Controlling?

10 Top-Adressen

Nur die Besten – nach diesem Motto präsentiere ich hier einige ausgewählte Webadressen mit weiterführenden Informationen.

- **Abgabenrechner.de** (*www.abgabenrechner.de*)
  Brauchen Sie einfach, um schnell nachzurechnen, wie viel Steuern Sie zahlen müssen, wenn …

- **Akademie.de** (*www.akademie.de*)
  Ganz viel aktuelles Wissen für Gründer und Freiberufler, außerdem Workshops, die sich lohnen. Empfehlenswert sind z. B. die Artikel von Robert Chromow.

- **Existenzgründerportal** (*www.existenzgruenderportal.com*)
  Superseite, nicht nur für Freiberufler, aber auch.

- **Freie-berufe.de** (*www.freie-berufe.de*)
  Der Bundesverband für freie Berufe hat einfach alles, was das Herz begehrt, wirklich sehr informativ.

- **IHK-Merkblätter** (*www.dienstleister-info.ihk.de/branchen*)
  Erste Sahne: Sauber zusammengetragene Merkblätter und Links zu allen nur denkbaren Branchen. Welche Zeitschriften liest die Branche, wo informiert sie sich, wer vertritt sie? In den sorgfältig recherchierten Merkblättern finden sich oft auch Hinweise, wie sich eine üblicherweise gewerbliche Tätigkeit freiberuflich ausgestalten lässt. Sehr gut auch zur Recherche für den Business-Plan und zur eigenen Marktrecherche. Häufig mit Honorarhinweisen.

- **Dr. Grunewald** (*www.dr-grunewald.de*)
  Wenn es um die Streitfrage Gewerbe–Freiberuf geht, gibt es aus meiner Sicht keine bessere Website. Der auf Steuerrecht spezialisierte Anwalt aus Bremen kennt sich in der IT-Branche aus wie kein Zweiter. Sein zum Teil sehr ausführlich auf der Website publiziertes Wissen ist aber auch für andere Branchen sehr nützlich.

- **E-Lancer NRW** (*www.e-lancer-nrw.de*)
  Diese Website ist so etwas wie ein Kult. Niemand versteht es, detailliertes und tiefgehendes Wissen so verständlich weiterzugeben wie Götz Buchholz, der unter anderem auch den *Ratgeber Freie* geschrieben hat. Klasse – vor

allem, weil im Gegensatz zu manch anderem Ratgeber auch alles stimmt, was drinsteht.

- **Gruendungszuschuss.de (*www.gruendungszuschuss.de*)**
  Alles, was Sie dazu wissen müssen, präsentiert von Dr. Andreas Lutz. Mehr und bessere Infos gibt es anderswo nicht.

- **Gulp.de (*www.gulp.de*)**
  Mit seinem Honorarkalkulator und der Projektvermittlung eine Muss-Seite für IT-Freiberufler. Ähnlich attraktiv ist Resoom (*http://magazine.resoom.de/*).

- **Oeckl (*www.oeckl.de*)**
  Nicht schön, aber nützlich. Einloggen und den Probeaccount nutzen, z.B. um Adressen für die Akquise zu recherchieren …

12 Empfehlungen

Hier präsentiere ich meine persönlichen Favoriten: Dienstleister, die ich selbst kenne und für gut halte. Also meine ganz persönliche Sicht.

- **Akquise**
  Dipl.-Ing. Martina Bloch schafft bessere Kontakte und bringt nicht nur Freiberuflern neue Kunden. Sich selbst müssen Sie zwar immer noch verkaufen, aber Sie können Dinge, die Ihnen unangenehm sind, wie den Kontakt herstellen und das Interesse wecken, erfolgreich delegieren. Kontakt: *www.bessere-kontakte.de.*

- **Callcenter**
  Vera Gotthardt macht mit ihrem kleinen Callcenter Termine für Sie, z.B. auch für Rechtsanwälte. Die Quasselstrippe vom Dienst kommt überall rein. Kontakt: *www.tete-teletermin.de.*

- **Coaching für Freiberufler**
  In Hamburg und Köln coache ich Freiberufler auf ihrem Weg zum Erfolg mit den Schwerpunktthemen Selbstmarketing, Positionierung und Akquise. Kontakt: *www.karriereundentwicklung.de.*

  Claudia Kimich ist Coach und Diplom-Informatikerin und meine Partnerin in München. Ihr Motto ›Geht nicht gibt's nicht‹ hilft auch Freiberuflern. Themen im Coaching sind z.B. Honorarverhandlungen. Kontakt: *www.kimich.de.*

  Empfehlen kann ich auch Gitte Härter, die wie ich Bücher schreibt und ebenfalls in München coacht. Kontakt: *www.selbstmarketing.de* und in Frankfurt Monika Birkner, Kontakt: *www.monika-birkner.de.*

- **DVCT**
  Wenn Sie weitere Coachs und Trainer suchen, fragen Sie hier oder buchen Sie Ihren Favoriten. Kontakt: *www.dvct.de.*

- **Finanzberatung**
  Andrea Kalt gehört zu den Webgrrls e.V. wie ich. Und sie ist keinem Verein angeschlossen, nicht aufdringlich und kompetent.
  Kontakt: *www.finanz-strategie.de.*

- **Grafikdesign**
  Aus eigener Erfahrung empfehle ich Matthias Hugo (*www.hugomat.de*) in Köln sowie die Designerin Harriet Steinert (*www.steinert-design.de*).

- **Webdesign**
  Die einen kennen sich im Web aus, die anderen in der Offline-Welt. Deshalb empfehle ich, dies zu trennen. Sehr zufrieden bin ich mit der Zusammenarbeit – meine Websites sind von Futur Zwei. Kontakt: *www.futur-zwei.de*. Zufriedene Kunden haben auch die Agentur *www.vivia.de* sowie die Webdesignerin Anja Derenbach, Kontakt: *www.derenbach.net*.

- **Gesundheitsplanung**
  Als Freiberufler sollten Sie besser auf Ihre Gesundheit achten. Dr. Gabriele Simmermacher hilft mit Ihrem Institut dabei. Kontakt: *www.gesundheitsplanerin.de*.

- **Organisationsberatung und Projekte**
  Thorsten Nisbal managt Projekte im Existenzgründungsbereich und ist tätig als Organisationsberater und Coach. Kontakt: *www.thorsten-visbal.de*.

- **Pressearbeit**
  Eyecomsee aus Hamburg bringt Sie in den Blickpunkt, auch im Bereich Persönlichkeits-PR. Auch sehr gut: Schwartz PR aus München. Kontakt: *www.schwartzpr.de*.

- **Supervision**
  Christiane Ludwig ist Diplom-Psychologin und meine Kollegin. Manche Freiberufler-GbR hat sie durch Supervision schon zusammengehalten und sicher durch Krisen zum Erfolg geschifft. Kontakt: *www.karriereundentwicklung.de*.

- **Steuerberater**
  Marco Meyer ist mein eigener Steuerberater. Er betreibt die Steuerberatungsgesellschaft Hamburg mbH – und ich bin, nachdem ich zuvor drei andere Berater ausprobiert habe, dieses Mal sehr zufrieden, Kontakt: *www.steuerberater-hamburg.de*.

- **Unternehmensberatung**
  Claudia Kirsch ist in Hamburg eine Institution und kennt den freiberuflichen Markt bestens. Die Stiftung Warentest hat sie für die besonders kompetente Erstberatung von Gründern ausgezeichnet. Kontakt: *www.claudiakirsch.de*.

Steuerrecht in Österreich und der Schweiz

Das österreichische und schweizerische Steuerrecht unterscheidet sich vom deutschen. Die wichtigsten Bestimmungen finden Sie im folgenden Abschnitt.

Österreich

2005 wurde der progressive Steuertarif durch einen Durchschnittssteuertarif ersetzt. Erst das Einkommen ab 51.001 Euro wird mit 50 Prozent besteuert, bis 10.000 Euro zu versteuerndem Einkommen zahlen Sie hingegen gar keine Steuern. Dazwischen liegt ein kompliziertes Berechnungsmodell (siehe Tabelle). Wenn Sie auch keine Mitarbeiter beschäftigen, brauchen Sie dann nicht einmal eine Steuererklärung abgeben.

Einkommen	Einkommensteuer in Euro
mehr als 10.000 Euro bis 25.000 Euro	$\frac{(\text{Einkommen} - 10.000) \times 5.750}{15.000}$
von 25.001 Euro bis 51.000 Euro	$\frac{(\text{Einkommen} - 25.000) \times 11.335}{26.000} + 5.750$
Über 51.000 Euro	(Einkommen – 51.000) x 50 % + 17.085

Wie in Deutschland lassen sich die Betriebsausgaben vom Umsatz abziehen. Zusätzlich gibt es außergewöhnliche Belastungen und Sonderausgaben. Möglich ist ein pauschalierter Abzug von 6 oder 12 Prozent: Dieser entbindet vom Einzelnachweis der Ausgaben (nicht aber von der Buchhaltung). Allerdings dürfte dieser Satz meist unter den wirklichen Ausgaben liegen. Steuersparend wirken auch Ansparabschreibungen sowie Verlustvorträge und -rückträge.

Die Körperschaftssteuer beträgt 34 Prozent. Bei der GmbH existiert eine Mindestkörperschaftssteuer von 1.092 Euro im Jahr, die auch bei einem Verlust fällig ist. Wird der Gewinn an die Gesellschafter ausgeschüttet, fällt eine Kapitalertragsteuer in Höhe von 25 Prozent an.

Die Umsatzsteuer beträgt 20 Prozent und 10 Prozent ermäßigt. Für den Vorsteuerabzug gelten die gleichen Bedingungen wie in Deutschland.

Existenzgründer können als staatliche Hilfe Neufoeg beantragen. Diese befreit von sonst fälligen Kosten im Zusammenhang mit der Gründung, etwa den Stempelgebühren, der sonst fälligen Steuer für den Erwerb von Gesellschafteranteilen oder der Grunderwerbsteuer (bei Einbringung in Gesellschaftsverträge). Auch bestimmte Lohnabgaben müssen von Neufoeg-Geförderten nicht bezahlt werden. Die Förderung spricht somit vor allem Gründer an, die Größeres vorhaben. Sie ist für Freiberufler und Gewerbetreibende eine Option. Antragsformulare finden Sie unter *www.bmf.gv.at*.

Ein Steuerrechner findet sich auf der Seite des Finanzministeriums unter *www.bmf.gv.at*. Aktuelle und gut verständliche Information liefert ein 90 Seiten starker Steuerleitfaden für Existenzgründer (in der Rubrik Service/Publikationen) auf derselben Website.

Schweiz

Die Schweiz ist ein Steuerparadies. Nur durchschnittlich etwa 25 Prozent müssen Unternehmer insgesamt für alle Steuern bezahlen, selbst wenn sie hohe Gewinne einfahren. Neben einer direkten Bundessteuer existiert eine Staatssteuer der Kantone, die für alle Bürger mit Einkommen anfällt. Juristische Personen (GmbH, AG) müssen außerdem eine Kapital- und Gewinnsteuer bezahlen. Als föderaler Staat bestimmen vor allem die Kantone die genaue Höhe der Steuern. Diese stehen untereinander im Wettbewerb, was zu einer häufigen Korrektur führt. Darüber hinaus kassiert auch der Bund seinen Anteil.

Auch die Mehrwertsteuer ist die niedrigste in ganz Europa. Nur 7,6 Prozent beträgt der höchste Mehrwertsteuersatz; lediglich 2,4 Prozent werden für Waren des täglichen Bedarfs fällig. Alles in allem ideale Voraussetzungen für Unternehmer – großartige Unternehmerförderung in steuerlicher Hinsicht ist in der Schweiz kaum nötig. Informationen finden Sie unter *www.estv.admin.ch*, *www.steuern.sg.ch* sowie auf den Webseiten der jeweiligen Kantone.

Adressen

Einkommensteuererklärung:

- Steuernetz (*www.steuernetz.de/gesetze/estg04/p10.html*): Definition der Sonderausgaben.
- Focus (*http://finanzen.focus.msn.de*): Berechnungsprogramm für die Zumutbarkeitsgrenze bei außergewöhnlichen Belastungen.
- Bundesrecht (*http://bundesrecht.juris.de/bundesrecht/estg/_7g.html*): Sonderabschreibungen nach § 7.
- Advonet (*www.advonet.info/ju2337.htm*): Erläuterung der Fallen eines Liquiditätsgewinns durch Verzögerung der Einkommensteuererklärung

Gesetzestexte:

- Kleinunternehmerförderungsgesetz (*http://217.160.60.235/BGBL/bgbl1f/bgbl103s1550.pdf*): Gesetz zur Förderung von Kleinunternehmen und zur Verbesserung der Unternehmensfinanzierung.

Gewerbesteuer:

- Deutscher Industrie- und Handelstag (*www.dihk.de*): Hebesätze können Sie in der Regel bei Ihrer örtlichen Industrie- und Handelskammer (IHK) abrufen. Im Bereich Fair & Play findet sich meist ein Unterbereich »Steuern«. Hier sind die Hebesätze abgelegt.

Glossar

Abschreibung
Abschreiben bedeutet, etwas von den betrieblichen Einnahmen abzuziehen und dadurch den Gewinn und das Steueraufkommen zu mindern. Wirtschaftsgüter können Sie bis 410 Euro netto von Ihren Einnahmen abziehen.

AfA
Steht für: Absetzung für Abnutzung. Wirtschaftsgüter werden über mehrere Jahre gemäß einer Tabelle von der Steuer abgeschrieben. Sie mindern Ihren Gewinn und damit Ihr zu versteuerndes Einkommen.

Akquisition
Die Erschließung von neuen Kunden. Oft fälschlich »Akquise« genannt. Diesen Begriff gibt es laut Duden nicht.

Buchhaltung
Das Ablegen und Verwalten von Belegen (Rechnungen, Quittungen, Kontoauszüge etc.) für Einnahmen und Ausgaben. Synonym zu Buchführung. Vorbereitende Buchhaltung ist das sachgerechte Ordnen von Belegen für den Steuerberater.

Business-Plan
Ein Unternehmenskonzept, das Ihre Geschäftsidee beschreibt und auf den Punkt bringt. Was ist Ihr Produkt, wie wollen Sie es verkaufen, Ihre Werbung gestalten? Wie wird sich Ihr Geschäft kaufmännisch entwickeln? Planen Sie es voraus.

Dienstvertrag
Ein Vertrag, den z. B. freiberufliche Berater abschließen.

Einfache Buchführung
Buchführung für Freiberufler. Beruht auf dem Prinzip Einnahmen minus betriebliche Ausgaben gleich Gewinn.

Einnahmenüberschussrechnung (EÜR)
Freiberufler sowie GbRs müssen beim Finanzamt nur eine Einnahmenüberschussrechnung einreichen (auch: Einnahmen-und-Ausgaben-Rechnung). Diese stellt Einnahmen und betriebliche Ausgaben in einer vom Finanzamt vorgegebenen Weise einander gegenüber.

Einstiegsgeld
Fördermittel der ARGE (früher: Arbeitsamt/Sozialamt) für Arbeitslosengeld-II-Empfänger.

Einkommen
Gemeint ist der Gewinn. Manchmal sagt man auch Brutto-Einkommen dazu.

Freiberufliche Tätigkeiten
Meist akademische Tätigkeiten, die ein Studium voraussetzen. Auch Künstler sind freiberuflich, ebenso fast alle Heilberufe.

GbR
Gesellschaft bürgerlichen Rechts, eine Personengesellschaft (sprich von Personen geführt). Auch BGB-Gesellschaft genannt.

Gewinn
Umsatz minus Betriebsausgaben.

Gründungszuschuss
Erhalten Freiberufler und andere Selbstständige von der Arbeitsagentur, wenn sie arbeitslos sind und sich selbstständig machen möchten. Wird bis zu 15 Monate lang gezahlt.

Insolvenz
Insolvenz bedeutet Zahlungsunfähigkeit. Für Freiberufler kommt nur die Regelinsolvenz in Frage.

Kleinunternehmerregelung
Bis 17.500 Euro Umsatz können sich Freiberufler und andere Selbstständige von der Mehrwertsteuererhebung befreien lassen. Sie können diese aber dann auch nicht absetzen. Genau durchrechnen!

Künstlersozialkasse
Künstler (Wort, Bild, Musik) – auch wenn Sie sich als GbR zusammenschließen – können sich bei der KSK renten- und krankenversichern lassen. Die KSK übernimmt wie ein Arbeitgeber 50 Prozent der Beiträge. *www.kuenstlersozialkasse.de*. Manche Unternehmer müssen zudem an die KSK Beiträge bezahlen, z. B. Verlage.

Partnergesellschaft
Gesellschaftsform für Freiberufler.

Personengesellschaft
Eine Gesellschaftsform wie die GbR, bei der die Gesellschafter voll mit ihrem Privatvermögen haften.

Mehrwertsteuer
Synonym für Umsatzsteuer.

Minijob
Ein Job auf 400-Euro-Basis, für den der Arbeitnehmer keine Abgaben zahlt. Für Sie als Arbeitgeber werden 30 Prozent fällig, zuständig ist die Minijobzentrale. *www.minijob-zentrale.de*

Outsourcing
Das Auslagern von Geschäftsprozessen oder auch von ganzen Abteilungen.

Unternehmer
Im üblichen Sinn Gewerbetreibende – im Unterschied zu den Selbstständigen (Freiberufler). Allgemeiner alle, die etwas »unternehmen«.

Umsatz
Alles, was Sie durch Ihre Geschäftstätigkeit einnehmen.

Umsatzsteuer
Wenn Sie Umsatz erwirtschaften, wird darauf eine Steuer fällig, die Umsatzsteuer. Faktisch ist jede Mehrwertsteuer auch eine Umsatzsteuer. Synonym zu Mehrwertsteuer.

Vorsteuerabzug
Wenn Sie mehrwertsteuerpflichtig sind, können Sie ausgegebene Mehrwertsteuer von eingenommener Umsatzsteuer abziehen. Das nennt sich Vorsteuerabzug. Die Differenz aus Mehrwertsteuer und Umsatzsteuer führen Sie an das Finanzamt als Vorsteuer ab.

Werkvertrag
Ein Vertrag, mit dem der Freiberufler das »Werk«, also z. B. ein gebautes Haus, schuldet.

Zu versteuerndes Einkommen
Vom Gewinn können Sie noch weitere Kosten als Sonderausgaben abziehen (etwa die Krankenversicherung). Was dann übrig bleibt, ist Ihr zu versteuerndes Einkommen.

Literatur

Ackstaller, Susanne / Baumbach, Ina / Bernardi, Christina / Bopp, Annette: *Treffpunkt Text. Das Handbuch für Freie in Medienberufen.* Bramann, 2006

Angeli, Susanne: *Der Online Shop – Handbuch für Existenzgründer.* Markt und Technik, 2006

Arendt, Bernd / Arendt, Rolf: *Bankgespräche richtig führen.* Haufe, 2005

Bank, Stephan: *Die britische Limited Liability Partnership: Eine attraktive Organisationsform für Freiberufler?* Duncker & Humblot, 2006

Birkner, Monika: *Kurswechsel im Beruf.* Walhalla, 2006

Birkner, Monika: *Wachstumsstrategien für Solo- und Kleinunternehmer.* Walhalla, 2006

Boress, Allan S.: *Jetzt brauche ich Aufträge!* mvg Verlag, Heidelberg 2005

Bösel, Stefan: *Freie Mitarbeit in den Medien.* VS, 2007

Butter-Berking, Evelyn / Kloth, Hans J.: *Die Partnerschaftsgesellschaft – Rechtsform für Freiberufler.* Mole-Verlag, 2004

Dittmann, Willi / Geckle, Gerhard / Happe, Rüdiger: *Steuern 2007 für Unternehmer. Selbstständige, Freiberufler und Existenzgründer.* Haufe, 2006

Düssel, Mirko: *Praktische Grundlagen für aktives Pricing.* Cornelsen, 2005

Eder, Barbara: *Existenzgründung für Frauen. Entscheidungshilfen für einen erfolgreichen Start.* Humboldt, 2006

Eller, Peter: *111 Steuertipps für Kleinbetriebe und Freiberufler.* Bund-Verlag, 2006

Engelhardt, Werner: *Grundzüge der doppelten Buchhaltung. Mit Aufgaben und Lösungen.* Gabler, 2006

Feißt, Jürgen / Krieger, Dieter: *Das Steuerhandbuch für Freiberufler.* Haufe Verlag, 2005

von Fournier, Cay: *Die 10 Gebote für ein gesundes Unternehmen.* Campus, 2005

Friebe, Holm / Lobo, Sascha: *Wir nennen es Arbeit.* Heyne, 2006

Gieschen, Gerhard: *Erfolgreich ohne Chef. Handbuch für Freiberufler, Selbstständige und freie Mitarbeiter.* Cornelsen Verlag Scriptor, 2006

Gloszeit, Holger: *Kundenakquise.* Haufe, 2006

Grab, Michael: *Die GbR erfolgreich gründen und führen (mit CD).* Haufe, 2004

Härter, Gitte: *Networking. 6 CDs + mp3-CD. Kontakte gekonnt küpfen.* Radioropa Hörbuch 2006

Härter, Gitte: *Kundenakquise.* Cornelsen, 2004

Hofert, Svenja: *Erfolgreich als freier Journalist.* 2. Aufl., UVK, 2006

Hofert, Svenja: *Praxisbuch Existenzgründung.* 2. Aufl., Eichborn, 2007

Hofert, Svenja: *Existenzgründung im Team.* Eichborn, 2005

Hofert, Svenja: *Existenzgründung für Trainer, Berater, Coachs.* Gabal, 2006

Hofert, Svenja: *Bewerben ohne Bewerbung.* Eichborn, 2005

Kaiser, Stephan: *Das Chefbuch. Erfolgreich als Kleinunternehmer und Freiberufler.* Books on Demand GmbH, 2006

Kastin, Klaus: *Marktforschung mit einfachen Mitteln.* 3. Aufl., Beck, 2007

Klocke, Peter A. / Kunow, Ilonka: *Einnahmen-Überschussrechnung.* 5. Aufl., Haufe, 2007

Konz, Franz: *Der große Konz 2007. 1000 ganz legale Steuertricks.* Droemer-Knaur, 2006

Korn, Klaus / Strahl, Martin: *Beratungsbrennpunkt freiberufliche Tätigkeit.* Boorberg, 2005

Laufer, Hartmut: *99 Tipps für den erfolgreichen Führungsalltag.* Cornelsen, 2005

Leicht, R. / Welter, F.: *Gründerinnen und selbständige Frauen. Potenziale, Strukturen in Deutschland. Beiträge zur Mittelstandsforschung.* Loeper Literaturverlag, 2005

Leske, Jürgen: *Finanz-Check für Freiberufler.* Redline Wirtschaftsverlag, 2003

Löbker, Ralf: *iBusiness – Steuerleitfaden für Freiberufer und Agenturen.* HighText Verlag, 2007

Lutz, Andreas: *Gründungszuschuss und Einstiegsgeld.* Linde, 2006

Lutz, Andreas: *Praxisbuch Networking.* Linde, 2005

Mailänder, Ulf: *Im Dschungel der Freiheit.* Eichborn, 2002

Massow, Martin: *Freiberufler-Atlas. Schnell und erfolgreich selbständig werden.* Ullstein, 2006

Nolte, Jo B.: *Existenzgründung. Verbessern Sie Ihre Gründungschancen.* Haufe, 2006

Nussbaum, Cordula / Grubbe, Gerhard: *Die 100 häufigsten Fallen bei der Existenzgründung.* 2. Aufl., Haufe, 2006

Olbert, Hans: *Trainingsverträge – Beratungsverträge. Grundlagen der Vertragsgestaltung und Musterverträge.* Verlag Managerseminare, 2005

Schmidt, Wolfgang: *Freie Mitarbeit. Ehrenamt. Minijob von A-Z.* dtv, München 2004 (2. Aufl. i. Vorb.)

Schwarz, Friedhelm / Schwarz, Ruth E.: *Praxishandbuch Freiberufler.* Redline Wirtschaftsverlag, 2004

Schwarz, Friedhelm / Vogt, Senta: *Erfolgsstrategien für Freiberufler und Selbstständige.* Radioropa Hörbuch (Audio-CD), 2007

Seidl, Conrad: *Die Marke ICH.* Redline Wirtschaftsverlag, 2006

Thomsen, Iris: *Schnelleinstieg Einnahme-Überschussrechnung für Freiberufler und Selbstständige.* Haufe, 2007

Register